Springers Angewandte Informatik

Herausgegeben von Helmut Schauer

Software-Schutz

Rechtliche, organisatorische und technische Maßnahmen

Ernst Piller
Albert Weißenbrunner

Springer-Verlag Wien New York

Dipl.-Ing. Dr. Ernst Piller
und Dipl.-Ing. Albert Weißenbrunner
Wien, Österreich

Mit 35 Abbildungen

CIP-Kurztitelaufnahme der Deutschen Bibliothek

Piller, Ernst:
Software-Schutz: rechtl., organisator. u. techn. Maßnahmen/Ernst Piller; Albert Weißenbrunner. — Wien; New York: Springer, 1986.
(Springers angewandte Informatik)
ISBN-13:978-3-211-81966-1

ISSN 0178-0069
ISBN-13:978-3-211-81966-1 e-ISBN-13:978-3-7091-8887-3
DOI: 10.1007/978-3-7091-8887-3

Vorwort

Der Software-Schutz umfaßt zum einen den Schutz von Software von Endbenützern vor unbefugtem Zugriff und den Schutz von Computern vor unbefugter Benützung, zum anderen den Schutz von Software vor illegaler Vervielfältigung.

Da Software ein mächtiges Werkzeug sein kann und sich zu minimalen Kosten in Serie produzieren läßt, ist das Risiko des Mißbrauchs besonders hoch. Der illegale Verkauf und Tausch von PC-Software ist heute schon weit verbreitet. Viele wissen dabei nicht, daß sie eigentlich etwas Unrechtes tun.

Auch das mißbräuchliche Eindringen in fremde Computer hat in den letzten Jahren stark zugenommen. Durch die großflächige Vernetzung von Terminals und Computern ist die Verwundbarkeit solcher Computersysteme größer geworden. Herkömmliche Paßwortsysteme bieten zu wenig Schutz. Eine wesentliche Verbesserung ermöglichen neue Entwicklungen wie Paßwortalgorithmen, die Einbeziehung von biometrischen Daten und innovative Technologien wie die Chipkarte.

Es besteht also die Notwendigkeit, Computer und Software vor der unberechtigten Benützung wirkungsvoll zu schützen, um einerseits den Mißbrauch eines mächtigen Werkzeugs zu verhindern und andererseits den Softwareproduzenten und -händlern die ihnen zustehenden Einnahmen zu garantieren.

Es gibt heute erst relativ wenige Veröffentlichungen zum Thema des Software-Schutzes, und diese beschäftigen sich nur mit speziellen Teilgebieten. Das vorliegende Buch ist das erste umfassende Werk zu diesem Thema. Es erläutert neben den gängigen auch viele bisher unveröffentlichte Schutzmethoden, außerdem wurde erstmals der Versuch einer Klassifizierung der Verfahren unternommen. So lernt der Leser die wichtigsten Software-Schutzmethoden kennen, zu bewerten und anzuwenden.

Wien, im November 1986

Ernst Piller
Albert Weißenbrunner

Inhalt

Zusammenfassung

Die enorme Zunahme an illegaler Software-Benutzung in den letzten Jahren, insbesondere des Software-Diebstahles von Home- und Personalcomputer-Software, führte zu einem großen Interesse an wirksamen Software-Schutzmethoden. Dieses Buch gibt einen Überblick über die Möglichkeiten und Grenzen des Software-Schutzes und enthält praktische Beispiele. Es werden Gründe, Ursachen und Erscheinungsformen des Software-Diebstahles aufgezeigt und der rechtliche, organisatorische und technische Software-Schutz behandelt.

Im Kapitel **„Rechtlicher Software-Schutz“** erfolgt eine Einführung in das Patentrecht, das Urheberrecht und in das Gesetz gegen den unlauteren Wettbewerb (UWG), die unter dem Begriff „Immaterialgüterrechte“ zusammengefaßt werden. Weiters behandelt dieses Kapitel auch den Schutz von Software durch Verträge.

Das Kapitel **„Organisatorischer Software-Schutz“** zeigt organisatorische Möglichkeiten des Software-Schutzes auf. Verschiedene Vorkehrungen, wie Anpassung der Software an den Kunden, Kundendienst (Service, Hot-Line etc.), gute Kundenschulung, Verwendung von Datensicherungsschränken etc. haben sich bereits bei richtigen betriebsindividuellem Einsatz bewährt und tragen zur Minderung möglicherweise vorhandener Risiken bei. Sie zeigen, daß oft schon mit geringen Kosten eine erhebliche Wirkung erzielt werden kann.

Der größte Teil des Buches widmet sich dem **technischen Software-Schutz.** Es werden u. a. der Benutzungsschutz durch Paßwort-Techniken (PIN-Code, Paßwortalgorithmen, Fingerabdruckabtastung, Handschriftauswertung, Netzhautabtastung, Chipkarte etc.), der Kopierschutz von Software und die Software-Verschlüsselung behandelt. Es wird auch auf speziellere Probleme, wie den Schutz von Sourcecode und Telesoftware, die willkürliche Vernichtung von Software etc. eingegangen. Praktische Beispiele ergänzen die theoretischen Überlegungen.

1. Allgemeines zum Thema Software-Schutz

Die Verfahren des Software-Schutzes werden nachfolgend eingeteilt in:

- technischer Software-Schutz
- rechtlicher Software-Schutz
- organisatorischer Software-Schutz

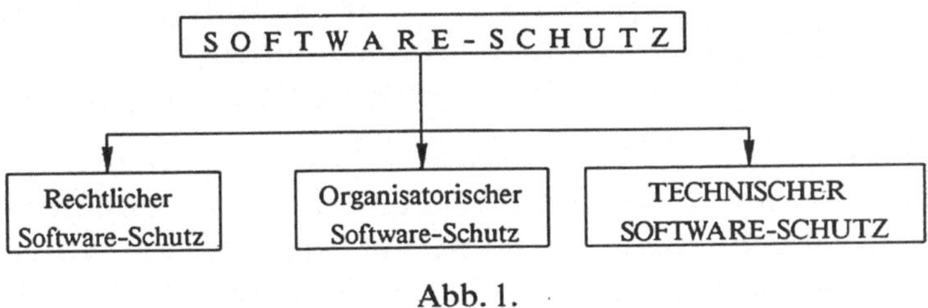

Abb. 1.

Das Ziel des technischen Software-Schutzes ist die Verhinderung der unautorisierten Benutzung von Programmen. Dieser Benutzungsschutz wird unterteilt in:

- Paßwortschutz
- Mehrfachbenutzungsschutz

1.1 Paßwortschutz

Paßwortschutzmethoden bauen auf der Annahme auf, daß der Benutzer eine gegebene Identität besitzt. Die Identifikation kann durchgeführt werden:

a) durch etwas, das der Benutzer **weiß** (einfaches Paßwort (PIN-Code), komplexes Paßwort, „One-Time"-Paßwort, „Hand-Shaking" durch einen Frage-/Antwortvorgang etc.)

b) durch etwas, das der Benutzer **bei sich trägt** (Schlüssel, Chipkarte etc.)

c) durch **biometrische Daten** des Benutzers (Fingerabdruck, Adernstruktur des Augenhintergrundes etc.)

Bei der Verwendung eines PIN-Codes (Personal Identification Number) als Schutzkriterium ist der Benutzer in der Lage – wenn auch oftmals illegal – die Benutzungserlaubnis einer Software oder eines Computers durch Weitergabe des PIN-Codes auf andere Personen auszudehnen. Dies ist z. B. bei der Verwendung eines Fingerabdruckes nahezu unmöglich. Bei der Verwendung einer Chipkarte (siehe Anhang) kann der Schlüssel nur bei eigenem Verzicht weitergegeben werden, da die Chipkarte *praktisch* nicht kopierbar ist.

Der Paßwortschutz wird hauptsächlich innerbetrieblich zum Schutz der Software, Daten und Rechenanlage verwendet. Bei der illegalen Software-Benutzung (Hintergehung des Paßwortschutzes) kann theoretisch jede Person geschädigt werden (z. B. bei Manipulation von Banktransaktionen). Wenn der Schutz von Daten auf dem Schutz der Zugriffs-Software basiert, kann die illegale Software-Benutzung auch eine illegale Datenabfrage oder Datenmanipulation ermöglichen.

Beispiele:

1. Ein Mitarbeiter einer Firma hintergeht den Paßwortschutz des Lohn- und Gehaltsprogrammes und erhöht so sein Grundgehalt. Derartige Vergehen werden oft nur zufällig aufgedeckt und der Mitarbeiter muß meist freigesprochen werden, da die Erhöhung des Gehaltes auch durch eine Falscheingabe eines berechtigten Benutzers erfolgt sein kann.
2. Ein Benutzer einer Rechenanlage erlangt illegal Zugriff zu einem Adreßverwaltungsprogramm. Er macht sich eine Kopie aller Adressen und verkauft sie.
3. Ein Unternehmen erlangt illegalen Zugang zu einem wichtigen Programm eines Konkurrenzunternehmens und kann damit Spionage (Aneignung von Daten), Sabotage (Zerstörung von Daten) und Zeitdiebstahl (Ausnutzung der Rechenanlage für eigene Zwecke) betreiben.

1.2 Mehrfachbenutzungsschutz

Der Software-Diebstahl (illegale Mehrfachbenutzung) kann durch den Mehrfachbenutzungsschutz verhindert werden. Beim

Software-Diebstahl wird in erster Linie der Software-Produzent und Software-Händler geschädigt. Man schätzt, daß heute mindestens 50% des gesamten tatsächlichen Software-Umsatzes Raubkopien darstellen.

Möglichkeiten des Software-Diebstahles:

- Weitergabe von Software
- Software-Beschaffung:
  - durch Einbruch
  - durch Abhören von Datenübertragungsleitungen (vor allem bei Telesoftware)
  - durch EDV-Abfälle (Programmlisten, alte Datenträger (Platten, Floppy-Disk etc.), alte Handbücher etc.)
  - durch Servicetechniker
  - bei Software-Vorführungen (Messen, Verkaufsdemos)
  - in Schulen (EDV-Schulen, Universitäten etc.)

Der Mehrfachbenutzungsschutz schützt die Software vor mehrfacher gleichzeitiger Benutzung, entweder durch die Verhinderung der Erzeugung von illegalen Kopien (Raubkopien) oder dadurch, daß die geschützte Software nur auf einem Computer ablaufen kann. In diesem Fall kann keine Kopie dieser Software zur gleichen Zeit auf einem anderen Computer ablaufen. Es ist hier unwesentlich, ob das Original oder eine Sicherungskopie der Software verwendet wird.

Der Benutzer kann die Software, die durch einen Mehrfachbenutzungsschutz geschützt ist, entweder auf seinem Computer oder einem anderen Computer benutzen. Wenn er die Software weitergibt, ist sie für ihn selbst nicht mehr verwendbar. Einige Schutzmethoden schränken den Betrieb auf einen bestimmten Computer ein oder es kann die Software nur in Verbindung mit dem Original (gekaufte Version) benutzt werden. Es gibt auch Schutzmethoden, die die Anzahl der gleichzeitig an einem Computer aktiven Benutzer einer Software beschränken können. Der Mehrfachbenutzungsschutz ist in erster Linie für die Software-Produzenten und Händler zur Verhinderung des Software-Diebstahles (Raubkopien) interessant. Er wird vor allem im Home- und Personalcomputerbereich immer wichtiger. Hier spielt der Kopierschutz eine wichtige Rolle, weil er meist billig und einfach zu verwirklichen ist.

Viele Benutzer lehnen aber kopiergeschützte Software ab, da keine Sicherungskopien erzeugt werden können, die bei der Zerstörung der Originalsoftware den weiteren Betrieb der Software ermöglichen. Eine der Auslieferung der Software beigelegte Sicherungskopie stellt nur eine teilweise befriedigende Lösung dar. Bei einigen Kopierschutzmethoden ist es auch nicht möglich, die Software von einer Diskette auf Platte zu kopieren. Da aber heute die meisten im Einsatz befindlichen Personalcomputer eine Festplatte besitzen, bedeutet das einen großen Nachteil. Das Pflichtbewußtsein und die Erfahrung zwingen jeden EDV-Profi, Daten und Programme zu sichern. Doch zum Recht und zur Pflicht, Programme zu sichern, kommt auch das Recht des Software-Produzenten und Software-Händlers nach den ihnen zustehenden Einnahmen. Es müssen also Software-Schutzmaßnahmen gesetzt werden, wenn nicht die Händler und Produzenten einfach freiwillig auf einen (leider immer mehr anwachsenden) Teil ihrer Einnahmen verzichten wollen. Ein effizienter und benutzerfreundlicher technischer Software-Schutz, der die Anfertigung von Sicherungskopien nicht verhindert ist notwendig. Es gibt heute schon technische Software-Schutzmethoden, die diesen Anforderungen gerecht werden.

In vielen Fällen ist die Kombination von Paßwortschutz und Mehrfachbenutzungsschutz sinnvoll und notwendig. Mit dieser Kombination können sowohl der Software-Produzent (durch den Schutz vor Anfertigung von Raubkopien) als auch der Käufer (durch die Einschränkung der Benutzungsberechtigung auf bestimmte Personen) die Software schützen. Von den heute am Markt befindlichen Schutzsystemen können nur wenige als Paßwort- und Mehrfachbenutzungsschutzsystem eingesetzt werden (z. B. Soft*Seal, siehe Kapitel 7.2.2 und 11.1).

Der rechtliche Software-Schutz (siehe Kapitel 3) kann und wird den Software-Diebstahl nie gänzlich verhindern. Bei klarer Gesetzeslage, strenger Kontrolle und Bestrafung kann er aber doch eine erhebliche Abschreckung darstellen. Rechtsexperten sind unterschiedlicher Meinung darüber, ob und durch welche Gesetze Software schützbar ist. Bis heute ist in der internationalen Rechtssprechung noch keine endgültige Richtlinie zu erkennen. In Deutschland ist die Schützbarkeit von Software durch rechtliche Maßnahmen schon relativ klar, ganz im Gegensatz zu Österreich und der Schweiz.

Ein großes Problem stellt das mangelnde Unrechtsbewußtsein beim Software-Diebstahl dar. Der Software-Diebstahl wird meist als Kavaliersdelikt betrachtet. Die in vielen Ländern heute noch etwas unklare Rechtslage macht die Situation besonders schwierig.

Ebenfalls nicht den Software-Diebstahl verhindern, aber die Situation erheblich verbessern, kann der organisatorische Software-Schutz. Der Software-Produzent und Händler kann durch organisatorische Methoden im eigenen Haus (siehe Kapitel 2) und durch Verbesserung des Kundendienstes, Anpassung seiner Software an spezielle Kundenbedürfnisse, etc. seine Software schützen. Organisatorische Maßnahmen sind in der Regel ohne großen Aufwand anwendbar, und es zeigt sich auch, daß sie schon bei geringen Kosten eine erhebliche Wirkung erzielen.

Es kann heute und auch in Zukunft nur ein effizienter technischer Software-Schutz den Software-Diebstahl verhindern. Daß dabei das Recht auf Anfertigung von Sicherungskopien eingehalten werden kann, daß es effiziente Schutzmethoden gibt und daß Software-Schutz nicht unbedingt eine Senkung der Benutzerfreundlichkeit bedeuten muß, zeigen Verfahren in diesem Buch.

1.3 Der Software-Markt

Es gibt nur wenig Produkte, bei denen das Verhältnis zwischen Entwicklungskosten und Reproduktionskosten höher ist als bei der Software. Hinzu kommt, daß die Serienproduktion von Software sofort nach Beendigung der Entwicklung zu niedrigen Kosten begonnen werden kann und daß es so gut wie keine Probleme bei der Anpassung der Produktionskapazität an die Nachfrage gibt. Das alles sind Gründe, die die Gefahr der mißbräuchlichen Reproduktion von Software erhöhen und damit auch die Notwendigkeit eines wirksamen Software-Schutzes bestimmen.

Der Software-Schutz ist bereits seit mehr als 20 Jahren Gegenstand heftiger Diskussionen. Aber noch nie war die Notwendigkeit, Software zu schützen, so dringend wie heute. Dafür sind mehrere Gründe ausschlaggebend [Kindermann 83]:

- Die Anwendung der elektronischen Datenverarbeitung hat sich explosionsartig ausgebreitet. Dies ist vor allem auf den vielfältigen Einsatz von Personalcomputern zurückzuführen.

- Die Entwicklungskosten von Software sind enorm. Sie haben bereits die Entwicklungskosten von Computersystemen überstiegen.

- Der Vertrieb von Software als selbständige Produktgruppe hat sich allgemein durchgesetzt. Er beruht unter anderem auf der Erkenntnis, daß die Qualität der Software entscheidend dafür ist, wie effektiv die Hardware, d.h die Computersysteme und die von ihnen gesteuerten Geräte und Anlagen eingesetzt werden können.

- Computersysteme werden in zunehmendem Maße so gebaut, daß sie mit Software unterschiedlicher Hersteller kompatibel sind.

Nach einer Schätzung von Intelligent Electronics Europe (Rue Buffon, Paris) wurden im Jahre 1985 in Europa 1,5 Millionen Standard-Software-Pakete verkauft [Monitor 85]. *Einen wesentlichen Einfluß auf die Verkaufszahlen nimmt der Software-Diebstahl.* Nach Meinung von Intelligent Electronics Europe wird der Software-Diebstahl in den nordeuropäischen Ländern hauptsächlich von Konzernen und Unternehmen praktiziert, im südlichen Europa dagegen von gezielt aufgebauten Parallelindustrien.

Die Beurteilung der Verluste durch Software-Diebstahl ist unter Fachleuten unterschiedlich. Für den amerikanischen Markt wird geschätzt, daß bei einem Umsatz von einer Milliarde US$ den Software-Produzenten durch *Raubkopien* 500 Millionen Dollar entgehen (Chip 11/83). Nach Schätzungen von Werner Brodt, dem ehemaligen Chef des amerikanischen Software-Hauses Micropro, kommen auf jede legal vertriebene Diskette erfolgreicher Programme, wie Wordstar oder Calcstar mindestens drei Raubkopien (Micro Computerwelt 9/84).

Im Durchschnitt kann man annehmen, daß bei Standard-Personalcomputer-Software drei illegale Kopien pro Lizenz angefertigt werden, d. h. daß *75% aller benutzten Programme Raubkopien sind*! Der dadurch verursachte Umsatzverlust kann derzeit nur durch höhere Preise aufgefangen werden. Wenn es eine hundertprozentig sichere Methode zur Verhinderung von Software-Diebstahl gäbe, könnte es sich der Software-Händler leisten, diese geschützte Software zu einem niedrigeren Preis zu verkaufen, da er sich eines größeren Marktes sicher wäre. Es besteht daher ein dringendes Interesse an einem zuverlässigen Software-Schutzsystem sowohl von Seiten der Software-Produzenten als auch der Software-Käufer.

Es bleibt die Frage offen, wie die notwendigen Backup-Kopien (Sicherheitskopien) von wichtigen Programmen trotz eines Schutzsystems erzeugt werden können. Was passiert, wenn in einer Firma ein wichtiges Programm „zerstört" wird? Ohne Backup-Kopie bleibt nichts anderes übrig, als die Diskette, bzw. das Speichermedium, auf dem das Programm gespeichert ist, zum Produzenten bzw. Händler zu schicken und zu hoffen, daß es nicht länger als ein paar Tage oder Wochen dauert, bis der Ersatz geliefert wird. Es stellt sich die Frage: Wie wird der Produzent den Forderungen des Käufers gerecht, Backup-Kopien anzufertigen, und wie kann er gleichzeitig seine teuren Software-Investitionen schützen? Eine detaillierte Analyse dieses Problems zeigt, daß eigentlich nicht die Erzeugung von Kopien, sondern ihr illegaler Gebrauch verhindert werden sollte.

Mit dem Argument, Backup-Kopien zu ermöglichen, sah sich eine Reihe von Anbietern veranlaßt, Programme oder Hardware-Zusätze auf den Markt zu bringen, mit denen geschützte Software trotzdem dupliziert werden kann. In der Dokumentation dieser Programme steht dann z. B. folgender Vermerk (unter Berücksichtigung des Copyrights in den USA): Bsp.: Locksmith 5.0 – ein Apple-Disketten-Kopierprogramm.

Das Kopierrecht (Copyright) erlaubt die Erzeugung von Backup-Kopien von Software, die dem Locksmithbesitzer selbst gehört. Locksmith 5.0 wird mit der Meinung verkauft, daß der Käufer dieses Programm nicht benutzt, um Disketten von kopiergeschützten Programmen für den Verkauf oder die Verteilung zu generieren. Sollte dieses Programm mißbraucht werden, so unterstützt Omega Microware auf Ersuchen des Inhabers des Kopierrechts die gerichtliche Verfolgung des Verletzers.

In den USA gibt es eine Insider-Zeitschrift namens „Hardcore Computist", die sich ausschließlich den verschiedenen Knackmethoden für geschützte Programme widmet. Das Hardcore-Editorial bemerkt zur Legitimation der Hersteller von einschlägigen Produkten: „Wir billigen Software-Diebstahl in keiner Weise. Doch der Käufer von Software muß das Recht haben, sich Backup-Kopien (Sicherheitskopien) anzufertigen und durch die Entfernung des Kopierschutzes Veränderungen nach seinen Bedürfnissen vorzunehmen" [Hardcore]. Weiter verschärft wurde das Problem für den amerikanischen Markt, da viele Kunden bei teuren Programmsystemen den Wunsch haben, das Produkt zu testen, ehe sie sich zum Kauf entscheiden. Durch die Einrichtung von Läden, die Software unter der Annahme, daß diese später vom Entlehner gekauft wird, ausleihen, sah die Industrie einen großen Markt für Software-Diebstahl.

Schutzmaßnahmen bringen bestimmte Kosten – sowohl bei der Entwicklung als auch bei der späteren Anwendung – mit sich. Die Kosten eines Software-Schutzes sollen in einem vernünftigen Verhältnis zum Schutzbedürfnis stehen.

Als Grundsatz des Software-Schutzes sollte gelten, daß man niemals mehr Geld für den Schutz ausgeben sollte, als es kosten würde, wenn man die Software „verliert".

Es kann (bei nicht zu hohem Schutzbedürfnis) durchaus sinnvoll sein, das Mißbrauchsrisiko (z. B. durch Raubkopien) bewußt in Kauf zu nehmen (wie etwa das Einkalkulieren des „Schwundes" durch Ladendiebstahl in Supermärkten [Riska 86]).

1.4 Erscheinungsformen des Software-Diebstahles

Der Software-Diebstahl kann in vier Kategorien, von denen jede verschiedene Stufen des Schutzes erfordert, eingeteilt werden:

- Die erste Kategorie betrifft den Schutz vor Vervielfältigung von Programmen im Freundes- und Kollegenkreis und bei Computerclubs (*Corporate Copying*). Um vor solchen Vergehen zu schützen, sollten die Kopierkosten die Kosten einer legalen Erwerbung übersteigen.

- Die zweite Kategorie ist der Schutz gegen Kopien für den Wiederverkauf (*Professional Piracy*). Um dagegen zu schützen, sollte es billiger sein, das Programm komplett neu zu schreiben, als eine brauchbare Kopie des Originals anzufertigen.

- Die dritte Kategorie ist der Schutz gegen kostenlose Weitergabe der Software von Hardware-Produzenten an dessen Hardware-Kunden (*Professional Service*). Hierbei sollten die Kosten im gleichen Größenverhältnis wie bei Kategorie zwei liegen.

- Die vierte Kategorie betrifft den Schutz eines geheimen Algorithmus (z. B. Programme für militärische Zwecke). In solchen Fällen könnten die Bemühungen, um das System zu verstehen, sehr hoch sein und würden in keiner Beziehung zu den Kosten der Erstellung des Programmes stehen.

1.5 Ursachen und Gründe des Software-Diebstahles

Viele wollen ihre Spielprogramme, Buchhaltung oder Textsoftware nicht vom Hersteller kaufen, wenn sie das gleiche Programm ohne Schwierigkeiten fast zum Nulltarif bekommen. Die meisten Leute sind sich oft nicht dessen bewußt, daß sie im allgemeinen eine strafbare Tat begehen. Dixon Smith, Vizepräsident der Vault Verkaufsabteilung (USA), bemerkte, daß die Amerikaner mit einer *Xerox-Mentalität* ausgestattet sind und daß Kopieren für sie etwas so Normales ist, daß sie nicht einmal wahrnehmen, daß sie Lizenzverträge verletzen [Interface 84].

Das zentrale Problem ist das mangelnde Unrechtsbewußtsein. Eine interessante Umfrage führte Parker [Parker 76] durch (aus [Jaburek 85]). Er ließ die jeweiligen Handlungen in die Kategorien: *in Ordnung, unmoralisch, unehrenhaft, illegal, bereits selbst getan,* einordnen.

- Der vorsätzliche unbefugte Gebrauch eines urheberrechtlich geschützen Programms an einem Time-Sharing-System wurde allgemein nur als *unmoralisch* eingestuft.

- Das versuchsweise Auskundschaften geheimer Systembefehle wurde von zwei Dritteln der Befragen als *in Ordnung* erachtet und von allen Befragten, außer den Revisoren, schon selbst probiert.

- Die Weitergabe eines Programms an ein Konkurrenzunternehmen wurde als *unmoralisch* klassifiziert, der Versuch, in ein Time-Sharing-System unbefugt einzudringen, als *illegal,* wobei letzteres von 10% der Befragten schon versucht worden ist.

- Programme anderer Unternehmen angenommen oder solche ohne schriftliche Vereinbarung ausgetauscht zu haben, wurde von je einem der befragten Revisoren zugegeben, wobei derartiges Fehlverhalten von mehr als zwei Drittel der Befragten für *in Ordnung* befunden wurde.

- Der Versuch, mit einem System mehr zu tun, als im Manual beschrieben ist, wurde fast einhellig für *in Ordnung* gehalten.

- Auch der Versuch, die Sicherheitsvorkehrungen der EDV-Anlage zu durchbrechen, wurde von 50% der Befragten als *in Ordnung* akzeptiert.

Interessant an dem Umfrageergebnis ist, daß die Annahme fremder Programme, der Programmaustausch und der Versuch, die Sicherheitsvorkehrungen der EDV-Anlage zu durchbrechen, als *in Ordnung* befunden wurden.

Es fehlt den meisten Leuten also das *Problembewußtsein*, und viele sehen im Kopieren von Programmen noch immer ein Kavaliersdelikt. Profis arbeiten manchmal beim Verkauf ihrer Kopien mit besseren Vertriebsmethoden als die Firmen selbst und machen so ein großes Geschäft.

Aber auch mangelnde Verfügbarkeit durch administrativen Aufwand, Lieferzeiten etc. sind Gründe für den Software-Diebstahl. Ein weiterer Grund des Software-Diebstahles ist die Herausforderung an Ausdauer, Intelligenz sowie *Spieltrieb* von Programmierern. Aus Stolz, ein Schutzsystem geknackt zu haben, gibt der Programmierer sein Kopierprogramm bzw. den Kopieralgorithmus dann kostenlos weiter.

Unerlaubte Zugriffe in Netzwerke werden im allgemeinen durch Neulinge begangen, die Telefonanschlüsse in Verbindung mit Modems und ihren Heimcomputer dazu verwenden, durch wiederholte Versuche den Benutzernamen und das Paßwort zu erraten. Es ist bemerkenswert, daß sie das ohne Hilfe von raffinierten Ausrüstungen bewerkstelligen. Die Herausforderung für diese Personengruppe bilden besonders „schwierig zu knackende“ Systeme. Es handelt sich typischerweise um Amateure (nach Weizenbaum auch „zwanghafte Programmierer“ genannt), oft Jugendliche, die über beträchtliche Detailkenntnisse verfügen.

2. Organisatorischer Software-Schutz

2.1 Allgemeines

Computersicherheitsexperten betonen, daß Sicherheit eine Managementsache ist; d. h. die Kenntnis des Problems des Software-Schutzes und der möglichen Effekte im Betrieb müssen in der höchsten Ebene der Organisation erkannt werden. Organisatorische Maßnahmen des Benutzungsschutzes eines Computersystems hängen im allgemeinen von der Abhängigkeit einer Firma von ihrem Computersystem ab. Die Führung der Firma muß das erforderliche Maß an Sicherheit, und die Lösungen, bestimmen. Bevor man eine Investition in Computersicherheit tätigt, ist es auch wichtig zu bestimmen, vor wem man sich schützen möchte.

Gerald Isaacson, ein Direktor vom *Computer Security Institute* in Northborough, MA, USA bemerkt: „Security means reducing the risk assumable by management, but you shouldn't worry about Skylab falling on the roof" [Interface 84].

Die Meinung, daß nicht alle Programme bzw. Daten geschützt werden müssen, kann irreführen. In diesem Fall können Programme bzw. Daten mit Telefongesprächen verglichen werden. Die Möglichkeit, daß Telefongespräche oder Daten für Konkurrenten nützlich sind oder sogar bei Gericht verwendet werden können, ist etwas, das sich die meisten Leute nicht überlegen. Programme bzw. Daten, die unwichtig erscheinen, können für Gegner sehr wohl nützlich sein. Als Beispiel können hier Fälle dienen, bei denen Verkaufsangebote der Konkurrenz illegal zugänglich gemacht wurden, und diese dann das Angebot durch Unterbieten gewannen.

Viele Firmen hatten ein höheres Sicherheitsniveau, bevor sie einen Computer besaßen. Das ist dadurch zu erklären, daß bei Dokumenten, die auf Schreibtischen angehäuft sind, niemand, weder ein Verbrecher noch der Ausführende selbst, weiß, wo die kritischen Daten sein könnten. Wenn die Arbeit „computerisiert" ist, passen die ganzen Daten leicht auf ein paar Disketten, die durch Angestellte und sogar das Reinigungspersonal leicht gestohlen werden können.

Eine Möglichkeit, die verwendeten Sicherheitsmaßnahmen zu testen, ist die sogenannte „Tigerteam-Methode“. Hierbei veranlassen die Betriebe ihre eigenen Angestellten dazu, ihr Computersystem bzw. Datenkommunikationsnetzwerk zu knacken. Wenn das Team Zutritt zum System erlangt, weiß die Firmenleitung, daß Sicherheitsmaßnahmen geändert werden müssen. Manche Sicherheitsexperten warnen jedoch vor dieser Methode, weil es gefährlich sein kann, jemanden zu trainieren, der ein potentieller Computerverbrecher sein könnte. Für kleine Betriebe ist diese Methode außerdem untragbar und zu teuer. Das Konzept kann aber auch einfacher angewendet werden. Es kann die Aufgabe des Sicherheitsbeauftragten sein, die Sicherheitsmaßnahmen zu testen. Andere Experten drängen auf Bildung von *„Drohungsteams“*, die nach potentiellen Unterschlagungsmöglichkeiten suchen.

Der effektivste Weg, um Computerverbrechen zu verüben, ist, den Computerschutz zu meiden und durch andere Mittel Zugriff zu sensitiven Informationen zu erlangen. Eine Methode ist es, einen Beschäftigten mit Zugriff zu den gewünschten Daten zu bestechen. Daher meinen Sicherheitsexperten, daß sich die gefährlichste Bedrohung innerhalb der Organisation befände. Dem Angestellten ein volles Vertrauen zu schenken ist ein Risiko. Daher sollte man bei Personen mit Zugriff zu sensitiven Daten **Hintergrundforschungen** zur Person anstellen. Solche Untersuchungen sind teuer, zeitaufwendig und möglicherweise feherhaft, dennoch können sie die Gefahr verringern. Außerdem ist die Menge der verfügbaren Information begrenzt. Ein zusätzlicher Faktor, der Untersuchungen von datenverarbeitenden Personen beeinträchtigt, ist, daß bedeutende Computerverbrechen aus Gründen des Imageverlustes oder um Schwierigkeiten zu vermeiden oft unveröffentlicht bleiben. Solche Fälle werden vertraulich behandelt, und sie lassen es dem Betreffenden frei, in eine andere Firma einzutreten, die von diesem Vorfall keine Ahnung hat. Eine Hilfe wäre eine zentrale Stelle zu schaffen, wo solche Fälle registriert werden müssen.

Da heute viele Geschäfte bereits mit Hilfe von Computern, die über das öffentliche Telefonnetz miteinander kommunizieren, abgewickelt werden, sollte dieser Datenübertragung ein besonderes Augenmerk zukommen [Merkle 78].

B. Walke definiert Sicherheit in seinem Artikel „Software-Aspekte sicherer Datenkommunikation“ [Walke 83] als die Gewährleistung der Geheimhaltung aller Informationen und Ausschluß einer Beeinträchtigung der Funktionen des Gesamtsystems (durch sicherheitsgefährdende Kräfte). Dies bedeutet Forderung nach:

- Schutz vor böswilliger Behinderung normaler Arbeit durch Benutzer oder Programme. Mögliche Maßnahmen:
  - Organisatorische (Klassifikation von Nutzen und Daten),
  - Personelle (Zugangsberechtigung zu Terminals und eingestuften Daten),
  - DV-unterstützte (Überwachung aller Abläufe durch Sicherheits-Beauftragte),
  - Infrastrukturelle (Dezentralisierung der Verarbeitung und Datenhaltung, Kommunikation über vermaschtes redundantes Netz, Baumaßnahmen),
  - Fernmeldetechnische (Geräte mit Unempfindlichkeit gegen Einstrahlung und geringer Abstrahlung).

- Datensicherheit. Mögliche Forderungen:
  - Datengeheimhaltung,
  - Datenintegrität,
  - sichere Kommunikation.

Trotzdem fordert man hohe Bedienqualität und Benutzerakzeptanz, geringe Komplexität und wenig zusätzlichen Aufwand an Rechenkapazität. In [Walke 83] zeigt B. Walke eine Übersicht über Sicherheitsschwachstellen bei der Datenverarbeitung und Übertragung mit Rechnern, wenn die Benutzer über ein Rechnernetz mit ihrer Datenverarbeitungsanlage verbunden sind. Diese Übersicht ist in Abb. 2 (s. S. 16) wiedergegeben.

Alle bezüglich Hard- und Software des Hauptrechners aufgeführten Gefahren bzw. Fehlerquellen kommen ebenso für den Vermittlungsrechner in Betracht. Viele der aufgezählten Gefahren gehen von Menschen aus und erfordern entsprechend intelligente Vorbeugemaßnahmen.

Grundsätzlich ist dazu zu raten, jede Kommunikation über öffentliche Leitungen und Rechnernetze zu verschlüsseln. Die Methode, die hier Verwendung findet, heißt *„Kryptologie“* (siehe Anhang 6) und bedeutet nichts anderes als das Verschlüsseln von Daten. Im Gegensatz zum vorigen Jahrhundert, als Militärexperten mit relativ bescheidenen Mitteln die ersten kryptographischen Versuche unternahmen, haben heute Mathematiker, Informatiker sowie Systemfachleute mit Hilfe der Mathematik und Mikroelektronik be-

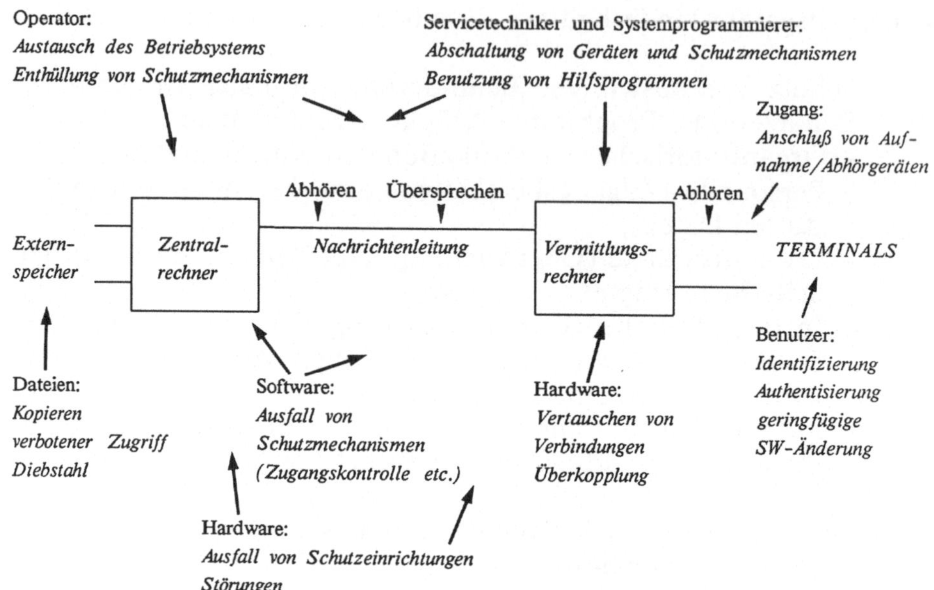

Abb. 2. Sicherheitsschwachstellen in einem Rechnernetz (Quelle: Walke, Elektronische Rechenanlagen, 4/1984)

reits ausgeklügelte Methoden auf diesem Gebiet erarbeitet. Der Klartext – ein Schriftstück, eine Datei, eine Graphik, ein Programm – wird über ein Verschlüsselungsgerät mit einem bestimmten Schlüssel versehen und umgewandelt. Dieser Schlüssel kann bei jeder Kommunikation geändert (one-time-key-Methoden), teilweise veröffentlicht (public-key-Methoden) und erneut verwendet werden. Beim „Public-Key-System“ wird eine rund 200-stellige Primzahl verwendet, die mit einer weiteren 200-stelligen Primzahl multipliziert wird. Das Ergebnis dient als Schlüssel, der veröffentlicht wird. Um eine so verschlüsselte Nachricht wieder in Klartext umzuwandeln, muß man beide zugrundeliegenden Primzahlen kennen. Da in dieser Größenordnung (das Ergebnis ist immerhin eine Zahl mit vierhundert Stellen) Primfaktoren auch computerunterstützt nur in jahrzehntelanger Arbeit berechnet werden können, gilt das System für den kommerziellen Einsatz als *„fast“* hundertprozentig sicher. Allerdings arbeitet derzeit das Massachusetts Institute of Technology (MIT) an der Zerlegung 200-stelliger Zahlen. Die Auftraggeber sind „Kryptologiefirmen“, die bei einem Erfolg des Instituts die Schlüssel eben um weitere Stellen erhöhen. Grundsätzlich sei gesagt, daß es das mathematisch absolut sichere Verfahren zur Verschlüsselung nicht gibt.

Aber nicht einmal viele große Bankinstitute verschlüsseln, trotz steigender Computerkriminalität, ihre Übertragungen. Wem Verschlüsseln zu unpraktisch oder zu teuer ist, der bedient sich einer anderen vielversprechenden Methode, die für kleinere Betriebe geeignet ist, dem sogenannten Rückrufgerät (z. B. Lee MAH Telecom Inc., San Francisco, CA). Dieses Gerät akzeptiert einen Anruf eines autorisierten Benutzers, der ein richtiges Paßwort liefern muß. Die Einheit unterbricht dann den Anruf und ruft den Benutzer unter einer bestimmten Telefonnummer, die im Speicher abgelegt ist, zurück. Dies bietet einen guten Schutz gegen Hacker.

Gemäß Gerald Isaacson (siehe oben) gibt es 10 grundlegende Maßnahmen, die man durchführen kann, um das EDV-System vor Mißbrauch zu schützen [Interface 84].

- Es sollten Möglichkeiten zur Einsetzung von formalen Regeln, betreffend den Gebrauch von Computern und Betriebsdaten, geschaffen werden. Zusätzlich sollte das Unternehmen die Eigentumsrechte für von Angestellten entwickelte Software klären.

- Es ist sicherzustellen, daß jeder Benutzer eines Personalcomputers verantwortlich ist für das Gerät, seine Software und Unternehmensinformationen.

- Bei unsicheren (öffentlich zugänglichen) Aufstellplätzen sollten Maßnahmen getroffen werden, die den Computer und seine Peripherie vor unerlaubtem Gebrauch und Diebstahl sichern. Oftmals wird nicht der Computer selbst gestohlen, sondern nur Teile davon, wie „Boards", Festplatten etc.

- Es sollten Möglichkeiten für die sichere Ablage von Speichermedien geschaffen werden. Diesen Anforderungen gerecht zu werden kann problematisch sein, dennoch sollte auch ein kleiner Betrieb einen physikalischen Schutz für seine magnetischen Speichermedien vorsehen. Eine Vielzahl von Sicherheitsschränken sind bereits am Markt erhältlich.

- Es ist sicherzustellen, daß jeder Benutzer eines Personalcomputers über die Minimalanforderungen einer sorgfältigen Bedienung des Gerätes und seiner Bestandteile unterrichtet ist. Dies kann von dem Hinweis, daß man keine Kaffeetassen auf die Tastatur stellt, bis zum Hinweis, daß Disketten kein

Abstellplatz sind, reichen. Grundlegende Wartungsanforderungen sollten besprochen werden.

- Es ist ein Plan zur Wiederbeschaffung von gestohlenen Programmen bzw. Daten oder Computerbestandteilen zu erstellen. Wenn Hardware gestohlen oder beschädigt wird, ist es relativ leicht, sie zu ersetzen oder einen alternativen Baustein zu finden. Jedoch Programme bzw. Daten zu ersetzen, ist jedoch oft eine viel schwierigere und teurere Angelegenheit.

- In Umgebungen von Computersystemen, wo sich auch nicht autorisierte Personen aufhalten können, sind Regeln und Möglichkeiten zum Schutz sensitiver Informationen zu erstellen und zu kontrollieren. Wenn mehrere Personen Zugriff zu einem Personalcomputer besitzen, ist es wichtig, daß jeder Benutzer nur auf die Informationen zugreifen kann, die ihn betreffen.

- Es sollten Möglichkeiten und Ablaufvorschriften zur Verfügung gestellt werden, die sicherstellen, daß wichtige Daten und Informationen „außer Haus" abgelegt werden können (siehe 11.2, The Vault). Einige Unternehmen bieten bereits „Außerhausablagen" an, die magnetische Speichermedien vor Feuer und anderen Katastrophen schützen. Sie stellen auch ein spezielles Service zur Verfügung, das die abgelegten Medien auf Wunsch in kürzester Zeit dem Kunden ins Haus liefert. So hat der Kunde bei Bedarf die Möglichkeit einer schnellen Beschaffung seiner Backup-Kopien.

- Es sollten diverse Standardnamenabkommen für Dateien und Daten im Ein- oder Mehrbenutzerbetrieb getroffen werden. Oft vergessen Leute, denen es an Erfahrung mit Computern mangelt, die Namen der Dateien. Zusätzlich könnten wichtige Informationen verloren gehen, wenn eine Person ein Unternehmen verläßt und dann niemand die Namen der Dateien kennt, die wichtige Daten enthalten.

- Wenn der Computer an das öffentliche Telefonnetz angeschlossen ist, müssen die wichtigen Programme bzw. Daten vor unerlaubtem Zugriff geschützt werden. Dies überdeckt das weite Spektrum von Kommunikationssicherheitserlässen, die Verschlüsselung und Rückrufsicherheitsmaßnahmen enthalten. Diese Methoden sind möglicherweise sehr teuer, sodaß abgeschätzt werden muß, wie wichtig der Bedarf für diesen Schutz ist.

Es gibt große Meinungsverschiedenheiten zwischen denen, die strenge Sicherheitsmaßnahmen fordern, und denen, die einfachere (benutzerfreundlichere) Zugriffsmöglichkeiten in Betracht ziehen, denn Benutzerfreundlichkeit läßt sich nur schwer mit strenger Sicherheit vereinbaren. Die Kontrolle bei der Benutzung von Computersystemen kann z. B. erleichtert werden, indem sie geteilt wird; d. h. man verlegt den Computer und die Terminals in Sicherheitssperrzonen, die durch Überwachungspersonal und/oder durch Türen mit Identifikations-Eintrittsvorrichtungen (Zutrittskontrollsysteme) begrenzt sind. Zutrittskontrollsysteme sind aktive Sicherungsmaßnahmen. Sie erfassen alle Personen und prüfen individuell deren Berechtigung für einen Zutritt. Unberechtigte Personen werden auf Grund fehlender oder falscher Identifikationsmerkmale abgewiesen. Zutrittskontrollsysteme sind naturgemäß aufwendig und erfordern Unterstützung organisatorischer und mechanischer Art, wenn nicht einer Umgehung oder Überlistung Vorschub geleistet werden soll [Zimmerli 84, Madnick 79]. Der Zugriffsschutz auf das Computersystem kann mit derart geschützten Terminals vereinfacht und damit die Benutzerfreundlichkeit erhöht werden. Noch besser ist natürlich die Verlagerung der Kontrolle in das Terminal selbst, wie z. B. beim Einsatz von Chipkarten (siehe Anhang 1).

Eine organisatorische Methode des Software-Schutzes stellt die Bereitstellung eines guten Kundendienstes dar. Das bedeutet, daß dem Kunden regelmäßig die neuesten Versionen seiner Programme geliefert werden, und der Software-Händler verkauft nicht nur das Produkt, sondern übernimmt auch die Verantwortung über die Funktionsfähigkeit am Gerät des Käufers. Wenn sich jemand eine Software über illegale Wege beschafft, verzichtet er somit auf diesen Kundendienst. Gestohlene Software verliert damit an Wert und Interesse.

Eine sehr wirksame Form des Software-Schutzes stellt die Anpassung der Software an den Kunden dar. Gut parametrisierbare Software mit austauschbaren Texten und Formaten läßt sich oft so gut an die Wünsche eines Kunden anpassen, daß die gleiche Software, z. B. von einem Freund „kostenlos" angeboten (aber nicht seinen Wünschen angepaßt), für ihn uninteressant ist. Die Anpassung muß aber Sperren enthalten, die nur der Software-Händler lösen kann, d. h. der Software-Händler muß bei der Kundenanpassung mitwirken. Aber nicht jede Software ist parametrisierbar, bzw. bei vielen Anwendungen ist eine Anpassung nicht oder nur geringfügig möglich. Doch dort, wo eine solche Anpassung dem Kunden große Vorteile bringt (z. B. Lohn- und Gehaltsabrechnung), kann eine vom Händler unterstützte Parametrisierung der Software einen guten Software-Schutz bedeuten. Noch besser ist ein Servicepaket mit Einschulung, Anpassung und Hot-Line (siehe unten). Ein derartiges Servicepaket wirkt zusätzlich sehr verkaufsfördernd. Ebenso wird durch die Einbeziehung einer kostenlosen Einschulung in den Kaufvertrag die Gefahr des Software-Diebstahles verringert.

Autorisierten Benutzern, das sind Benutzer, die ein Programm bei einer Firma ordnungsgemäß erworben haben, sollte man eine *„Hot-Line"* zur Verfügung stellen: das ist eine Telefonnummer, unter der sie anrufen können, wenn ein Problem oder eine Unklarheit bei ihrem Programmpaket auftritt. Dieser zusätzliche Kundendienst kann auch bei der Ausforschung von Programmdieben behilflich sein, denn es kann vorkommen, daß der Empfänger einer Kopie bei Problemen mit dem Programmpaket die Hot-Line in Anspruch nimmt. Eine Software, die keinen solchen Kundendienst einschließt, ist sowohl für den Produzenten als auch für den Benutzer von geringerem Wert.

Es hat sich schon bei der Schallplattenindustrie, wo das Kopieren der Platten auf Kassetten sehr leicht möglich ist, gezeigt, daß der Verkauf von Schallplatten trotzdem steigt. Daraus ist zu schließen, daß neben der Musik auch gewisse Details (z. B. die Plattenhülle) eine Rolle spielen. In der gleichen Weise gibt es bei einer Software nicht nur den Objektcode, sondern auch die Dokumentation, die Hot-Line und sonstiges Service. Es kann auch eine gute Dokumentation als Software-Schutz wirksam sein, denn muß der Software-Dieb auch diese kopieren, ist es für ihn mit höheren Kosten verbunden.

Regelmäßige Zusendung von Unterlagen über neue Produkte, Versionen, Entwicklungen etc. sowie Gruppierung von autorisierten Benutzern zu „Benutzergruppen", in denen sie Erfahrungen austauschen können, kann ein zusätzliches Motiv sein, ein Programmpaket zu kaufen und es nicht zu kopieren. Eine andere Strategie des Software-Schutzes ist über die Preispolitik möglich. Wenn z. B. eine Organisation, die 100 Personalcomputer besitzt , von 100 Exemplaren eines Software-Produktes nur das erste zum vollen Preis und die 99 folgenden billiger kaufen kann, wird die Versuchung, unerlaubte Kopien anzufertigen, stark reduziert.

Eine weitere Möglichkeit ist der Beitritt zu einer Software-Rechtsschutzorganisation, wie es sie in England unter der Bezeichnung „Software Registry“ gibt. Die Software Registry ist eine private Organisation, die ein Terminbestätigungs- und Administrationssystem anbietet, das hilft, die Rechte in Bezug auf Kopierrecht (Copyright), Knowhow, Betriebsgeheimnisse und alle anderen damit verbundenen Rechte zu behaupten und zu unterstützen. Bei Verletzung dieser Rechte zahlt die Organisation die Gerichtskosten bis zu 100.000 Pfund. Die Software, die man schützen will, wird dieser zur Eintragung überreicht (Registry). Mit der Eintragung, die fünf Jahre Gültigkeit hat, hat die Software eine schriftliche Form, die das Gericht in England als Beweismittel bei Streitigkeiten akzeptiert. Durch die Eintragung ist eine Abschreckung gegenüber Software-Dieben gegeben, da, falls der Software-Dieb mit einer gerichtlichen Verfolgung rechnen muß, für ihn ein viel größerer Profit voraussehbar sein muß wenn er die Software kopiert. Durch höhere Beitragszahlungen bekommt man einen noch besseren Rechtsschutz und den Vorteil, daß der Software-Dieb nicht weiß, wie stark der Rechtsschutz ist. In jedem Programmteil einer zur Eintragung übergebenen Software wird folgender Text eingefügt:

„This software work is the subject of registration number ... under which the work was deposited with the Software Registry Limited on ... and which is covered by a copyright legal expenses assurance scheme.“

Ein Vorteil ist auch die bessere Identifizierung der Software durch die Registriernummer, als durch eine unklare, lange Beschreibung. Die Organisation verspricht schnelle Hilfe bei Gerichtsverhandlungen durch Zusendung eines gerichtlich beeideten Schreibens, welches das Datum der Hinterlegung bestätigt.

In Deutschland hat der Kampf gegen die Raubkopierer die Software-Firmen näher zusammenrücken lassen. Die sonst um Marktanteile ringenden Konkurrenten haben sich entschlossen, einen Dachverband der Software-Hersteller zu gründen, der sich künftig um die Interessen der angeschlossenen Mitglieder kümmern soll. Etwa 50 Firmen haben bereits ihren Beitritt angekündigt. „Der Verband wird die Mitglieder in allen Belangen beraten“, erklärt der Hamburger Rechtsanwalt Wolfgang Krüger. Und er stellt fest, daß das Problem der Raubkopien die Verbandsgründung zumindest forciert hat: „Ein Schwerpunkt in dieser Organisation liegt in der Bekämpfung des Software-Diebstahles“.

In manchen Staaten gibt es bereits Organisationen, die sich gebildet haben, um dem Software-Diebstahl entgegenzuwirken. Diese könnten auch die Registrierung von Computerverbrechern übernehmen. Solche Organisationen sind z.B:

- Software Protection Funds (USA)
- Software Protection Club (GB)
- FAST – Federation Against Software Theft (GB)

2.2 Schutz des Sourcecodes

Der Sourcecode ist der fast immer in einer höheren Programmiersprache verfasste Text, der mittels eines Übersetzungsprogramms in den Objekt(Maschinen)code übersetzt wird. Der Objektcode einer Software ist für einen Menschen praktisch unlesbar und dadurch sind Veränderungen, Erweiterungen sowie Fehlersuche sehr viel schwieriger als in der Sourcecodeversion. Im Sourcecode steckt der gesamte Entwicklungsaufwand, der vor mißbräuchlicher Verwendung geschützt werden sollte [Risak 86]. Zum Schutz des Sourcecodes sollten folgende Maßnahmen beachtet werden:

- Bei der Entwicklung eines Programmes sollte man die bis zur Fertigstellung notwendigen Ausdrucke eines Programmes, die nicht mehr gebraucht werden, nicht einfach in Papierkörbe werfen, denn so ist es selbst für das Reinigungspersonal leicht, sich eines Ausdruckes einer fertigen oder fast fertigen Software zu bemächtigen.

- Gespräche und Informationen über eine gerade in Entwicklungsarbeit befindliche Software sollten nur wirklich autorisierten Personen zugänglich sein; d. h. unter anderem auch, daß Gespräche über Details einer Software nicht in der Kantine etc. geführt werden sollten.

- Es sollte beim Verkauf eines Programms darauf geachtet werden, daß nicht eine Sourcecodeversion auf dem verkauften Speichermedium ist, sondern wirklich nur eine Objektcodeversion. Eine Ausnahme bilden andere Lieferbedingungen, die aber in Software-Verträgen genau definiert werden sollten.

- Der Software-Käufer verlangt oftmals eine Sourcecodeversion damit er die die Software bei Bedarf an seine Bedürfnisse anpassen kann. Eine Möglichkeit dem Kunden nicht den gesamten Sourcecode zu übergeben besteht z. B. in der Programmiersprache ADA. In dieser Programmiersprache können dem Käufer definierte Schnittstellen gegeben werden, ohne den dahinter stehenden Sourcecode offenzulegen (Package-Konzept).

Als weiteres Problem tritt der Schutz des Sourcecodes nach seiner Fertigstellung vor Einbruchdiebstahl, Feuer oder anderen Katastrophen auf. Zusätzlich tritt hier noch das Problem auf, daß man sich nirgends hinwenden kann, um den Sourcecode für Änderungen zu erhalten, wenn ein Software-Produzent aus dem Geschäftsleben aussteigt. Eine Möglichkeit, diese Probleme zu lösen, besteht in der Inanspruchnahme einer Treuhänderfirma, die den Sourcecode verwahrt. Diese Firmen bieten eine sogenannte „Außerhausablage" an. In den USA gibt es eine Firma mit dem Namen „The Vault", die sich auf diesem Gebiet spezialisiert hat (siehe Kapitel 11.2). Auch im deutschsprachigen Raum nimmt diese Art des Software-Schutzes zu.

2.3 Mutwillige Zerstörung der Software

Ein heute noch relativ unbedeutendes Problem bildet die mutwillige Zerstörung von Software. Gegen die Zerstörung des Datenträgers (Diskette, Platte etc.) kann nur wenig getan werden. Die Sicherung der Software und deren sichere Lagerung (z. B. in Datensicherungsschränke) ist die beste Lösung. In Datensicherungsschränken können Datenträger wie Floppy-Disk, Magnetplatten, Bänder etc. aufbewahrt werden und die auf diesen Datenträgern gespeicherte Software vor Diebstahl, aber auch Brand, Feuchtigkeit und anderen physikalischen Einwirkungen geschützt werden. Gute Datensicherungsschränke haben einen Brandwiderstand von zwei und mehr Stunden und sind sturzsicher konstruiert. Beim Kauf von Datensicherungsschränken sollten die Prüfberichte von Prüfanstalten beachtet werden.

Die mutwillige Zerstörung von Software durch Standard-Systemprogramme (z. B. durch Löschkommando des Betriebssystems) oder speziell für diesen Zweck entwickelte Programme kann bei Großrechenanlagen weitestgehend verhindert werden, kaum aber bei Personal-Computern. Ob die mutwillige Zerstörung von Software durch Systemkommandos bzw. spezielle Programme strafbar ist, konnte von den Autoren nicht geklärt werden. Es sind auch keine gerichtlichen Entscheidungen bekannt.

Eine neue Form der mutwilligen Zerstörung von Software wird in den USA ein zunehmend größeres Problem – sie erfolgt mit den sogenannten *„Virus-Programmen"*. Ein Virus-Programm ist ein Programm, das sich wie ein Virus ausbreitet, bis es mit der Software-Zerstörung beginnt. Es kann zu einer anderen Software, die es später zerstören soll, hinzugefügt werden oder als eigenständiges Programm arbeiten. Im ersten Fall wird in eine vorhandene Software – ohne daß es die Benutzer, EDV-Verantwortlichen etc. bemerken – das Virusprogramm integriert. Dieser Vorgang ist z. B. bei Personalcomputer-Software ohne Schwierigkeiten möglich und kann von jedem Programmierer mit ASSEMBLER-Kenntnissen und einem „Debugger" durchgeführt werden. Das Virus-Programm bleibt nun eine Zeitlang ohne Aktion, bis zu einem bestimmten Zeitpunkt oder bis ein sonstiges vorgegebenes Ereignis eintritt. In diesem Fall beginnt das Virus-Programm mit der Zerstörung der gewünschten Software und dehnt sich auf sämtliche im Augenblick vorhandene Software aus. Da das Virus-Programm nicht sofort aktiv wird, sondern erst Tage oder Wochen nach der Integration in eine andere Software, ist die Ausforschung des Täters sehr schwierig. Wie oben erwähnt, muß ein Virus-Programm nicht an ein anderes Programm angehängt werden, sondern kann auch als ein selbständiges *„Killer-Programm"* agieren. Diese Form der Virus-Programme eignet sich in erster Linie für Großrechen-Anlagen. Dieses Programm kann, z. B. nach einer gewünschten zeitlichen Verzögerung, mit der Software-Zerstörung selbst beginnen oder sich vermehren. Im letzteren Fall erzeugt dieses Programm ein weiteres Virus-Programm u. s.w., also vermehrt sich das Virus-Programm von selbst.

Jede Form von Virus-Programmen könnte theoretisch durch entsprechende Hard- oder Software verhindert werden. Die meisten derzeit im Handel befindlichen Computer erlauben aber bei genauester Kenntnis der Anlage (Hardware, Betriebssystem) den Einsatz von Virus-Programmen. Die erforderlichen Kenntnisse schränken den als Täter in Frage kommenden Personenkreis, außer bei Personalcomputern, aber sehr ein. Die Täter sind vom Typ und ihren Zielvorstellungen her meist vergleichbar mit „Hackern". Sie betreiben ihre Tätigkeit als Hobby, sind stolz auf das Ergebnis und wollen meist auch keine bestimmte Person oder Firma schädigen, sondern nur sich selbst beweisen, wie gut sie sind. Neben diesen Tätern gibt es aber auch Täter mit anderen Zielvorstellungen. Sie wollen z. B.

eine Konkurrenzfirma bewußt schädigen oder auf den militärischen Bereich bezogen, die Verteidigungskraft eines Landes schwächen. Es hat sich auch schon öfters gezeigt, daß Angestellte, die gekündigt worden waren, aus Verärgerung einfach Datenträger gelöscht haben [Mühlen 72, Jaburek 85]. Virus-Programme sind aber heute in erster Linie noch eine amerikanische Krankheit.

Eliminierung der Abmeldung

Wenn ein „Hacker" z. B. in die Übertragungsleitung einen Personalcomputer installiert, sodaß alle übertragenen Daten seinen Rechner durchlaufen müssen, so kann er die Leitung nicht nur abhören, sondern er kann auch die Daten manipulieren. In bezug auf den Software-Schutz ist vor allem die Anfangs- und Endphase einer Software-Benutzung interessant. Die Anfangsphase kann mit Hilfe von Einmal-Paßwörtern, Paßwortalgorithmen etc. (siehe Kapitel 5.1.1 und 7.2.1) zufriedenstellend geschützt werden. Wesentlich schwieriger ist der Schutz der Endphase. Wenn ein Benutzer (aus seiner Sicht) ein Programm ordnungsgemäß beendet hat, heißt das noch nicht, daß es wirklich beendet wurde. Diese Endphase (evtl. Abmeldephase) könnte nämlich von einem Hacker abgefangen worden sein. Der Benutzer bekommt vom Personalcomputer des Hackers die Endmeldung, der Computer des Benutzers erfährt davon aber nichts. Somit kann das Programm vom Hacker ohne Kenntnis und Erlaubnis des bisherigen Benutzers weiter verwendet werden. Die geschützte Anfangsphase des Programmes wurde damit vom Hacker elegant umgangen.

Die Endphase eines Programmes kann durch verschiedene Methoden geschützt werden, z. B. durch eine periodische oder zufallsverteilte Überprüfung des Benutzers oder seines Terminals. Die effizienteste Methode ist die Verschlüsselung aller übertragenen Daten. Bei dieser Methode kann der Hacker dem Benutzer zwar einen Systemabsturz vorspielen (simulieren), er kann durch die Datenverschlüsselung das Programm aber nicht sinnvoll weiterbenutzen. Ein ähnliches Problem kann bei Systemfehlern auftreten. Wenn im Computer, seiner Peripherie, vor allem aber im Übertragungsweg zum Benutzer, ein Fehler auftritt, so kann das eine Programmunterbrechung für den Benutzer ohne Programmabbruch im Computer bedeuten. Nach einer für den Benutzer nicht vorhersehbaren Zeit ist der Fehler eliminiert und der Benutzer könnte, ohne neue Anmeldephase, sein Programm fortsetzen. Wenn sich aber zu diesem Zeitpunkt der Benutzer gerade nicht an seinem Arbeitsplatz (Terminal etc.) befindet, ist das Programm ungeschützt, und könnte von unautorisierten Personen benutzt werden, die Zugang zu diesem Arbeitsplatz haben und diesen Zustand zufällig sehen oder planen. Es kann in den Übertragungsweg relativ leicht ein permanenter Fehler (z. B. Unterbrechung) eingebaut werden, der, nachdem der Benutzer seinen Arbeitsplatz verlassen hat, wieder eliminiert wird. Nachfolgend werden zwei mögliche Fälle behandelt:

- Der Computer muß diese Störung, insbesondere bei Anschlüssen über Modems, nicht unbedingt merken, vor allem wenn der Hacker eine eigene Hardware in den Übertragungsweg schaltet, der die Leitung aus der Sicht des Computers aufrechterhält. Der Benutzer muß daher bei einer Störung sofort Kontakt mit dem Operator etc. aufnehmen. Eine Datenverschlüsselung verhindert zwar jedes Weiterbenutzen der Software durch einen Hacker, der Arbeitsplatz des Benutzers bleibt aber eine Schwachstelle.

- Ein Hacker könnte nach einer von ihm geplanten Unterbrechung z. B. auf dem Bildschirm des Benutzers die folgende Meldung ausgeben „Wegen eines Hardware-Austausches muß der Übertragungsweg zu Ihnen für 15 Minuten unterbrochen werden. Wir bitten um Verständnis“. Da dem Benutzer die Unterbrechung angekündigt wurde, wird er möglicherweise auf den Anruf zum Operator oder andere Aktivitäten verzichten.

Wie eben gezeigt, sollte er auch bei angekündigten Störungen anrufen. Dieser Fall kann durch eine Datenverschlüsselung grundsätzlich verhindert werden, da dann der Hacker keine gezielte Ausgabe auf dem Bildschirm des Benutzers durchführen kann.

Grundsätzlich sollte sich jeder Benutzer an einem frei zugänglichen Arbeitsplatz bewußt sein, daß auch *sensible* Programme in der Regel nach der Anmeldephase ganz oder teilweise ungeschützt sind und daher der Benutzer vor dem Verlassen dieses Arbeitsplatzes das Programm beenden muß, und wenn das nicht möglich ist (z. B. bei Störungen), er einen Programmabschluß über einen anderen möglichen Weg (z. B. Anruf) veranlassen muß. Moderne Hochsicherheits-Software-Schutzsysteme, wie z. B. Soft*Seal (siehe Kapitel 11.1) erfüllen ihre Schutzwirkung auch während der Programmausführung bis zur Programmbeendigung. Sie sind durch geplante oder ungeplante Störungen sowie durch eine Eliminierung der Abmeldung in keiner Weise verwundbar.

3. Rechtsschutz von Computer-Software

Der Begriff „Software“ beschreibt einen sehr komplexen Sachverhalt, und eine für alle Seiten befriedigende Definition zu finden, ist schwer möglich. Bei Kolle [Kolle 82] z. B. ist Software nicht gleichbedeutend mit Programmen, sondern umfaßt eine Fülle von verkörperten und nicht verkörperten Vor-, Zwischen-, End-, Hilfs- und Peripherieprodukten und Arbeitsergebnissen, die alle dem Ziel dienen, bestimmte Aufgaben mit Hilfe eines Computers zu lösen. Die Erscheinungsformen von Software sind vielfältig. Eine umfassende Definition unter dem Rechtsschutzgesichtspunkt gibt das Modellgesetz zum Schutz von Software, das die Weltorganisation für geistiges Eigentum (WIPO) 1978 vorgeschlagen hat [WIPO 78]. Unter anderem greifen Kindermann in [Kindermann 83] und Kolle in [Kolle 82] diese Definition auf, um den Rechtsschutz von Software zu diskutieren. Diese Definition der WIPO ist mit Bedacht auf den Schutz von Software durch die sogenannten **Immaterialgüterrechte** aufgebaut. Demgemäß umfaßt Software drei Kategorien:

a) Das eigentliche Computerprogramm, das eine Folge maschinenlesbarer Anweisungen darstellt. Diese Anweisungen ermöglichen es dem Computer, ein bestimmtes Ergebnis zu erzielen.

b) Die Programmbeschreibung, die Struktur, Aufbau und Logik von Programmen in sprachlicher oder graphischer Form so detailliert erläutert, daß sie als vollständige Anweisung an den Programmierer zur Entwicklung eines entsprechenden Programmes oder zur Abänderung und Weiterentwicklung eines vorhandenen Programmes dienen kann. Solche Programmbeschreibungen können Grundlage zahlreicher Programme sein, die sich erheblich voneinander unterscheiden können, alle jedoch zum gewünschten Ergebnis führen.

c) Das zu jedem Computerprogramm gehörende Begleitmaterial, das sich gleichermaßen an den Benutzer des Programmes wie an die Bedienungspersonen des Computers richtet und Anweisungen über die Anwendung des Programmes und die dazu notwendige Bedienung des Computers enthält. Zu dieser Gruppe des Begleitmaterials zählen unter anderem Problembeschreibungen oder Benutzeranweisungen. Diese Software-Produkte treten als umgangssprachliche, graphische, schematische oder tabellarische Darstellungen in Erscheinung.

Weitere Details sind bei Kolle [Kolle 82] angegeben. Zwischen diesen drei Software-Kategorien, die zusammenfassend als dokumentierte Anweisungen zum Einsatz informationsverarbeitender Geräte bezeichnet werden können, bestehen naturgemäß enge Beziehungen. Kolle vertritt die Meinung, daß diese Einteilung der Software genügt, um die für einen immaterialgüterrechtlichen Schutz im wesentlichen in Betracht kommenden Software-Elemente zu erfassen, ihre für die rechtliche Beurteilung relevanten Merkmale zu erkennen, und damit die Grundfragen des patent- und urheberrechtlichen Schutzes der Software beantworten zu können.

An rein geistigen Leistungen (und eine Software stellt ein Produkt des Geistes dar) kann kein Eigentum erworben werden. Zum Schutz von Leistungen dieser Art können nur die „Immaterialgüterrechte" herangezogen werden. Unter diesen Namen werden das *„Urheberrecht"*, – *„Wettbewerbsrecht"* und das *„Patentrecht"* zusammengefaßt.

Gemäß dem Grundsatz der Vertragsfreiheit kann jeder Vertragspartner den anderen verpflichten, bestimmte Dinge zu tun und andere zu unterlassen (schuldrechtliche Pflichten). Verträge über die Überlassung von Know-how sind von der Rechtssprechung anerkannt. Jeder Software-Lieferant kann sich durch entsprechende Vereinbarungen gegenüber seinem Vertragspartner (schuldrechtlich) schützen, indem er genau beschreibt, was sein Vertragspartner zu tun hat. Dieser Schutz ist aber auf den Vertragspartner beschränkt. Um gegenüber Dritten geschützt zu sein, können die Immaterialgüterrechte herangezogen werden. Vorweggenommem kann gesagt werden, daß unter der Annahme, daß die Immaterialgüterrechte geeignet sind, Software zu schützen, folgendes gilt [Kindermann 83]:

Am besten gerecht wird den verschiedenen Erscheinungsformen der Software der **Urheberrechtsschutz**, der aber weder die inhaltlichen Elemente noch unabhängig entwickelte Software erfaßt. Der Schutz aus dem **Gesetz gegen den unlauteren Wettbewerb** setzt eine unlautere Handlung von seiten des Verletzers voraus und tritt daher nicht für gutgläubige Dritte in Kraft.

Den besten Schutz gegen jedermann und auch den Inhalt erfassend, gewährt das **Patent,** das jedoch lediglich für technische Erfindungen zur Verfügung steht und daher für Software nur dann von Bedeutung ist, wenn diese eine technische Erfindung enthält.

Die verschiedenen Formen des Rechtsschutzes von Software können sich überlappen oder gegenseitig ergänzen. So kann der Software-Vertrag in den Urheberrechtsschutz eingebettet sein. Technische Verfahrensschritte, die durch ein urheberrechtlich geschütztes Programm gesteuert werden, können Gegenstand eines Patentes sein. Der Schutz aus dem *Gesetz gegen den unlauteren Wettbewerb* kann ergänzend zu den vorgenannten Schutzformen in Anspruch genommen werden, wenn die zu verfolgende Rechtsverletzung auf eine unlautere Wettbewerbshandlung zurückgeht. Letzteres wäre z. B. der Fall, wenn die Vorlage, von der unter Verletzung eines bestehenden Urheberrechtsschutzes Raubkopien hergestellt, vertrieben und benutzt werden, von einem angestellten Software-Entwickler veruntreut worden ist.

Stellvertretend für die teilweise ähnlichen Immaterialgüterrechte im europäischen Raum stehen hier die Paragraphangaben der Gesetze der Bundesrepublik Deutschland.

3.1 Der Urheberrechtsschutz

Urheberrechtsschutz genießen *Werke* der Literatur, Wissenschaft und Kunst, sofern sie persönliche, geistige Schöpfungen sind. Zu den Werken der Literatur und Wissenschaft gehören Sprachwerke und graphische Darstellungen auch dann, wenn sie sich mit wissenschaftlichen, technischen oder organisatorischen Sachverhalten befassen. Im Urheberrecht wird die persönliche geistige Schöpfung geschützt (§ 2/II), d. h. nicht der sachliche Inhalt, sondern die schöpferische Darstellung.

In Deutschland trat am 1 Juli. 1985 eine Novellierung des Urheberrechtsgesetzes in Kraft [UrhG, BGBl.1985 I S. 1137]. Mit dieser Novellierung hat der Gesetzgeber den Katalog derjenigen Werke, die unter das Urheberrechtsgesetz fallen können, erweitert, indem er § 2 Abs.1 Nr.1 folgendermaßen formulierte : *„Sprachwerke, wie Schriftwerke und Reden sowie Programme der Datenverarbeitung“.*

Nach der amtlichen Begründung sollte diese ausdrückliche Erwähnung nur klarstellende Bedeutung haben und der momentanen Rechtsprechung entsprechen.

Kindermann betont in [Kindermann 83], daß wissenschaftliche Erkenntnisse, Ideen, Theorien, mathematische Methoden, Algorithmen und Formeln aus dem Schutz ausscheiden. Der wissenschaftlich technische Inhalt trägt zwar in seiner Verknüpfung mit der individuellen Formgestaltung zwangsläufig zur Entstehung des Schutzes bei, bleibt aber in seinem Kern der freien Verfügbarkeit vorbehalten. Der Schutz, den das Urheberrecht gewährt, beschränkt sich auf den Schutz gegen Kopieren (Vervielfältigen) und gegen unselbständiges Bearbeiten der Darstellung. Es liegt dem Urheberrecht fern, deren organisatorisches Wissen zu schützen.

Kolle vertritt in [Kolle 82] die Meinung, daß am Urheberrechtsschutz in Bezug auf das sogenannte Begleitmaterial und die Programmbeschreibung eines Software-Produktes, die gewöhnliche Schriftwerke in uns vertrautem Sinn darstellen, kaum ein Zweifel bestehen kann. Auch Kindermann, der ebenfalls von der Definition der WIPO ausgeht, kommt zu diesem Schluß, indem er feststellt, daß diese Unterlagen ohne schöpferische Geistestätigkeit nicht denkbar wären. Sie sind in ihrer äußeren Erscheinung und in ihrer Funktion Lehrbüchern gleichzusetzen.

Im Mittelpunkt des Interesses stehen die besonders schutzwürdigen und verletzungsanfälligen betriebsfertigen Programme. Im Sinne des Urheberrechts muß unter anderem die sogenannte **„Werkqualität“** der Software untersucht werden, um festzustellen, ob sie den hieraus resultierenden Ansprüchen gerecht wird. Bei der Untersuchung der Werkqualität muß zunächst festgestellt werden, ob die Erstellung eines Programmes auf einer gewissen geistigen Leistung beruht. Es muß sich um eine geistige, schöpferische Darstellung handeln, daher darf die Darstellung nicht durch einen Gegenstand oder durch eine Entwicklungsmethode (Software-Engineering) bestimmt sein. In diesem Fall wird der Urheberrechtsschutz aber nach Kolle nur da zu verneinen sein, wo das Werk nur das Ergebnis schablonenhafter Tätigkeit ist und bloß mechanische und routinemäßige Zusammenstellung vorgegebener Fakten darstellt. [Vgl.: Bundesgerichtshof GRUR 1981, 520-522 Fragensammlung].

Kolle argumentiert weiter, daß die Software-Entwicklung anspruchsvolle geistige Arbeit voraussetzt und man dies bereits aus den Anforderungen, die an Programme gestellt werden, erkennen kann. Ein Programm soll fehlerfrei und zuverlässig sein (auf Anhieb praktisch nie erreichbar); es soll aber auch benutzerfreundlich, leicht verständlich, einfach zu ändern, universal und „pflegeleicht“ sein, geringe Kosten verursachen und einen hohen Wirkungsgrad haben. Die ursprünglich dominierenden Ziele, nämlich möglichst kurze Rechenzeit und geringer Speicherbedarf, sind heute stark in den Hintergrund getreten [vgl. Aron, The Program Development Process. Part 1: The Individual Programmer, Reading (Mass.) 1974 sowie Weinberg, The Psychology of Computer Programming, New York 1971 S.15 ff.]. Dies erfordert in allen Stufen der Software-Entwicklung neben solidem handwerklichen Können hohe analytisch-konzeptionelle Fähigkeiten, Geschick, Einfallsreichtum und planerisch-konstruktives Denken. Auch der deutsche Bundesgerichtshof bestätigt im Urteil vom 3. Juni 1981 (NJW 1981 2684), daß Programme eine geistige Leistung darstellen.

Um dem Begriff Werkqualität zu genügen, muß weiters eine *persönliche Schöpfung* vorliegen. Dem wird ein Werk gerecht, wenn ein gegebener Spielraum für die Entfaltung persönlicher Züge für eine individuelle Gestaltung vom Urheber genutzt wird. Es zeigt sich bei wissenschaftlichen Arbeiten, daß die darin zum Ausdruck kommende geistige Leistung auch zugleich eine individuelle Prägung trägt. Bei Kolle [Kolle 82] wird darauf hingewiesen, daß Wittmer [Wittmer 81 S.114] überzeugend nachgewiesen hat, daß der notwendige Spielraum für die Entfaltung persönlicher Züge für eine individuelle Gestaltung des Werkes bei der Erstellung von Programmen besteht. Es wird zusammenfassend festgestellt, daß bei der Software-Entwicklung in formaler und inhaltlicher Hinsicht ein breiter Raum für persönliche, kreative Gestaltung vorhanden ist, wobei praktisch alle persönlichen Entscheidungen, Lösungen und Gestaltungen, auch wenn sie aus früheren Entwicklungsstufen herrühren, in das betriebsfertige Computerprogramm selbst einfließen. Kolle schließt daher, daß praktisch die Mehrzahl der wichtigen Programme als persönliche geistige Schöpfungen und damit als urheberrechtlich geschützt anzusehen sein werden. Hierbei verweist er auch auf : Ulmer, Urheber- und Verlagsrecht, 3. Aufl. 1980, S.140 ff.; Köhler, Der urheberrechtliche Schutz der Rechenprogramme 1968 S. 65 ff.; 76 ff.; H. und O. Axter, BB 1967, 606 (612); Möhring, GRUR 1967, 269 (276); Kolle, GRUR 1974, 7 (9); GRUR-Denkschrift, GRUR 1979, 300 (303); Haberstumpf, GRUR 1982, 142 (147).

Nach herrschender Lehre sind Programme im allgemeinen durch das Urheberrecht geschützt (vgl. [Hodik 84]). Aber nicht von allen

Experten wird der Urheberrechtsschutz für Programme bejaht. Hodik [Hodik 84] verweist z. B. auf Troller [Troller, Immaterialgüterrecht (1983) S.356 ff.], der sich gegen den Urheberrechtsschutz für Programme ausgesprochen hat. Seiner Meinung nach sind Programme Anweisungen an den menschlichen Geist, ähnlich wie ein psychologischer Test oder eine Buchhaltungsmethode. Vom Werk im Sinne des Urheberrechts unterscheidet sie der Zweck: Werke erfüllten den Zweck ihres Daseins mit ihrer bloßen Existenz, ohne daß die Erfüllung einer Funktion für sie „Seinsgrund" sei; das träfe aber auf Programme nicht zu, sie existieren bloß, um eine Aufgabe zu lösen und nicht um ihrer selbst Willen.

Kindermann hingegen begründet die Urheberrechtsfähigkeit unter anderem auch damit, daß ein Programm selbst ein schutzfähiges Werk darstellt, da es alle Kriterien eines Schriftwerkes aufweist: Es ist ein durch Zeichen und Symbole, äußerlich erkennbar gemachter, sprachlicher und damit lesbarer Gedankenausdruck, zu dessen Formulierung es einer geistigen Betätigung bedarf und die sich auf Inhalt, Formgebung, Sammlung, Einteilung und Anordnung des Stoffes bezieht [BGH-Urteile vom 7. 12. 1979, „Monumenta Germaniae Historica", GRUR 1980, 227-234, und vom 27. 2. 1981, „Fragensammlung", GRUR 1981, 520-523; „WK-Dokumentation" GRUR 1982, 37-39].

Nach dieser vom deutschen Bundesgerichtshof gegebenen Definition kommt es nicht darauf an, ob die gewählte Sprache allgemein verständlich ist und ob das Werk zusätzlich zu seiner Lesbarkeit noch anderen Zwecken, wie z. B. zur Festlegung einer Reihenfolge von Rechenoperationen eines Computers, dient. Es kommt auch nicht darauf an, ob der Inhalt des Werks ästhetischer Natur oder streng sachlich orientiert ist.

Auch „von Gamm" [Gamm 68] und „Nordemann-Vinck" [Nordemann 79] schließen den Urheberrechtsschutz der Programme nicht schon deswegen aus, weil ihnen ein ästhetischer oder geistig-ästhetischer Gehalt schlechthin fehle, erkennen vielmehr ausdrücklich an, daß dieser in ihrem geistig-gedanklichen Gehalt begründet sein könne. Das Landesgericht Mannheim [12.6.1981, (7 O 143/80), BB 1981 1543-1545] hingegen kam zu dem Ergebnis, daß es einem Computerprogramm regelmäßig an der erforderlichen, sinnlichen Wahrnehmung zugänglichen Konkretisierung eines geistig-ästhetischen Gehalts ermangle. Die Entscheidung des Landesgericht Mannheim wurde vom Oberlandesgericht Karlsruhe am 9.2.1983

[GRUR 1983, 300] abgeändert. Entgegen der Ansicht des Landesgerichts Mannheim [vgl. auch Zahn, GRUR 1978, 207 – 209 „ein gewisser Anspruch des Herzens"] kommt es auf einen geistigen, ästhetischen Gehalt der Werkform im Sinne einer den Schönheitssinn ansprechenden Wirkung nicht an.

Nachfolgend werden die nicht amtlichen Leitsätze des Oberlandesgerichts Karlsruhe vom 9. 2. 1983 aufgezeigt.

a) Der Algorithmus eines Programms – die dem Programm immanente Rechenregel – kann als solcher dem urheberrechtlichen Schutz nicht zugänglich sein, denn wissenschaftliche Lehren und Ideen sind ebensowenig wie Gebrauchsanweisungen in bezug auf ihren Inhalt urheberrechtsfähig.

b) Bei der Programmentwicklung, die ein Aufbereiten des Problemstoffs nach formalen Gesichtspunkten erfordert, kann eine persönliche geistige Schöpfung im Sinne des § 2 Abs. 2 UrhG vorliegen. Die schöpferisch geistige Leistung muß sich in der Formgebung selbst niederschlagen, sie kann in der Sammlung, Auswahl, Anordnung und Zuordnung eines vorhandenen oder neu bearbeiteten Stoffes liegen. Das Quellprogramm, der Ausdruck oder auch nur die Bildschirmanzeige können geeignete Mittel sein, um die persönliche, geistige schöpferische Qualität bei der Auswahl und Anordnung des verarbeiteten Stoffes festzustellen. Ausreichend, aber auch erforderlich ist, daß der bearbeitete Stoff eine willkürliche Formgebung zuläßt, und diese einer selbständigen schöpferischen Geistestätigkeit entspringt. Es reicht nicht aus, daß verschiedene Bearbeiter unterschiedliche Programme entwickeln würden. Ebensowenig kann die Quantität der Verarbeitungsschritte allein ein bestimmendes Kriterium sein.

c) Die verwendeten Ausdrucksmittel stehen der Anerkennung als Werk im Sinne des § 2 Abs. 1 UrhG nicht entgegen. Auf eine künstlerisch ästhetische Wirkung ist nicht abzustellen.

d) Urheberrechtlicher Gegenstand des Programms ist die von seinem Inhalt geprägte Form des Gewebes, also die Gestaltung des Datenflußplans und/oder des Programmablaufplans und/oder des Primärprogramms. Auch die endgültige, maschinencodierte Fassung unterliegt dem Schutz. Über die notwendige, die einzelnen Stufen zergliedernde Betrachtungsweise kann nach dem geltenden Urheberrecht nicht mit dem Hinweis hinweggegangen werden, daß die Software-Erstellung auf ein einheitliches Werk ausgerichtet sei.

e) Der Gestaltung des Programmes können durch den Inhalt der Aufgabe, durch die verwendete Hardware und die vorhandenen (verwendeten) technischen Mittel Grenzen gesetzt sein.

Nach einer Entscheidung des Bundesgerichtshofes vom 9. Mai 1985, die im September 1985 veröffentlicht wurde [I ZR 52/83], werden Programme nur dann wirklich vom Urheberrecht geschützt, wenn ihre Darstellung schöpferisch ist. Der Bundesgerichtshof hat hier klargestellt, daß es nicht darauf ankommt, was man alles an Sinnvollem in ein Programm hineintut, wovon z. B. das Oberlandesgericht Karlsruhe ausgegangen war [Zahrnt 86]. Er hat dann klargestellt, daß es auf die DV-technische Bearbeitung des Stoffes ankommt. Erst in einem erheblich weiten Abstand zum Durchschnittskönnen würde die untere Grenze der Urheberrechtsschutzfähigkeit beginnen. Da aber keine klare Grenze gesetzt werden kann, bleibt diese Entscheidung problematisch.

Bundesgerichtshof Urteil vom 9. Mai 1985
Amtliche Leitsätze:

a) *Computer-Programme sind grundsätzlich einem Urheberrechtsschutz als Schriftwerk nach § 2 Abs. 1 Nr. 1 UrhG oder als Darstellung wissenschaftlicher oder technischer Art nach § 2 Abs. 1 Nr. 7 UrhG zugänglich.*

b) Zu den Anforderungen an das Erfordernis der persönlichen geistigen Schöpfung (§ 2 Abs. 2 UrhG) bei Computer-Programmen.

Nichtamtliche Leitsätze:

1. Für die urheberrechtliche Beurteilung wissenschaftlicher oder technischer Werke scheidet ein geistig-schöpferischer Gehalt in der Gedankenführung und -formung des dargestellten Inhalts weitgehend aus; die wissenschaftliche Lehre und das wissenschaftliche Ergebnis sind urheberrechtlich frei und jedermann zugänglich; ihre Darstellung und Gestaltung fehlt,

soweit dies aus wissenschaftlichen Gründen in der gebotenen Form notwendig und durch die Verwendung der im fraglichen technischen Bereich üblichen Ausdrucksweise üblich sind, die erforderliche eigenschöpferischer Prägung. Für den Urheberrechtsschutz von Programmen und ihren Vorstufen kommt danach nur die Form und Art der Sammlung, Einteilung und Anordnung des Materials in Betracht. Der Spielraum für individuelle, eigenschöpferische Lösungsmöglichkeiten nimmt von Phase zu Phase der Programmentwicklung ab. Bei getrenntem Werkschaffen wäre die generelle Problemlösung als eigentliches Werk, der eigenschöpferisch gestaltete Datenflußplan, also deren abhängige Bearbeitung (§ 3 UrhG) und der Programmablaufplan sowie die Codierung als unfreie Benutzung in Form der Vervielfältigung (§ 16 UrhG) zu beurteilen.

2. Die Frage des Eigentümlichkeitsgrades bemißt sich nach dem geistig-schöpferischen Gesamteindruck der konkreten Gestaltung, und zwar im Gesamtvergleich gegenüber der vorbestehenden Gestaltung. Dieser Vergleich enthält keine – für die Urheberrechtsschutzfähigkeit unerheblich – Neuheitsprüfung, sondern beantwortet die Frage, ob der konkreten Formgestaltung gegenüber den vorbekannten Gestaltungen individuelle Eigenheiten zukommen.

3. Erst in einem erheblich weiteren Abstand zum Können eines Durchschnittsgestalters beginnt die untere Grenze der Urheberrechtsfähigkeit, die ein deutliches Übertragen der Gestaltungstätigkeit in Auswahl, Sammlung, Anordnung und Einteilung der Informationen und Anweisungen gegenüber dem allgemeinen Durchschnittskönnen voraussetzt.

4. Bei der Begründung der Urheberrechtsfähigkeit kommt es darauf an, worin das Charakteristische der Anordnung und Kombination zu sehen ist. Es bedarf Feststellungen darüber, daß die Anordnung und Verbindung der einzelnen Elemente nicht durch den Ablauf des Programmes vorgegeben ist und mehr als eine bloße technisch-mechanische Aneinanderreihung darstellt, weiterhin, wodurch sich das Programm von vorhandenen Programmen gleicher Zweckbestimmung abhebt.

Die Rechtssprechung in Deutschland hat bisher die Urheberrechtsfähigkeit von Programmen jenseits eines engen Bereichs des

Trivialen bejaht. In drei Urteilen über die mißbräuchliche Verwertung von Programmen haben das Landesgericht Kassel, das Landesarbeitsgericht Schleswig-Holstein und das Oberlandesgericht Koblenz den Urheberrechtsschutz von Programmen anerkannt. In drei weiteren Urteilen haben das Landesgericht Mosbach, das Landesgericht München I und das Oberlandesgericht Karlsruhe (siehe oben) den Urheberrechtsschutz für Programme und deren Dokumentation bejaht und ausführlich begründet [LG Kassel, Urteil vom 21.6.1981 (8 O 84/80), BB 1983, 992; LAG Schleswig-Holstein, 29.7.1981 (2 Sa 605/81); OLG Koblenz, 13.8.1981 (6 U 294/80), BB 1983, 992; LG Mosbach, 13.7.82 (KfH O 35/82) BB 1982, 1443, GRUR 1983, 70; LG München I, 21.12.82 (7 O 2490/82), BB 1983, 273, GRUR 1983, 175; OLG Karlsruhe, 9.2.1983 (6 U 150/81), BB 1983, 986, GRUR 1983, 300].

Die World Intellectual Property Organisation und für Deutschland die deutsche Vereinigung für gewerblichen Rechtsschutz und Urheberrecht bemühten sich um die Schaffung eines Sonderrechts für den Programmschutz in Anlehnung an das Urheberrecht. Nachdem die Rechtssprechung in zahlreichen Ländern die Urheberrechtsfähigkeit von Programmen grundsätzlich anerkennt, dürften diese Bemühungen keinen Erfolg mehr haben. So hat das Bundesministerium für Justiz die entsprechenden Wünsche der Organisation mit dem Hinweis abgelehnt, daß „bereits das geltende Recht den Schutz von Programmen in ausreichendem Umfang gewährleiste“ [GRUR 1982, S.670 ff.; Zahrnt 85].

Die Verfügbarkeit des Urheberrechtsschutzes für Software verbürgt im Grundsatz ihren grenzüberschreitenden Schutz durch die revidierte Berner Übereinkunft und das Welturheberrechtsabkommen. Voraussetzung dafür, daß dieser Schutz auch in der Praxis wirksam wird, ist aber, daß der urheberrechtliche Schutz der Software in möglichst vielen Verbandsländern anerkannt wird. Es scheint sich in dieser Frage ein Konsens herauszubilden, der Hoffnung für die Zukunft bringt. In einer großen Anzahl europäischer und außereuropäischer Länder überwiegt jedenfalls in der Rechtspraxis die Auffassung, daß die Programme und andere Software-Produkte dem Urheberrechtsschutz unterliegen, auch wenn dies noch nicht überall durch Gesetzgebung oder höchstrichterliche Entscheidungen abgehandelt ist.

Zu diesem Ergebnis kommt auch Wittmer [Wittmer 81 S.115 ff.] für das Schweizer Recht.

Jaburek kommt in [Jaburek 85] zur Schlußfolgerung, daß die Diskussion, ob Software in Österreich urheberrechtlich geschützt wird, noch nicht ausgestanden ist. Er betont, daß die deutschen Software-Urteile eine gewisse Leitfunktion für Österreich besitzen. Überlegungen zur Urheberrechtsnovelle 1980 [1974, JMZ 17.339-4a/74] gehen allerdings davon aus, daß Software in Österreich sowieso vom Urheberrecht erfaßt und eine diesbezügliche Änderung des Urheberrechtsgesetzes nicht notwendig sei. Auch ein Erlaß des Bundesministeriums für Finanzen [12. 1. 1982, GZ D 411/1/1 – N/9/81; Computerwoche, 8. 4. 1982, 22] folgt dieser Meinung.

Jaburek bemerkt weiters, daß in der österreichischen Literatur zum Thema Urheberrechtsschutz von Software [Dittrich 70; Hodik 84; Jaburek 82] durchwegs die Meinung vertreten wird, Software sei in Österreich urheberrechtlich geschützt. Er weist allerdings darauf hin, daß dieser Schutz einige Probleme bietet, die auch eine strafrechtliche Verfolgung nach § 91 des österreichischen Urheberrechtsgesetzes unmöglich machen. Das folgt z. B. aus § 42 UrhG, der die Vervielfältigung zum eigenen Gebrauch als zulässig erklärt. Raubkopien, die durch Entlehnung von Software auf eigenen Computersystemen entstehen und nicht die Grenzen des § 42 (einzelne Vervielfältigungsstücke, keine Veröffentlichung etc.) durchbrechen, sind demnach in Österreich legal. Sieht man Software als Werke der Literatur an, so verbietet § 42 Abs. 3 UrhG dem Inhaber einer Kopie eines öffentlich angebotenen Programmes, diese auf Bestellung für einen Freund zu vervielfältigen.

In Deutschland hingegen hat der Gesetzgeber in §53 UrhG klargestellt, daß jegliches Kopieren für private Zwecke ohne Zustimmung des Berechtigten unzulässig ist. Das bezieht sich allerdings nur auf urheberrechtlich geschützte Programme [Zahrnt 86].

3.2 Der Software-Vertrag

Grundlage jeder Entwicklung und Verwertung von Computersoftware sind vertragliche Vereinbarungen. Durch den Vertragsschutz können das maschinenlesbare Programm, das Begleitmaterial und die Programmbeschreibung gleichermaßen erfaßt werden, und zwar nicht nur hinsichtlich ihrer äußeren Form, sondern auch ihres Inhaltes. Letzteres setzt allerdings voraus, daß dieser Inhalt (Ideen, Methoden, Algorithmen oder sonstiges Know-how) nicht allgemein verfügbar ist, sondern der Geheimhaltung unterliegt.

Software-Verträge haben zwei wichtige Funktionen:

Die eine besteht in der Legitimierung des Vertragspartners zu einer bestimmten Verwertung der gelieferten Software, und die andere besteht im Schutz dieser Software gegen Mißbrauch durch Vereinbarung geeigneter Maßnahmen. Die Legitimierungsfunktion wird bereits durch den Vertragstyp bestimmt. Die wichtigsten Vertragstypen über die Nutzungsrechte von Computersoftware sind *der Dienstvertrag des angestellten Software-Entwicklers, der Werksvertrag über im Auftrag entwickelte Software und der Lizenzvertrag für die Überlassung von Software.*

Der Dienstvertrag zwischen dem angestellten Software-Entwickler und dessen Arbeitgeberfirma sichert dieser umfassende Nutzungsrechte zur unbeschränkten Verwertung der entwickelten Software, also auch zu ihrer Bearbeitung, Lizenzierung und zur Einräumung entsprechender Rechte an Dritte. Der Werksvertrag erfüllt die gleiche Funktion zwischen freiberuflichen Software-Entwicklern oder Software-Firmen und ihrem Auftraggeber. Ein Software-Haus kann mit einem Hardware-Anbieter einen Lizenzvertrag abschließen, der diesem ebenfalls umfassende Verwertungsrechte gewährt. Diese Vertragsformen erstrecken sich üblicherweise auf alle drei Software-Kategorien. Andere Software-Verträge, wie z. B. der Lizenzvertrag zur Überlassung eines Standardprogrammes an den Benutzer, beschränken sich nur auf das maschinenlesbare Programm und das zugehörige Begleitmaterial.

Zur Legitimierungsfunktion gehört zumindest beim Werksvertrag und beim Lizenzvertrag auch die Gewährleistung, daß die gelieferte Software frei ist von Schutzrechten Dritter, und/oder die Haftung für Schäden, die dem Auftraggeber bzw. Lizenznehmer durch Schutzrechte Dritter an der gelieferten Software entstehen. Die Schutzfunktion des Software-Vertrages besteht in der Vereinbarung von Maßnahmen zur Sicherung des Schutzes. Hierzu gehört z. B. die Nichtweitergabe der Software an Dritte, die Geheimhaltung von inhaltlichen Software-Elementen, die keinen anderwärtigen Schutz genießen, sowie die Beibehaltung und Durchführung technischer Schutzmaßnahmen. Die Maßnahmen zur Sicherung des Schutzes beschränken sich aber nicht nur auf den Vertragsschutz, sondern richten sich auch auf bestehende, gesetzliche Schutzformen. Ein Beispiel hierfür ist die Verpflichtung des Lizenznehmers zur Anbringung des Copyright-Vermerks auf allen von ihm im Rahmen der vertraglichen Vereinbarungen hergestellten Kopien, eine Maßnahme, die insbesondere in den USA der Sicherung des Urheberrechtsschutzes dient.

Beim Schutz von Software durch Verträge tritt das Problem auf, daß in der Regel der Kunde den Vertrag nur in der vorliegenden Form unterschreiben kann. Sehr viel Standard-Software für Home- und Personalcomputer stammt aus den USA, von wo dann auch der Vertrag kommt. Auch wenn der Importeur einen deutschen Vertrag beilegt, sind Änderungen in der Regel nicht erlaubt. Außerdem akzeptieren viele EDV-Hersteller keine Änderungen, da das der eigenen internationalen Konzernpolitik widersprechen und auch den Verwaltungsaufwand erheblich erhöhen würde. Welche Möglichkeiten hat aber nun ein Interessent einer bestimmten Software, wenn er sich weigert, den Vertrag zu unterschreiben, weil er zumindest einen Punkt nicht akzeptieren kann, will (aus persönlichen oder sonstigen Gründen) oder darf. Es könnte z. B. ein Widerspruch zur Konzernpolitik seiner Firma bedeuten. Die einfachste Lösung ist ein Verzicht auf diese Software und der Kauf einer ähnlichen oder keiner. Da aber eine vergleichbare Software oft nicht zur Auswahl steht, und ein Verzicht auch nicht zielführend ist, kann er einen Ausweg durch Einführung eines neuen Vertrages finden. In diesem Vertrag erklärt der Kunde, daß er den Lizenzvertrag nur unter dem Druck, daß er sonst auf die Software verzichten hätte müssen, unterschrieben hat. Die Frage ist nur, was dieser weitere Vertrag wert ist, wenn er vom Software-Händler nicht unterschrieben ist.

3.3 Der Schutz aus dem Gesetz gegen den unlauteren Wettbewerb (UWG)

Ein Schutz von Software im Wettbewerbsrecht liegt angesichts des oft gewerblichen Charakters der Software nahe. Ein Schutz der Software gegen unbefugte Nutzung kann sich insbesonders aus den Strafvorschriften des UWG über den Verrat und die sittenwidrige Verwertung von Geschäfts- oder Betriebsgeheimnissen (§§ 17, 20 UWG) (Österr. § 11 UWG) bzw. über die sogenannte Vorlagenfreibeuterei (§§ 18, 20 UWG), den Kennzeichnungsschutz (§ 16 UWG) sowie aus der Generalklausel des § 1 UWG ergeben. Das UWG kann mit mehreren Vorschriften wirksam werden, und zwar indem es bestimmte Vorgangsweisen, wie Ausnutzung fremder Arbeitsergebnisse, verbietet. Es gibt also auch Rechte an Arbeitsergebnissen, die wie abgeschwächte absolute Rechte wirken (Know-how-Schutz). Das UWG kann nicht nur die Darstellung, sondern auch den Inhalt schützen [Zahrnt 85].

Verrat von Geschäfts- und Betriebsgeheimnissen

Ein Geschäfts- oder Betriebsgeheimnis ist jede im Zusammenhang mit einem Unternehmen bestehende Tatsache, die lediglich bestimmten Personen bekannt, somit nicht offenkundig ist, und nach dem erkennbaren Willen des Geschäftsinhabers aufgrund eines berechtigten Interesses geheimgehalten werden soll [BGH in GRUR 1961, S. 40 ff., Wurftaubenpresse; Kraßer, GRUR 1970, 587-589].

§ 17 (1) UWG stellt die unbefugte Preisgabe von Geschäfts- oder Betriebsgeheimnissen durch Angestellte während der Geltungsdauer des Dienstverhältnisses unter Strafe. Eine wesentliche Einschränkung dieses Schutzes ergibt sich daraus, daß nur der während des Bestehens des Dienstverhältnisses erfolgte Verrat strafbar ist. § 17 (2) UWG behandelt den Strafbestand der verbotenen Geheimnisverwertung. Hiernach wird bestraft, wer ein Geschäfts- oder Betriebsgeheimnis, dessen Kenntnis er durch einen Geheimnisverrat nach § 17 (1) UWG oder eine gesetz- oder sittenwidrige eigene Handlung erlangt hat, zu Zwecken des Wettbewerbs oder aus Eigennutz unbefugt verwertet oder an jemanden mitteilt.

Verwandt mit dem Schutz von Geschäftsgeheimnissen ist der Schutz anvertrauter Unterlagen (Vorlagen oder Vorschriften technischer Art, insbesondere Zeichnungen, Modelle, Schablonen, Schnitte, Rezepte u. s.w.) (§ 18 UWG), der gewährt wird, wenn ein Geschäftspartner oder Kunde die ihm anvertraute Software aus Eigennutz unbefugt verwendet oder an Dritte weitergibt. Ein Nachteil des UWG besteht in der Unwirksamkeit des Schutzes gegenüber Dritten, die ein widerrechtlich in Verkehr gebrachtes Programm ohne Kenntnis dieses Umstandes nutzen und/oder vertreiben.

Kennzeichnungsschutz (§ 16 UWG)

Durch diesen wird der Programmname gegen widerrechtliche Benutzung durch Dritte geschützt, sofern es sich um einen einprägsamen, nicht alltäglichen Namen handelt.

Generalklausel (§ 1 UWG)

Durch § 1 UWG ergibt sich ein Schutz für Software gegen unerlaubte Vervielfältigung und Nachahmung. Dieser Schutz wird jedoch nur wirksam, wenn die Software unter Mißachtung der Regeln des fairen Wettbewerbs ohne Erlaubnis des Rechtsinhabers in wettbewerbsbehindernder Weise verwertet wird [Kolle 82; Kindermann 83]. Der wettbewerbsrechtliche Schutz von Software-Produkten kann nur punktuell eingreifen, ist aber in bestimmten Bereichen typischer unbefugter Software-Nutzung, insbesondere im Zusammenhang mit dem Arbeitsplatzwechsel des mit der Software-Entwicklung betrauten Personals, durchaus wirkungsvoll. Aufgrund seiner Lückenhaftigkeit und beschränkten Reichweite kann der wettbewerbsrechtliche Schutz den Urheberrechtsschutz jedoch nicht ersetzen.

3.4 Der Patentschutz

Im Jahre 1978 kam es zu einer Angleichung des deutschen und des europäischen Patentrechts. In Übereinstimmung mit Artikel 52 des europäischen Patentübereinkommens und nach § 1 des Deutschen Patentgesetzes werden Patente für Erfindungen erteilt, die neu sind, auf einer erfinderischen Tätigkeit beruhen und gewerblich anwendbar sind. Ein Grundsatz dabei ist, daß die patentfähige Erfindung eine Schöpfung auf dem Gebiet der Technik voraussetzt, wobei zur Erreichung eines bestimmten Vorganges Naturkräfte eingesetzt werden müssen, um physische Gegebenheiten der Natur zu beeinflussen. Kolle bemerkt dazu: „Die patentfähige Erfindung ist und bleibt eine Lehre zur planmäßigen Benutzung beherrschbarer Naturkräfte außerhalb der menschlichen Verstandstätigkeit zur unmittelbaren Herbeiführung eines kausal übersehbaren Erfolges.“ Nach langjähriger Diskussion stammt die erste Grundsatzentscheidung des deutschen Bundesgerichtshofes zum Schutz von Software aus dem Jahre 1976 [Dispositionsprogramme, Bundesgerichtshof 22. Juni 1976, BGHZ 67,22 = GRUR 1977, 96 = 8 IIC 558(1977); dazu Kolle, Technik, Datenverarbeitung und Patentrecht, GRUR 1977, 58].

Im amtlichen Leitsatz wird folgendes bemerkt: „*Organisations- und Rechenprogramme für elektrische Datenverarbeitungsanlagen zur Lösung von betrieblichen Dispositionsaufgaben, bei deren Anwendung lediglich von einer im Aufbau und Konstruktion bekannten Datenverarbeitungsanlage der bestimmungsgemäße Gebrauch gemacht wird, sind nicht patentfähig.*

Kolle leitet unter Zuhilfenahme der Dispositionsprogrammentscheidung die positive Patentfähigkeit von softwarenahen Schöpfungen unter folgenden Kriterien ab: Rechen- und Organisationsvorschriften und darauf aufbauende Programme zur Lösung von Aufgaben auf dem Gebiet der Informationsverarbeitung sind dann patentfähig, wenn sie entweder einen neuen und erfinderischen Aufbau einer Datenverarbeitungseinrichtung erfordern und lehren oder wenn sie die Lehre vermitteln, eine solche Einrichtung auf neue, bisher nicht übliche und auch nicht naheliegende Art und Weise zu benutzen.

Kindermann kommt zur selben Überzeugung und setzt voraus, daß die Erfindung einen neuen, technischen Effekt erbringen muß. Dieser neue technische Effekt muß nicht zwangsläufig in einer neuen Einrichtung oder Schaltungsanordnung zum Ausdruck kommen. Er kann sich aus der Aufeinanderfolge technischer Einzelmaßnahmen im Rahmen eines Arbeitsverfahrens ergeben. Es gilt der Grundsatz, daß es für den technischen Charakter einer Erfindung gleichgültig ist, ob die zum Einsatz gelangende Vorrichtung als solche bekannt ist oder nicht [Kindermann 83]. Kindermann verweist weiters auf Fallgruppen, die das europäische Patentamt definiert hat, die Aussicht auf eine Patenterteilung besitzen.

Der deutsche Bundesgerichtshof hat in Anwendung dieser Grundsätze einem Antiblockiersystem [GRUR 1980, 849-851] für durch Druckmittel betätigte Fahrzeugbremsen, dessen beanspruchter Gegenstand durch eine besondere Ausgestaltung und Anordnung der zur erfindungsgemäßen Signalverarbeitung (mit dem Ziel der automatischen Bremsregelung zur Verhinderung des Blockierens der Räder) erforderlichen schaltungstechnischen Steuerungsmittel gekennzeichnet war, zutreffend technischen Charakter zuerkannt.

Da aber die handelsüblichen Programme von bekannten Computern den bestimmungsgemäßen Gebrauch machen, d. h. die Computer unter Ausnutzung ihrer vorgegebenen universellen Möglichkeiten zur beliebigen Speicherung und Verknüpfung von Daten in üblicher Weise für übliche Zwecke anwendet, kann der Patentschutz als Schutz von Software im allgemeinen nicht in Anspruch genommen werden. Die internationale Entwicklung zeigt, daß in den Ländern des europäischen Patentübereinkommens (EPÜ) wie auch in den USA [United States Supreme Court 20. November 1972 – BCD Umwandlung II – GRURint 1973, 75] der Patentschutz für Programme versagt bleibt.

In Österreich hat sich die Nichtigkeitsabteilung des Patentamts mit folgender Begründung gegen die Patentfähigkeit von Programmen ausgesprochen: ein Rechenverfahren gehört ausschließlich dem Gebiet des Geistes an und entbehrt damit des technischen Charakters. Ein Rechenverfahren kann daher nicht Gegenstand einer Erfindung im Sinne des Patentgesetzes und damit auch nicht den Gegenstand des Patentschutzes bilden [28. 3. 1968, N 17/66, Patentblatt 1986, S. 187].

3.5 Zusammenfassung

Der Schutz von Software durch das Patentrecht wird fast ausschließlich als nicht anwendbar betrachtet. Der Schutz aus dem UWG wird nur in speziellen Fällen zur Anwendung kommen.

An dieser Stelle nun einige Überlegungen aus der Sicht eines Informatikers:

Die Ein/Ausgabeformate zu schützen, ist meist nicht wirkungsvoll, da deren Änderung leicht möglich ist, ohne an der Funktion der Software etwas zu ändern. Bei einer Software mit vielen verschiedenen Ein/Ausgabeformaten kann die Änderung der Formate sehr zeitaufwendig werden. Der Schutz des Sourcecodes wird größtenteils nicht möglich sein, da er in der Regel vom Produzenten nicht aus der Hand gegeben wird, und daher auch eine Beweisführung ein großes Problem darstellt. Z.B. wird die amerikanische Firma Microsoft den Sourcecode eines Programmes wie *WORD* wegen Rechtsstreitigkeiten zweier Parteien in Deutschland nicht veröffentlichen.

Beim rechtlichen Software-Schutz wird vor allem der Schutz des Objektcodes angestrebt. Wenn man nach dem Urheberrechtsgesetz die Bitfolge schützen will, so ist dies aus technischer Sicht sinnlos, da Spezialprogramme den Objektcode – ohne Veränderung der Funktion der Software – sehr leicht verändern können. Dies kann zum Beispiel durch Einfügung und Erweiterung von sinnlosem Code bewerkstelligt werden. Ebenso können bestimmte Codefolgen in eine andere Folge, mit der gleichen Funktion, umgewandelt werden. Durch solche Spezialprogramme wäre also der rechtliche Schutz umgehbar.

4. Technischer Software-Schutz

Der rechtliche und organisatorische Software-Schutz stellen nur eine Vorbeugung und Abschreckung dar. Die Verhinderung des Software-Diebstahles ist nur durch einen technischen Software-Schutz wirksam möglich.

Auch im alltäglichen Leben zeigt sich, daß Gesetze allein Diebstähle nicht verhindern können, sondern daß zusätzliche Einrichtungen geschaffen werden müssen (z. B. Tresore für Banken, Türschlösser). Diese Überlegung kann auch auf den technischen Software-Schutz angewendet werden: Auch ein einfacher Software-Schutz bringt schon Vorteile mit sich.

4.1 Anforderungen an ein technisches Software-Schutzsystem

Es wird ein System gesucht, das

- hohe Sicherheit gewährleistet,
- Backup-Kopien (Sicherungskopien) problemlos möglich macht,
- einfach in die Software zu integrieren ist,
- Schutz bei Testinstallationen gewährleistet,
- im Verhältnis zum Kaufpreis der Software billig ist,
- auch bei Mehrplatzsystemen und Computernetzwerken Schutz bietet,
- nach Bekanntgabe von Details über das Schutzsystem den Schutz nicht wesentlich reduziert,
- unabhängig vom verwendeten Computersystem und
- unabhängig vom Speichermedium ist.

4.2 Klassifizierung der Verfahren

Eine prinzipielle Klassifizierung des technischen Software-Schutzes besteht in der Einteilung in „passive“ und „aktive“ Schutzsysteme.

Bei einem passiven Schutzsystem ist der Schutzmechanismus in bezug auf Überprüfung des Schutzkriteriums immer gleich, d. h. es findet keine Veränderung der Kommunikation (Datenaustausch) zur Überprüfung des Schutzkriteriums zwischen kommunizierenden Teilen (Mensch – Maschine, Maschine – Maschine) statt.

Bei aktiven Schutzsystemen ist zwar die Art der Überprüfung des Schutzkriteriums immer die gleiche, aber hier tritt noch ein veränderlicher Faktor auf (z. B. Zufallszahl, Zeit), der eine speziell für diesen Fall vorgesehene Reaktion notwendig macht. Man kann von einem Zweiphasenvorgang sprechen, wobei aus der Sicht des Benutzers, der sowohl ein Mensch als auch eine Maschine sein kann, für bestimmte Ausgaben des Systems (erster Vorgang, der meist eine stochastische Ausgabe ist) bestimmte zugehörige Eingaben (2. Vorgang) erforderlich sind.

Weiters wird zwischen Eingabe-, Ausgabe- und Ein/Ausgabeschutzsystemen unterschieden. Bei Eingabeschutzsystemen basieren die Schutzkriterien ausschließlich auf Dateneingaben (personenbezogenen Eingaben, maschinellen Eingabe). Die Aufforderung zur Eingabe wird dabei nicht als Ausgabe betrachtet. Im Gegensatz dazu erfolgt der Schutz bei Ausgabeschutzsystemen nur durch spezifische Datenausgaben auf Bildschirm, Drucker etc. (z.B Firmennamen).

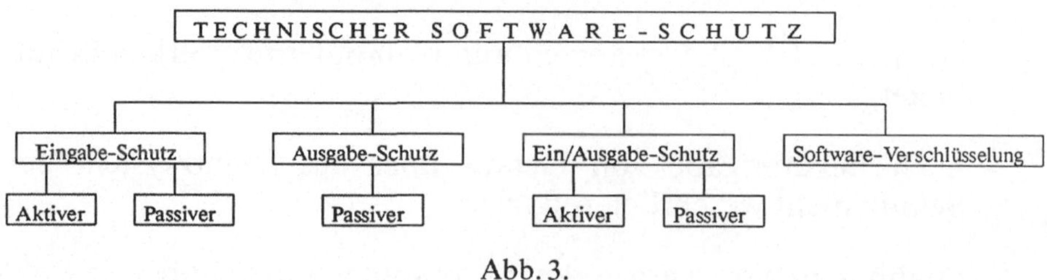

Abb. 3.

Einfache Beispiele

Die Eingabe eines Paßwortes über Tastatur entspricht einem passiven Eingabesystem. Wenn das Paßwort von variablen Daten (z. B.

der Uhrzeit) abhängig ist, handelt es sich um ein aktives Eingabesystem. Wenn zusätzlich noch eine Ausgabe am Bildschirm das Paßwort beeinflußt, handelt es sich um ein aktives Ein/Ausgabesystem. Bei einer reinen Ausgabe eines „Schutztextes" auf einem Bildschirm spricht man von einem passiven Ausgabeschutzsystem.

Paßwortschutz kontra Mehrfachbenutzungsschutz

Die Klassifizierung in aktive und passive Schutzsysteme sowie Eingabe-, Ausgabe- und Ein/Ausgabeschutzsysteme unterscheidet nicht den Paßwortschutz vom Mehrfachbenutzungsschutz (siehe Kapitel 1.1, 1.2). Generell kann festgestellt werden, daß alle Systeme mit personenbezogenen Daten (siehe Kapitel 5.1.1, 5.2.1 und 7.2.1) Paßwortschutzsysteme sind, alle anderen sind Mehrfachbenutzungsschutzsysteme. Einige der Mehrfachbenutzungsschutzsysteme sind auch als Paßwortschutzsystem geeignet, wie:

- Speicherkarten ohne bzw. mit Zugriffsschutz (Kapitel 5.1.2)
- Paßwortverschlüsselung durch Chipkarte (Kapitel 7.2.2)
- Soft*Seal (Kapitel 7.2.2)
- Software-Veränderung (Kapitel 9)

5. Eingabe-Schutzsysteme

5.1 Passive Eingabesysteme

5.1.1 Personenbezogene Eingabe

Bei den hier einzureihenden Systemen handelt es sich um Paßwortschutzsysteme (siehe Kap. 1.1). Unter dem Begriff Paßwortschutz werden alle Mechanismen zusammengefaßt, die die Identität eines Benutzers überprüfen und dadurch feststellen können, ob der Benutzer autorisiert ist, die geschützte Software zu benutzen. Hier sei nochmals darauf hingewiesen, daß die Systemsoftware (Betriebssystem etc.) ebenfalls betrachtet und damit auch der Schutz von ganzen Computersystemen behandelt wird.

Die Berechtigungskontrollen gehen von der Annahme aus, daß der Benutzer eine gegebene Identität besitzt. Die Kontrolle der Identität kann basieren auf:

a) einer Information, die der Benutzer kennt (einfaches Paßwort (PIN-Code), komplexes Paßwort, einmal verwendetes („one-time"-Paßwort, „Handshaking" durch einen Frage-Antwort-Vorgang etc.)

b) einer Sache, die der Benutzer bei sich trägt (Schlüssel, Chipkarte etc.)

c) biometrischen Daten des Benutzers (Fingerabdruck, Geometrie der Hand oder des Gesichts, Adernstruktur des Augenhintergrundes etc.)

Ein Überblick über Berechtigungskontrollen ist in [Meissner 76] angegeben.

Der Mensch als Benutzer eines Computers bzw. Programmpakets tritt mit dem Computer über verschiedene Schnittstellen in Kontakt. Die Aufforderung des Computers zum Dialog wird **nicht** als Ausgabe betrachtet.

Tastatur

Bis heute erfolgt die Berechtigungskontrolle meist während der „Anmelde-Phase“ mit Hilfe von Paßwörtern. Ein Benutzer tippt z. B. seinen Benutzernamen und das Paßwort ein, und das Betriebssystem oder das Benutzerprogramm vergleicht diese zwei Eingaben mit Eintragungen in der Benutzergültigkeitsdatei. Liegt eine Übereinstimmung vor, wird der Benutzer als berechtigt betrachtet, und es wird ihm gestattet, das System bzw. eine spezielle Software zu benutzen. Eine allgemeine Diskussion über Paßwörter ist in [Wood 77a], [Wood 77b] und [Morris 78] nachzulesen.

In den meisten Betriebssystemen ist eine Änderung bzw. Verbesserung der Berechtigungskontrolle meist nur mit einigem Aufwand möglich und wird in der Regel vom Hersteller nicht durchgeführt. Der Algorithmus zur Überprüfung des Paßwortes ist sehr einfach, da nur das eingetippte Paßwort (eventuell nach einer Verschlüsselung) mit dem in der Benutzergültigkeitsdatei gespeicherten verglichen werden muß. Eine Schwachstelle dieses Systems ist der Schutz der Benutzergültigkeitsdatei im Computer. Zur Beseitigung dieser Schwachstelle kann ein System verwendet werden, bei dem einem Eindringling die Kenntnis der Datei keinen Nutzen bringt, da das eingegebene Paßwort mit einer sehr schwer zu decodierenden Verschlüsselung (z. B. Public-Key-System, siehe Anhang 6) auf ein Paßwort in der Benutzergültigkeitsdatei abgebildet wird. Selbst die Kenntnis der Arbeitsweise dieser Verschlüsselung ermöglicht es nicht, vom verschlüsselten Paßwort in der Datei auf das einzugebende Paßwort zu schließen (siehe Kapitel 11.8).

Eine Verbesserung des Schutzes besteht in der Ermutigung der Benutzer, lange **Nonsens-Paßwörter** zu verwenden und sie oft zu wechseln. Nonsens-Paßwörter werden deshalb vorgeschlagen, damit eventuelle Beobachter diese sich schwer merken können. Personen, die viele Kombinationen ausprobieren und so hoffen, das Paßwort zu erraten, versuchen es auch mit Standardpaßwörtern (z. B. Namen, Geburtsdaten, Adressen etc.). Bei Nonsens-Paßwörtern haben sie wenig Chancen auf Erfolg. Das Problem von Nonsens-Paßwörtern ist, daß sich der Benutzer selbst diese oft schwer merkt, und deshalb werden solche Empfehlungen meist ignoriert.

Benutzer tendieren zu kurzen, einfach zu merkenden Paßwörtern, die außerdem selten gewechselt werden. Typisch sind Namen von Freunden, Sozialversicherungsnummer, Geburtsdaten und Namen, die mit bekannten Personen assoziiert werden. Auch die vom Programmhersteller vorgegebenen Paßwörter wie Test oder Demo werden häufig weiterverwendet, was natürlich unbedingt vermieden werden sollte.

Rekonstruierte Paßwörter

Vor einigen Jahren begann beim Bloomington Academy Computerservice eine Gruppe mit einem Schema zu experimentieren, das als rekonstruiertes Paßwortschema bezeichnet wird. Dieses erlaubt die Weiterverwendung des Standardpaßwortschemas ohne Änderung oder Zusatz und basiert auf konstruierten Nonsens-Paßwörtern [Haskett 84]. Für einen Zuseher erscheinen die hierbei verwendeten Paßwörter als Nonsens, in Wahrheit werden sie während des Eintippens vom Benutzer im Gedächtnis an Hand von bestimmtem persönlichen Wissen rekonstruiert.

Wissen aus dem Privatleben und den Hobbies eignen sich besonders zur Rekonstruktion von Paßwörtern. Zum Beispiel kann ein passionierter Musiker, der sich ein 25-Buchstaben langes Paßwort nicht merken will oder es leicht wieder vergißt, auf seine Musikkenntnisse zurückgreifen. Er merkt sich aber 25 Noten eines Lieblingsliedes, und er kann nun als Paßwort 25 Noten aus diesem Lied auf der Tastatur spielen. Gleichfalls kann sich jemand, der gerne strickt, 25 Maschen eines Lieblingsstrickmusters merken, und diese Folge mit Hilfe einer leichten Codierung als Paßwort verwenden.

Abb. 4.

Sportfans wiederum merken sich für einen bestimmten Zeitpunkt die Tabelle einer Meisterschaft mit den jeweiligen Punkten, die die Mannschaften besitzen. Nun kann er diese Punkteanzahl, z. B. in verkehrter Reihenfolge, eintippen.

Für einen Zuseher erscheint so eine Folge als zufällig und gibt ihm keine Erinnerungsstützen. Vom Benutzer wird nicht mehr länger verlangt, sich ein einzelnes langes Paßwort zu merken, stattdessen genügt es, sich zwei Dinge zu merken: Einige kurze Unterpaßwörter (Noten, Punktewerte in Sporttabellen etc.) und einen Algorithmus (Lied, Reihenfolge einer Tabelle), um sie zusammenzufügen. Das bedeutet, daß ein Zuseher sich entweder ein langes Nonsens-Paßwort merken, oder beides, den Algorithmus und alle Unterpaßwörter entdecken muß. Für beide Möglichkeiten sind die Chancen für einen Zuseher praktisch null.

Obwohl der Gebrauch von rekonstruierten Paßwörtern die Sicherheit wesentlich erhöht, leidet auch diese Methode an den allgemeinen Mängeln des Paßwortschutzes. Warum soll sich der Benutzer die Unterpaßwörter merken, wenn ein Computer bestens geeignet ist, sich Daten zu merken? Leicht jedoch erinnert sich der Benutzer an Abläufe (Algorithmen). Es ist also naheliegend, daß sich der Computer die Unterpaßwörter merkt und der Benutzer den Algorithmus (Paßwortalgorithmen, siehe Kapitel 7.2.1).

Der korrekte Algorithmus kann am Bildschirm Informationen ausgeben, die nur der Verwirrung dienen. Die richtige Antwort kann ein beliebiges Paßwort sein, das mehr als 8 und weniger als 12 Zeichen lang ist, und nach mehr als 5 Sekunden, aber weniger als 10 Sekunden nach Erscheinen der Ausgabe am Bildschirm, eingegeben werden muß.

Um diese Paßworttechnik zu verwenden, müßte man im Betriebssystem die Anmelde-Prozeduren umschreiben, was in der Regel schwer zu verwirklichen ist. Diese Methode wird daher vor allem bei der Zweitpaßworttechnik verwendet, d. h. nach Ablauf der Standardanmeldeprozedur wird ein weiteres Paßwort erwartet, das mit Hilfe verschiedener Algorithmen gebildet werden kann. Dieser Typ von Anmeldeschutz kann bei Systemeinstellungen, die immer, wenn sich ein Benutzer anmeldet, eine Kommandodatei (Kommandofile) oder ein spezielles Programm ausführen, sehr leicht installiert werden. Für den Schutz von Anwenderprogrammen kann diese Paßworttechnik leicht in das Programm eingebunden werden.

Zusammenfassung der Vor- und Nachteile

Ein Vorteil der geschilderten Paßwortmethoden ist, daß diese Methoden keine großen Kosten verursachen und sehr leicht in die Software zu integrieren sind. Sie können, richtig angewendet, die Sicherheit üblicher Paßworttechniken erhöhen.

Als Nachteil ist das allgemeine Problem von Paßwortverfahren zu werten, daß nämlich die Paßwörter beabsichtigt oder unbeabsichtigt weitergegeben werden können und so unautorisierte Personen Zugriff zu Computern bzw. Programmen erhalten können.

Biometrische Daten

Biometrische Daten sind Daten über **personenspezifische Merkmale** wie Fingerabdruck, Sprachsignal, Unterschriftsdynamik, Geometrie der Hand und des Gesichtes, Adernstruktur des Augenhintergrundes. Diese Daten können zur Identifikation des Benutzers bzw. zur Berechtigungskontrolle herangezogen werden.

Vorteile von biometrischen Daten:

- Hohe Sicherheit vor Manipulation, da sie an Personen gebunden sind.
- Der Benutzer trägt sie ständig bei sich, er kann sie nicht vergessen. Biometrische Daten können sich in der Regel nur nach Unfällen, Erkrankungen etc. ändern.
- Die Eingabe ist in der Regel sehr einfach.

Nachteile:

- Das System kann eventuell berechtigte Personen abweisen (z. B. Heiserkeit bei der Sprachmustererkennung, Verletzung am Finger bei Fingerabtastsystemen),
- Da biometrische Daten personenspezifische Daten sind, kann die Verwendung dieser Daten zur Benutzeridentifikation bzw. Berechtigungskontrolle beim Benutzer Angst vor dem „großen Bruder“ wecken.

- Einige Systeme (z. B. Sprachmustererkennung) sind relativ teuer.

Systeme zur Verarbeitung biometrischer Daten bestehen aus:

- den Sensoren
- der Merkmalsextraktion
- dem Mustervergleich

Sensoren

Die Sensoren sind das Eingabegerät der biometrischen Daten. Sensoren können sein

- spezielles Gummiplättchen (für Fingerabdruck)
- Mikrofon (für Sprachsignal)
- TV-Kamera (für Geometrie des Gesichts)
- spezielles Tablett oder Schreibgerät (für Handschriftdynamik)
- Infrarotabtastgerät (für Netzhautabtastung)
  etc.

Merkmalsextraktion

Bei der Merkmalsextraktion werden die von den Sensoren gelieferten Daten so reduziert, daß nur einige spezifische Merkmale übrig bleiben. Von der Merkmalsextraktion hängt es ab, wie schnell und zuverlässig später der Identifikationsprozeß durchgeführt werden kann. Die Merkmalsextraktion muß weitestgehend unempfindlich sein gegen kleine Änderungen von biometrischen Daten durch Heiserkeit, Verletzungen etc.

Mustervergleich

Beim Mustervergleich werden die von der Merkmalsextraktion gelieferten Daten (Merkmale) mit abgespeicherten Daten (Prototypen) verglichen. Da in der Regel keine vollständige Übereinstimmung vorliegt, muß die Ähnlichkeit überprüft werden. Liegt eine Ähnlichkeit in einem vorgegebenen Maße vor, ist der Identifikationsprozeß positiv abgeschlossen. Im negativen Fall kann der Benutzer einen weiteren Eingabeversuch durchführen, wobei die Anzahl der erlaubten Versuche beschränkt ist (z. B. drei erlaubte Versuche). Die im Computer abgespeicherten Daten (Prototypen) werden einmal vom Benutzer eingegeben. Er gibt dabei seine biometrischen Daten mehrmals hintereinander ein. Aus diesen Daten errechnet der Computer einen Mittelwert. Die bei der Identifikation gewonnenen Daten werden (nach der Merkmalsextraktion) mit diesem Mittelwert (Prototyp) verglichen. Bei neueren Systemen werden diese Daten zusätzlich noch zur Korrektur des Prototyps verwendet, d. h. das System paßt sich ständig an Änderungen (neue Merkmale) an.

Fingerabdruckabtastung

Bei der Fingerabtastung gibt der Benutzer zuerst eine Erkennungsnummer ein und plaziert daraufhin einen Finger auf einen „Scanner". Ein Beispiel ist das System „Fingerscan" der Firma Calcspan Technology Products [Swonger 76]. Moderne Sensoren verwenden ein Gummiplättchen zur Eingabe des Fingerabdruckes. Bei der Eingabe entsteht auf dem Gummiplättchen ein Oberflächenrelief des Fingers, das mit optoelektronischen Wandlern in elektrische Signale umgewandelt wird.

Abb. 5. Fingerabdruck, der mit Hilfe eines flexiblen Sensors in den Rechner eingelesen wurde

Ein Vorteil der Fingerabdrucksysteme ist, daß durch die „Eindeutigkeit" des menschlichen Fingerabdruckes nur wirklich autorisierte Personen Zugang zu Systemen und Programmen erlangen. Es ist aber darauf zu achten, daß der autorisierte Personenkreis nicht zu klein gehalten wird, da durch Abwesenheit (Krankheit, Urlaub etc.) einer bzw. mehrerer Personen eine Blockierung eines Computers bzw. Programmes auftreten kann.

Zur Sicherheit des Systems ist zu bemerken, daß eine Fälschung eines Fingerabdruckes nur mit einem sehr großen Aufwand möglich ist. Zum Beispiel könnte über eine speziell präparierte Kaffeetasse der Fingerabdruck ohne Wissen des Betroffenen abgenommen und ein „Plastikfinger" mit dem gleichen Abdruck konstruiert werden. Durch die Auswahl von Fingerflächen, die üblicherweise nicht mit Kaffeetassen etc. in Berührung kommen oder der ganzen Hand (Handabtastung) kann auch diese Art von Fälschung verhindert werden. Fingerabdruckabtastsysteme sind im Verhältnis zu anderen biometrischen Systemen relativ billig und benutzerfreundlich. Das Abtastergebnis kann aber durch Verletzungen und Schmutz verfälscht werden.

Sprachmustererkennung

Durch zunehmende Erfolge auf dem Gebiet der Artificial Intelligence ist es heute bereits möglich, mit relativ großer Sicherheit die Benutzung eines Systems von der Eingabe eines gesprochenen Paßwortes abhängig zu machen. Bei Sprachmustersystemen gibt der Benutzer zuerst eine Erkennungsnummer ein, anschließend spricht er das Paßwort. Die Merkmalsextraktion beachtet nicht das gesprochene Wort selbst, sondern die Sprachmerkmale. Diese entstehen z. B. durch die Länge des Vokaltraktes und die Dynamik, mit der er sich verändert.

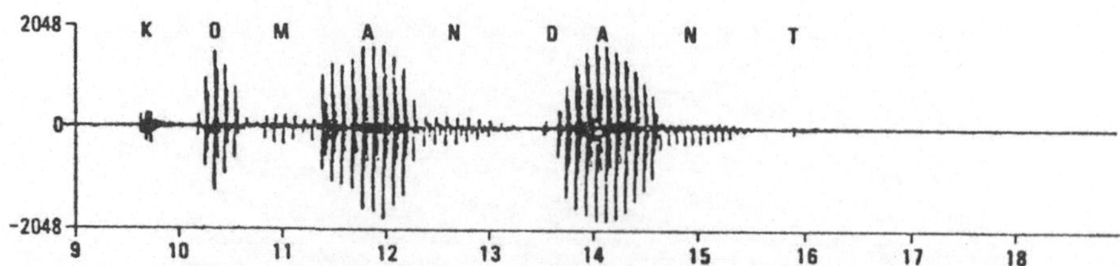

Abb. 6. Sprachsignal des Wortes „Kommandant" (Quelle: Terminals für Banken und Bankkunden, Fritz Knapp Verlag)

Sprachmustersysteme sind heute noch sehr teuer. Ein großer Vorteil dieser Systeme ist die einfache Möglichkeit, über Telephonleitungen Sprecher zu identifizieren. Ein weitere Vorteil ist die große Individualität der Sprache. Als Nachteil ist zu werten, daß z. B. bei Erkältung eines Benutzers oder anderen Stimmveränderungen die Überprüfung nicht mehr positiv ausfallen kann. Auch hier ist darauf zu achten, daß der Personenkreis aus den gleichen Gründen wie bei Fingerabdrucksystemen nicht zu klein gehalten wird. Zur Sicherheit ist zu bemerken, daß gesprochene Wörter „gefälscht" werden können, z. B. durch Aufnahme mit einem Kassettenrecorder und Abspielen während der Paßworteingabe. Bei Ein/Ausgabeschutzsystemen (siehe Kapitel 7.2.1) ist diese Art der Fälschung praktisch nicht mehr möglich, da der Benutzer bei diesen Systemen vom Rechner zufällig erzeugte und am Bildschirm ausgegebene Wörter nachsprechen muß.

Abtastung der Hand- oder Gesichtsgeometrie

Da die Geometrie der Hand und des Gesichtes charakteristische Merkmale jeder Person aufweisen, können diese Merkmale zur Identifikation verwendet werden. Das Eingabegerät für die Ge-

Abb. 7. Gesichts-Abtastung

sichtsgeometrie stellt eine TV-Kamera dar, für die Handgeometrie wird entweder eine TV-Kamera oder ein spezielles Eingabegerät mit Fotodetektoren verwendet. Bei der Handgeometrie sind vor allem die Länge und Dicke der Finger, der Abstand zwischen den Gelenken und die Krümmung der Fingerspitzen von Interesse.

Es gelten im Prinzip die gleichen Vor- und Nachteile wie beim Fingerabdruckabtastsystem.

Schriftauswertung

Bei Schriftauswertungssystemen geht es weniger um das Aussehen (Erscheinungsbild) der Handschrift – das kann von Experten relativ leicht nachgemacht (gefälscht) werden – sondern um die *Dynamik* der Handschrift. Es werden z. B. der Anpreßdruck des Schreibstiftes auf die Unterlage und deren Änderungen gemessen. Bessere Systeme messen auch die Geschwindigkeit und Beschleunigung des Schreibstiftes während des Schreibvorganges. Da bei Schriftauswertungssystemen die „Feinmotorik" geprüft wird, ist eine Fälschung einer Handschrift nahezu unmöglich.

Es gelten im Prinzip die gleichen Vor- bzw. Nachteile wie bei der Fingerabdruckabtastung. Da das Leisten einer Unterschrift eine alltägliche Sache ist, ist von allen biometrischen Systemen die Akzeptanz von Handschriftauswertungssystemen am höchsten.

Netzhautabtastung

Die Abtastung der Netzhaut des menschlichen Auges gehört zu den sichersten Identifikationsmethoden. Als Identifikationsmerkmal dient dabei die Adernstruktur des Augenhintergrundes. Diese Struktur unterscheidet sich bei allen Menschen und ist äußerst stabil, da das Auge (wie das Gehirn) in einer stabilen Umgebung eingebettet ist. Eine Änderung der Adernstruktur tritt nur bei ernsthaften Verletzungen des Auges und wenigen Augenkrankheiten auf. Durch zunehmendes Alter des Menschen oder Erkrankungen erfolgt keine Änderung der Adernstruktur.

Ein handliches Gerät zur Netzhautabtastung wurde von der Firma „Eyedentify Inc.", USA, entwickelt [Chip]. Dieses Gerät besteht äußerlich aus einem Binokular (ähnlich einem Fernglas), in

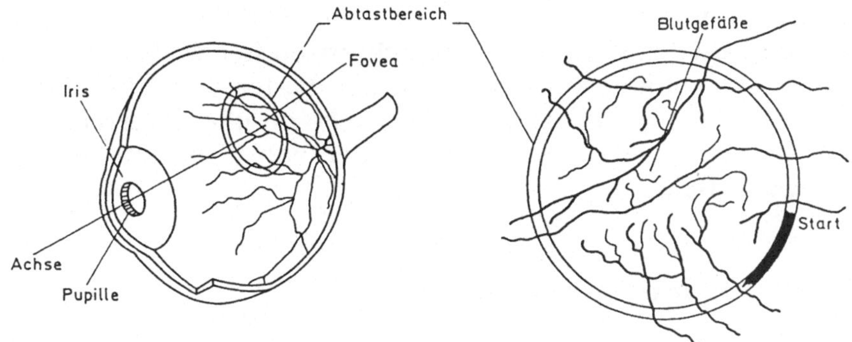

Abb. 8. Infrarot-Abtastungsbereich auf der Netzhaut (Quelle: CHIP, Nr. 5, 1986)

das der Benutzer bei der Identifikation blicken muß. Die Abtastung erfolgt zeilenweise mit Hilfe eines Infrarotstrahles mit einer sehr geringen Intensität und dauert inklusive Fokussierung etwa 2 Sekunden. Die Fehlerrate des Gerätes ist extrem niedrig (etwa eine falsche Berechtigung bei einer Million Messungen). Da die Adernstruktur

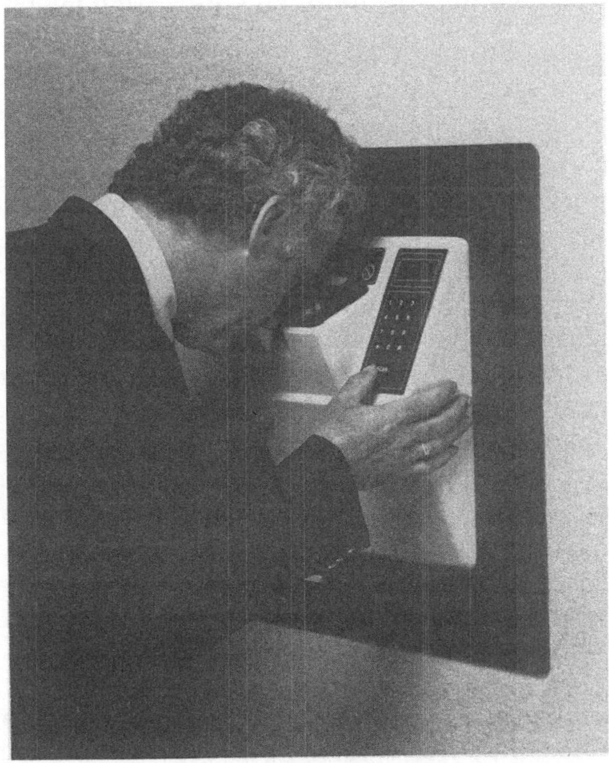

Abb. 9. Augenhintergrundabtast-Terminal (Eye-Dentification System 7.5, Quelle: Prospekt, Eye Dentify Inc., U.S.A. und Fa. Avitel, Wien)

des Augenhintergrundes einzigartig und äußerst stabil ist und schnell und medizinisch unbedenklich abgetastet werden kann, gehört die Netzhautabtastung heute zu den besten Identifikationsmethoden. In einigen Ländern (z. B. Deutschland und Österreich) wird die medizinische Unbedenklichkeit aber von Konsumentenschützern angezweifelt.

5.1.2 Maschinelle (sonstige) Eingabe

Die in diesem Abschnitt angegebenen Systeme sind zum Mehrfachbenutzungsschutz (vgl. Kapitel 1.2) geeignet.

Speicherkarten ohne bzw. mit Zugriffsschutz

Speicherkarten ohne Zugriffsschutz sind z. B. Magnetstreifenkarten, Hologrammkarten und Laserkarten. Zu den Speicherkarten mit Zugriffsschutz zählen die sogenannten Chipkarten (siehe Anhang 1).

Die Grundidee des Software-Schutzes mit Hilfe der Speicherkarte basiert darauf, zwischen dem zu schützenden Programmpaket und einer zugehörigen Speicherkarte einen Zusammenhang herzustellen, sodaß eine Ausführung des Programmes nur dann möglich ist, wenn sich die dem Programm fest zugeordnete Karte in einem dem Computer oder Terminal angeschlossenen Kartenleser befindet. Vom Programmpaket aus wird eine Zahlenkombination (Identification-Number) der Karte und des Programmes verglichen. Nur wenn beide Zahlen übereinstimmen, ist die Benutzung des Programmpaketes möglich. Anstelle des menschlichen Benutzers liefert die Karte ein Paßwort. Da es sich hier immer um die gleiche Zahlenkombination handelt, ist dies ein typisch passives System. Es wird hier jedes Programm mit einer entsprechenden Karte geliefert, wobei einer Karte auch mehrere Programme zugeordnet werden können.

Zusätzliche Ablaufmöglichkeit bei der Chipkarte

Der Benutzer gibt ein Paßwort ein, das auf die Chipkarte übertragen wird. Die Chipkarte vergleicht dieses Paßwort mit *von außen nicht auslesbaren* internen Kartendaten. Nur wenn Übereinstimmung vorliegt, gibt die Chipkarte gewisse, für die Ausgabe vorbereitete Daten frei. Bei mehrfachen falschen Paßworteingaben sperrt sich die Chipkarte von selbst. Eine derartige Selbstsperrung kann von außen nicht manipuliert werden (siehe Anhang 1). Die von der Chipkarte freigegebenen Daten werden in das geschützte Programm übertragen und dort verarbeitet. Diese Daten können „Paßwortfunktion" haben, aber z. B. auch Startwerte von Variablen darstellen (siehe Abb. 10).

Die Chipkarte kann ihre ganzen Vorteile erst bei aktiven Eingabesystemen (siehe Kapitel 5.5.2) und Ein/Ausgabeschutzsystemen (siehe Kapitel 7) richtig ausspielen. Sie bietet aber auch bei passiven Eingabesystemen Vorteile.

Ein Nachteil ist, daß durch Aufzeichnung des Datenverkehrs zum Computer bzw. zum Programm die Karte simuliert werden kann. Obwohl Übertragungsaufzeichnungsgeräte (Personalcomputer scheiden bei hohen Übertragungsgeschwindigkeiten aus) bei vielen EDV-Anwendern und nahezu allen EDV-Herstellern zur Verfügung stehen, haben in der Regel nur wenige Personen Zugang zu diesen Geräten, und außerdem muß man sich auch Zugang zu den Übertragungswegen verschaffen. Die Kommunikation auf dem Übertragungsweg kann bei manchen Systemen auch auf andere Weise abgehört werden, z. B. durch einen „Leitungsdump" vom Betriebssystem. Wenn der Übertragungsweg auf Lichtleiter etc. basiert, wird der Zugang schwieriger.

Ganz allgemein gilt, daß durch Abhören der Leitung alle passiven Systeme verwundbar sind. Auch die oben genannten Eingabesysteme (Paßworttechniken, Fingerabdruckabtastung etc.) zeigen hier Schwächen. Erst bei aktiven Systemen (siehe Kapitel 5.2 und 7.2) kann durch Abhören von Leitungen der Schutz nicht mehr umgangen werden.

1.	TASTATUR: Eingabe *BENUTZERPASSWORT*
2.	CHIPKARTE: Überprüfung *BENUTZERPASSWORT* in der Chipkarte
3.	CHIPKARTE: Übertragung von *RECHNERPASSWORT* oder *STARTWERTE VON VARIABLEN* an die geschützte Software

Abb. 10. Paßwortschutz durch Chipkarte

Auch durch *„debuggen“* der Stelle, an der die Karte im Programm aufgerufen wird, ist es möglich entweder diese Stelle zu eliminieren, oder dort schon fix die erforderliche Zahlenkombination zu speichern.

Hardware-Nummerngeber

Der Hardware-Nummerngeber ist ein kleines Gerät (meist in der Größe eines Steckers) oder ein einzelner integrierter Schaltkreis, der auf Anfrage eine Zahl liefert. Er kann im Inneren des Rechners direkt am Bus angesteckt werden oder extern an einer Schnittstelle (meist V.24). Wie beim oben beschriebenen System wird vom Programmpaket aus eine Zahlenkombination, die im Hardware-Nummerngeber gespeichert ist und auf Anforderung ins Programm übertragen wird, mit einer Kombination im zu schützenden Programm verglichen. Nur wenn beide Zahlenkombinationen übereinstimmen, ist die Benutzung des Programmpaketes möglich. Die Zahlen des Nummerngebers können auch Startwerte von Variablen etc. bedeuten.

Hersteller von Nummerngebern ist z. B. die englische Firma Polytec Engineering Services Ltd. Sie nennt ihre Hardware-Nummerngeber „Sesame“ Software Protection Keys.

Es gibt auch Nummerngeber, die eine Schnittstelle nicht exclusiv belegen. Diese Nummerngeber besitzen auf zwei Seiten die gleiche Schnittstelle und können beide Seiten direkt verbinden (siehe Abbildung 11). Derartige Nummerngeber liefern auf Anforderung ihre Zahlenkombination. Wenn über die gleiche Computerschnittstelle eine asynchrone oder synchrone Datenübertragung stattfindet, stellt der Nummerngeber nur ein passives Verbindungsstück dar. Solche Nummerngeber sind vor allem in Verbindung mit geschützten Datenübertragungsprogrammen und Bildschirm-Emulationen von „Mainframe“-Terminals auf Personalcomputern zu finden (z. B. Firma TDT Frankreich, VIP 7700 Emulation).

Ein anderes Beispiel ist das sogenannte Identifikations-ROM (Id-ROM), das von der Firma Intelligence Limited bei ihrem Programm RCS/Micro Modeller verwendet wird. Hierbei handelt es sich um ein spezielles ROM, das in einem zur Bedienung des Programms am Computer angeschlossenen Steuergerät eingebaut ist. Mit diesem Steuergerät, kann man durch die einzelnen Menüs und

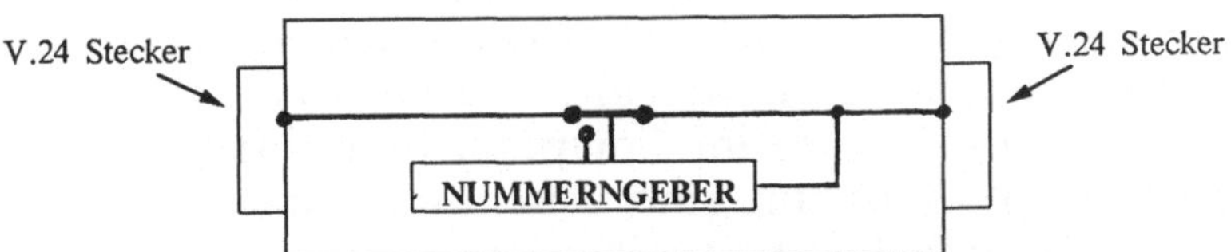

Abb. 11. Hardware-Nummerngeber mit zwei V.24-Stecker

Diagramme des Programms zirkulieren. Das Programm überprüft periodisch die Anwesenheit des Id-ROM's.

Zusammenfassung der Vor- und Nachteile von Nummerngebern

Es gelten hier die gleichen Vor- und Nachteile wie bei dem obigen System mit Speicherkarten. Als Nachteile gegenüber den Speicherkarten treten die Größe der Nummerngeber und gegenüber der Chipkarte die fehlende Möglichkeit der Paßworteingabe auf. Der Nummerngeber liefert auf Anforderung immer nur seine gespeicherten Zahlen, die in der Regel auch nicht änderbar sind. Ein Vorteil des Hardware-Nummergebers ist die „direkte Ansteckbarkeit" am Rechner bzw. Terminal, d. h. es ist kein zusätzlicher Kartenleser erfoderlich.

Execute-only-ROM

Das „Execute-only-ROM", ein spezieller Typ von ROM, liefert eine Folge von ausführbaren Code, verhindert aber, daß der Benutzer wahlfreien Zugriff auf die Speicheradressen hat. Die Ausführung des Programms beginnt bei einer bekannten Speicheradresse. Ein geheimes Programm, das im ROM eingebaut ist, enthält eine Tabelle mit einem Verzeichnis, das für jeden Programmschritt den nächsten vorgegebenen Schritt enthält. Es kann prinzipiell nur auf Programmschritte, die in der Tabelle aufgelistet sind, zugegriffen werden. Wenn das Programm z. B. eine bedingte Verzweigung zu zwei Ansprungpunkten enthält, liefert das ROM wahlweise Programmcode nur von einem der beiden Ansprungpunkte. Wenn ein Programm viele Verzweigungen besitzt, was in der Regel der Fall ist, dauert es sehr lange, um durch jede Permutation des Programms zu laufen und so eine komplette Auflistung des Programmes zu erhalten. Die einzelnen Ansprungpunkte dürfen keine relativen oder absoluten Adressen darstellen, sondern nur auswählbare Markierungen [Morgan 81].

Diese Lösung besitzt aber erhebliche Nachteile. Jede derart geschützte Software muß in Form eines oder mehrerer Hardware-Bausteine (Execute-only-Rom) im Computer (auf einer Platine) eingebaut werden. Die Bausteine sind wesentlich komplexer und daher auch teurer als einfache Speicherbausteine, die außerdem im Computer schon vorhanden sind. Offen bleibt, wie Programmverbesserungen (Elimination von Fehlern, neue Funktionen etc.) dem Kunden weitergegeben werden. Die ständige Zunahme der Programmgrößen (Personalcomputersoftware unter 128 kB wird immer seltener) erhöht die Anzahl der zusätzlich erforderlichen Bausteine, d. h., daß aus Platzmangel im Computer nur eine beschränkte Anzahl von derartig geschützter Software Platz findet. Da man vom Benutzer nicht erwarten kann, daß er bei einem Programmwechsel Bausteine aus seinem Computer austauscht, ist diese Beschränkung praktisch nicht umgehbar.

Interne Computernummer

Eine weitere Möglichkeit des Software-Schutzes bietet die Zuordnung einer internen Computernummer zu jedem Computer. Diese Nummer kann von jedem Programm gelesen und damit überprüft werden, ob das Programm auf der richtigen Anlage läuft. Die interne Computernummer ist mit einem fest im Computer integrierten Hardware-Nummerngeber vergleichbar, er kann aber nicht mit der Software mitgeliefert werden. Die Software muß daher an den Nummerngeber des Computers, auf dem die Software ablauffähig sein soll, angepaßt werden. Diese Anpassung muß bei jedem Verkauf eines Programms erfolgen, was zusätzliche Vertriebsprobleme bereitet. Außerdem ist die Software nur auf einem einzigen Computer ablauffähig, was bei Hardware-Fehlern oder Computeraustausch zu einem Software-Verlust führt, auch wenn der Kunde weitere Computer besitzt. Die oben beschriebenen Nummerngeber sowie die Speicherkarten sind im Gegensatz dazu portabel und computerunabhängig. Auch dürfte es durch „debuggen" der Aufrufstelle des Programms keine Schwierigkeiten bereiten, die Zahlenkombination herauszufinden und diese als Konstante im Programm zu speichern oder die Abfrage zu eliminieren.

Interne Computernummern wurden für einzelne Computertypen eingeführt, haben sich aber in der Regel nicht bewährt.

5.2 Aktive Eingabesysteme

Bei diesen Systemen ist die Eingabe, die das Schutzsystem verlangt, nicht immer die gleiche (passiv), sondern ändert sich ständig in Abhängigkeit von bestimmten Umgebungsverhältnissen. Die aktiven Eingabesysteme sind ihren vergleichbaren passiven Eingabesystemen (siehe oben) auf dem Übertragungsweg zwischen Eingabegerät und Programm bzw. Betriebssystem überlegen, da durch die Datenverschlüsselung und variable Eingabe ein Abhören des Übertragungsweges, z. B. mit Hilfe eines Übertragungsaufzeichnungsgerätes oder eines Leitungsdumps (vom Betriebssystem aus), nicht mehr sinnvoll ist.

5.2.1 Personenbezogene Eingaben

Bei den in diesem Kapitel beschriebenen Systemen handelt es sich um Paßwortschutzsysteme (vgl. Kapitel 1.1)

Tastatur

Bei diesen Systemen muß sich der Benutzer einen Algorithmus merken, um damit das Paßwort bilden zu können. Die aktiven Eingabeparameter können z. B. die Zeit, das Datum oder andere umgebungsbezogene Daten sein. Als umgebungsbezogene Daten kann aber auch eine Liste verwendet werden, die vom Software-Anbieter jeden Monat neu dem Benutzer zugesandt wird und die für jede Benutzung ein anderes Paßwort enthält.

Ein Algorithmus kann z. B. folgendermaßen aussehen:

Man nehme das heutige Datum und addiere die drei Einzeldaten des Datums, dazu zählt man die Stunde der aktuellen Zeit, und das Ergebnis ist an das private Paßwort anzuhängen.

```
  Datum  14. 2. 86  Aufaddierung ergibt  102
Uhrzeit  13h 27                           13
                                        ----
                                         115
```

Privates Paßwort FELSNER
Aktuelles Paßwort **FELSNER115**

Je nach gewünschter Sicherheit kann man mehr oder weniger Komponenten im Algorithmus berücksichtigen. Es ist aber zu beachten, daß die Erhöhung der Komponenten auf Kosten der Benutzerfreundlichkeit geht. Hier muß ein Kompromiß gefunden werden.

Damit diese Algorithmen auch bei Betriebssystemen mit herkömmlicher Paßworttechnik eingesetzt werden können, müssen die „Anmelde-Programme" der Betriebssysteme geändert werden, was meist schwierig durchzuführen ist. Sie wird daher eher bei der Zweitpaßworttechnik verwendet. Bei dieser Methode genießt man den Vorteil, ständig ein anderes Paßwort zu haben, sodaß ein zufällig in Erfahrung gebrachtes Paßwort ohne Wissen des Algorithmus wertlos ist.

Biometrische Daten

Wie im Kapitel 5.1.1 beschrieben, ist die Verwendung von biometrischen Daten (personenspezifischen Merkmalen) eine sichere Methode zur Benutzeridentifikation. Die passiven Eingabesysteme von biometrischen Daten können zu aktiven Eingabesystemen umfunktioniert werden, indem die Eingabe mit variablen Schlüsseln (Zufallszahl, Uhrzeit etc.) verschlüsselt wird oder wenn die Eingabe von einer Variablen (z.B Uhrzeit) abhängig ist. Eine variable Eingabe kann bei Spracheingabesystemen einfach realisiert werden, indem z. B. die aktuelle Uhrzeit als einzugebender (zu sprechender) Text ausgewählt wird. Die Lösung mit der Datenverschlüsselung

Abb. 12. Fingerabdruckterminal mit Chipkarte

kann bei allen Eingabesystemen von biometrischen Daten eingesetzt werden. Bei dieser Lösung ändert sich pro Benutzung nicht die Eingabe, sondern der Verschlüsselungsschlüssel. Dieser besteht aus einem variablen Teil (z. B. Zufallszahl, Uhrzeit) und einem festen Teil, der geheim im Eingabegerät abgespeichert ist. Der variable Teil des Schlüssels verhindert eine spätere Wiederholung der Eingabe durch einen „Hacker", der feste (geheime) Teil des Schlüssels eine Entschlüsselung.

5.2.2 Maschinelle (sonstige) Kommunikation

Aktiver Hardware-Nummerngeber

Aktive Hardware-Nummerngeber erzeugen – im Gegensatz zu den passiven Nummerngebern (siehe Kapitel 5.1.2), die festgelegte (gespeicherte) Zahlen liefern – selbst ihre Zahlen und können sie daher pro Verwendung oder in gewissen Abständen selbst ändern.

Die Generierung der Zahlen erfolgt am einfachsten durch einen Algorithmus. Der Nummerngeber besitzt einen Startwert. Das Ergebnis jeder Berechnung wird zum Computer übertragen und ist gleichzeitig auch Eingabewert für die nächste Berechnung. Die gleiche Berechnung erfolgt im Computer, wo auch der Vergleich der beiden Ergebnisse durchgeführt wird. In die Berechnung können auch variable Werte wie Datum etc. einfließen.

Als aktiver Hardware-Nummergeber kann auch die Chipkarte dienen. Ein möglicher Ablauf ist nachfolgend dargestellt.

1.	TASTATUR: Eingabe *PASSWORT*
2.	CHIPKARTE: Überprüfung *PASSWORT* in der Chipkarte *ZAHL* := f (*CHIPKARTENGEHEIMNUMMER*, *ALTE-ZAHL*)
3.	Übertragung von *ZAHL* und *CHIPKARTEN-SERIENNUMMER* an den Rechner

Abb. 13. Chipkarte als Nummerngeber

Der aktive Hardware-Nummerngeber kann zum Mehrfachbenutzungsschutz von Software (vgl. Kapitel 1.2) eingesetzt werden; die Lösung mit der Chipkarte zusätzlich auch als Paßwortschutzsystem (vgl. Kapitel 1.1).

6. Ausgabe-Schutzsysteme

Bei Ausgabe-Schutzsystemen basiert der Schutz auf der Ausgabe von bestimmten Daten (Schutztexten) auf dem Bildschirm, Drucker etc. Dadurch soll die Ausgabe eines Programmes eindeutig gekennzeichnet werden, sodaß die mißbräuchliche Verwendung durch nicht autorisierte Personen und/oder auf anderen Computersystemen leicht festgestellt werden kann. Z.B. kann die Ausgabe des Firmennamens am Kopf einer Liste eine Software für andere Betriebe wertlos machen; dabei muß natürlich garantiert werden, daß es nicht möglich ist, diese Ausgabe dieses „Schutztextes" zu *unterdrükken* oder zu *verändern.* Da keine aktiven Ausgabesysteme bekannt und praktisch auch nur schwer vorstellbar sind, werden nur passive behandelt.

Die reine Datenausgabe besitzt keine direkte Schutzwirkung, daher stellen Ausgabe-Schutzsysteme nur eine Abschreckung dar.

Schutz über Bildschirmausgaben

Während der Laufzeit des zu schützenden Programmes wird der „Schutztext" ein- oder mehrmals am Bildschirm dargestellt. Es sollte dabei darauf geachtet werden, daß dieser Text „möglichst" wenig die Übersichtlichkeit des Bildschirmformates stört, um so die Benutzerfreundlichkeit nicht zu verringern. Der Schutztext sollte nur dann verwendet werden, wenn dafür genügend Platz vorhanden ist. Es muß aber für jede Verwendungsart des zu schützenden Programmes sichergestellt sein, daß mindestens einmal pro Programmablauf ein Schutztext erscheint.

Eine durchaus wirksame Methode kann es sein, wenn man einen kurzen Schutztext in einer Statuszeile ständig darstellt. Eine weitere Schutzmethode wäre, nicht die normalen Bildschirmausgaben zu benutzen, sondern beim Übergang von einer Ausgabe zu einer anderen für kurze Zeit einen Schutztext anzuzeigen. Diese Methode ist meist nur bei Programmen mit großen Verarbeitungszeiten anwendbar.

```
                DATENVERWALTUNG für Fa. ASA, Postfach 81
                                         A-1127  Wien

       F1  >     HILFE
       F2  >     DATEN  ERFASSEN
       F3  >     DATEN ÄNDERN
       F4  >     DATEN LÖSCHEN
       F5  >     DATEN AUSWÄHLEN
       F6  >     DATEN DRUCKEN
       F7  >     STATISTIK
       F8  >     KOMMUNIKATION HOST
       F9  >     GRAFIK
       F10  >    ENDE

                Hot-Line:  GIGA-SOFT  (0222)  79  20  98
```

Abb. 14. Ausgabeschutz auf Bildschirm

Dies ist z. B. bei umfangreichen Berechnungen und Datenbankzugriffen der Fall. Während der Verarbeitung kann für einige Zeit der Schutztext dargestellt werden. In diesem Fall kann evtl. auch der Schutztext in eine vorhandene Ausgabe eingeblendet werden.

Eine weitere Möglichkeit des Ausgabeschutzes ist die Einblendung einer „Hot-Line-Telefonnummer" am Bildschirm, d. h. der Telefonnummer des Software-Produzenten als Hilfe für den Fall, daß Schwierigkeiten mit dem gekauften Programm auftreten. Der illegale Benutzer (Besitzer einer Kopie) kann so verleitet werden, bei Schwierigkeiten oder Fehler dort anzurufen. Durch Erfragung seines Namens kann eine Überprüfung dieser Person (Firma) durchgeführt werden und so an Hand einer Liste der rechtmäßigen Käufer dieses Programms der Anrufer als Software-Dieb entlarvt werden.

Ausgabeschutz auf Drucker

Diese Schutzmethode kann zusätzlich oder auch anstatt des Ausgabeschutzes über Bildschirm eingesetzt werden. Da Papierausgaben meist weitergegeben werden, ist ein Schutztext auf diesen Ausgaben sehr wirkungsvoll. Ein Nachteil beim Ausgabeschutz auf Listen ist die Möglichkeit, den Schutztext nachträglich zu eliminieren bzw. auszubessern. Eine nachträgliche Elimination oder Veränderung des Textes, die bei jeder Ausgabe von neuem durchgeführt werden muß, kann aber bei Programmen mit umfangreicher Papierausgabe zeitaufwendig werden.

Beispiele:

1. Es wird auf jeder Seite die erste Zeile mit dem Schutztext versehen.

2. Einfügen des Schutztextes in Überschriften oder Meldetexten, z. B. Lohnverrechnung der Firma „Franz Schein".

Warum Ausgabeschutz ?

Wie schon erwähnt, verhindert der Ausgabeschutz nicht die Benutzung bzw. das Kopieren der durch diese Methode geschützten Programme. Er mindert den Wert einer illegal kopierten Software. Insofern stellt der Ausgabeschutz eine mögliche Alternative zu den technisch meist wesentlich aufwendigeren Diskettenschutzmethoden, Hardwarezusätzen wie KEPROM, Chipkarte etc. dar. Ein wesentlicher Vorteil ist auch, daß von ausgabegeschützten Programmen problemlos Sicherungskopien erstellt werden können. Was bei dieser Art des Software-Schutzes nicht vermieden werden kann, ist eine firmeninterne Mehrfachverwendung der gekauften Software.

Die Ausgabeschutzmethoden erfordern keinen zusätzlichen Kostenaufwand und sind einfach in die Software zu integrieren. Sie stellen aber nur einen sehr schwachen (indirekten) Schutz dar.

Integration des Schutztextes in das Programm

Eine wichtige Aufgabe beim Ausgabeschutz ist die Integration des Schutztextes in das zu schützende Programm in einer Art und Weise, daß er nicht eliminiert oder verändert werden kann. Jede Änderung des Schutztextes muß zum „Absturz" des Programmes führen. Ähnlich wie beim Diskettenschutz können auch beim Ausgabeschutz von den einfachsten bis zu den kompliziertesten kryptographischen und programmtechnischen Methoden eine Unzahl verschiedener Wege begangen werden. Wenn bei der Ausgabe auf Bildschirm, Drucker etc. benutzerabhängige Texte wie der Firmenname,

Name des Käufers etc. enthalten sind, müssen diese Texte vor Veränderung geschützt werden. Es müssen keine zusätzlichen (und oftmals störenden) Schutztexte ausgegeben werden, sondern diese Texte treten als Schutztexte auf.

Der Schutz des Schutztextes vor Veränderung kann auf mehrere Arten erfolgen:

1. Der verwendete Schutztext wird mehreren Konstanten zugewiesen und dann an verschiedenen Stellen des Programmes auf den Bildschirm bzw. Druckers ausgegeben. Diese Methode ist sehr einfach zu realisieren, der Schutztext folglich aber relativ leicht zu beseitigen.

2. Der Schutztext ist wird nicht in einer Konstanten abgespeichert sondern in einem Feld (array). Diese Methode bietet wesentlich mehr Manipulationsmöglichkeiten als die erstgenannte. An verschiedenen Stellen des Programmes werden nun diesem Feld die einzelnen (oder auch mehrere) Zeichen zugewiesen und dann an den vorgesehenen Programmstellen ausgegeben. Auch diese Methode ist einfach zu realisieren, jedoch nicht mehr ganz so leicht zu beseitigen, da man im Objektcode mehrere Stellen finden und ändern muß.

3. Zusätzlich zu der oben erwähnten Methode kann man sogenannte Schutz- oder Kontrollwerte ermitteln, indem man für jedes verwendete Zeichen die entsprechenden ASCII-Werte in einer selbst gewählten Formel verwendet. Das Kontrollfeld wird an verschiedenen Programmstellen abgelegt oder im Programm als Eingabewert für anwendungsspezifische Berechnungen verwendet. Wird nun nachträglich der Schutztext verändert, so bewirkt dies eine Differenz zum Kontrollfeld, das dann den Absturz des Programms zur Folge hat oder zu falschen Programmergebnissen führt. Statt den sofortigen Ausstieg aus dem Programm bei Veränderung des Kontrollfeldes zu bewirken, kann man das Programm auch in eine Endlosschleife überführen oder es erst zu einem späteren Zeitpunkt abstürzen lassen, damit diese Stelle nicht sofort gefunden werden kann. Wichtig zu erwähnen wäre noch, daß es natürlich vorteilhaft ist, wenn man nicht nur an einer, sondern an mehreren Stellen des Programms das Kontrollfeld abfragt bzw. weiterverwendet und mehrere Kontrollwerte (Kontrollfelder) verwendet.

Durch den Ausgabeschutz kann nicht nur ein Mehrfachbenutzungsschutz erzielt werden, sondern auch eine Unterstützung (Verbesserung) eines Paßwortschutzsystems, indem z. B. der Name des durch das Paßwort identifizierten Benutzers im Ausgabeschutz verwendet wird.

7. Ein/Ausgabeschutzsysteme

Bei Ein/Ausgabeschutzsystemen basieren die Schutzmechanismen unter anderem auf definierten Dialogen. Dabei erfolgt in der Regel zuerst eine Ausgabe vom Schutzsystem, auf die eine bestimmte Eingabe erwartet wird.

7.1 Passive Ein/Ausgabesysteme

Bei passiven Systemen sind die „Schutz-Dialoge" immer gleich. Personenbezogene passive Ein/Ausgabesysteme sind nicht sinnvoll, da die Aufforderung zum Dialog, die passiv sein müßte (ohne Zusatzinformation bzw. immer gleichbleibend), per Definition bei personenbezogenen Systemen keine Ausgabe darstellt.

Bei maschinellen Ein/Ausgabesystemen kann ein System definiert werden, wobei man sich vorzustellen hat, daß auf einen speziellen Datenträger immer die gleiche (dadurch passives System) Prüfinformation hinaufgeschrieben wird (Ausgabe), die dann wieder gelesen wird (Eingabe) und die sich durch eine besondere Eigenschaft des Datenträgers bei jedem Schreiben verändert, wobei die Veränderung aber immer auf die gleiche Weise geschieht. Der Prüfalgorithmus kennt die Veränderung nach jedem Schreiben und kann so den Datenträger auf seine Originalität hin überprüfen.

7.2 Aktive Ein/Ausgabesysteme

7.2.1 Personenbezogene Daten

Wie bei den Eingabeschutzsystemen (vgl. Kapitel 5.1.1 und 5.2.1) handelt es sich hier um einen Teilbereich des Paßwortschutzes. Unter dem Begriff Paßwortschutz werden alle Mechanismen zusammengefaßt, die die Identität eines Benutzers überprüfen und dadurch feststellen können, ob es sich um einen autorisierten Benutzer handelt. Die Überprüfung der Identität eines Benutzers basiert auch bei diesen Systemen:

- *auf Informationen, die der Benutzer kennt,*
- *einer Sache, die er bei sich trägt, oder*
- *auf biometrischen Daten.*

Tastatur

Hierbei besteht die Ausgabe des Computers nicht nur aus der Aufforderung zum Eintippen des Paßwortes (per Definition keine Ausgabe), sondern auch noch aus Zusatzinformationen. Der Computer erzeugt Ausgabedaten, auf die spezielle Antworten (Eingaben vom Benutzer) erforderlich sind. Das ergibt immer ein neues Paßwort. Bei der Idee des „Einmal-Paßwortes" (Paßwortwechsel pro Verwendung) stellen sich anfänglich Benutzer Personen vor, die widerwillig mit einer Liste der diesmonatigen Paßwörter in ihren Taschen herumlaufen. Das ist aber nicht der Fall, da eine Technik angewendet werden kann, die als Zweitpaßworttechnik bekannt ist und einen zusätzlichen Schutz liefert, ohne die Benutzerfreundlichkeit stark zu senken. Zweitpaßwörter werden nach der vom Hersteller des Computers gelieferten (vom Betriebssystem vorgegebenen) Anmelde-Prozedur eingegeben. Es kann hierbei leicht eine Technik verwendet werden, die unter dem Namen Paßwortalgorithmus bekannt ist [Haskett 84].

Das Erkennen eines autorisierten Benutzers ist mit Hilfe dieser Paßwortalgorithmen sicherer, da das Wissen eines Algorithmus mehr voraussetzt als nur das Wissen eines statischen Paßwortes. Paßwortalgorithmen können ebenso für die Generierung von Erstpaßwörtern verwendet werden. Software-Entwickler können in ihrer Software, wenn sie einen guten Benutzungsschutz vorsehen wollen, Paßwortalgorithmen einsetzen. In diesem Fall ist eine Zweitpaßworttechnik nicht erforderlich. Bei den meisten der heute verbreiteten Betriebssysteme ist der Einbau von Paßwortalgorithmen aufwendig. Die Zweitpaßworttechnik liefert hier eine Lösung. Sie kann besonders leicht bei Betriebssystemen, die bei der Anmeldung eines Benutzers automatisch ein Kommandofile oder Programm ausführen, installiert werden.

Paßwortalgorithmen

Der Ablauf beginnt mit einer zufällig generierten Anzeige am Bildschirm, z. B. mit dem Text **BEL**. Wenn der aktuelle Paßwort-Algorithmus das Eintippen des Alphabetnachfolgers jedes Buchstabens der Anzeige erfordert, so antwortet der Benutzer mit dem Paßwort **CFM**. Es sind viele einfache Algorithmen denkbar, wie z. B., daß vom Computer erzeugte Zahlen aufaddiert und dann das Ergebnis mit einer einstelligen Zahl muliplizert werden muß, wonach diese Zahl das Paßwort oder ein Teil des Paßwortes darstellt. Funktionen, die Buchstaben in Zahlen oder Zahlen in Buchstaben umrechnen, sind in vielen Formen denkbar. Vor allem die Kombination eines variablen Teiles mit einem festen Teil scheint besonders sicher. Der variable Teil ist eine Funktion der Bildschirmausgabe. Der feste Teil kann vom Benutzer geändert werden, ist aber bis zur nächsten Änderung fest. Aus der Kombination dieser beiden Teile ergibt sich das Paßwort. Beim Entwurf des Algorithmus darf aber auf die Benutzerfreundlichkeit nicht vergessen werden.

Bei derartigen Systemen gibt es zwei Sicherheitsstufen. Erstens kann das Echo des Paßwortes unterdrückt werden (im obigen Beispiel **CFM**), sodaß es ein Zuseher am Bildschirm nicht lesen kann. Außerdem ist dieses Paßwort nur für diesen Anmeldeversuch gültig. Das bedeutet, daß ein Eindringling (Zuseher) den Algorithmus entdecken muß. Die Kenntnis eines Paßwortes reicht nicht aus, da die Anzeige zufällig erzeugt wird und beides, das Paßwort und die Anzeige, beim nächsten Versuch verschieden sind.

Durch die ständige Änderung des Paßwortes (one-time-password) kann ein Eindringling auch die Ablehnung eines Paßwortes nicht dazu verwenden, auf das nächste Paßwort zu schließen. Die Ablehnung von z. B. „**AAAAA**" bedeutet nicht, daß „**AAAAA**" nicht das passende Paßwort im nächsten Versuch ist.

Die Anzeige auf dem Bildschirm kann auf verschiedene Weise erzeugt werden. Es kann das Datum, die Zeit, die Temperatur, die Systemzeit, die Größe des freien Speicherplatzes, eine Zufallszahl oder ähnliches sein. Zur Erhöhung der Sicherheit kann die Anzeige auch aus mehreren solchen Teilen bestehen. Der korrekte Algorithmus verwendet nur eine dieser Möglichkeiten. Das ergibt eine dritte Stufe der Sicherheit, da ein Eindringling nun zusätzlich entdecken muß, welchen Teil er aus den vielen Zeichen, die angezeigt werden, auswählen muß.

Es ist auch denkbar, daß der Paßwortalgorithmus von der Terminalplazierung abhängig gemacht wird, d.h in Abhängigkeit davon, ob das Terminal an einem mehreren, auch unautorisierten, Personen zugänglichen Ort oder in einer Sicherheitszone aufgestellt ist, zu der nur autorisierte Personen Zutritt besitzen. Die Eingabe des Paßwortes kann z. B. mit Hilfe des folgenden Algorithmus von der Lage des Terminals abhängig gemacht werden. Bei besonders unsicherer Lage (z. B. Anschluß über öffentliches Netz) werden vor und nach einem richtigen Zeichen zusätzlich zwei Nonsens-Zeichen (frei wählbare Zeichen) eingegeben. Bei sicherer Lage wird nur ein Nonsens-Zeichen vor und nach einem richtigen Zeichen eingegeben, bei sehr sicherer Lage (in Sicherheitszonen) werden nur die richtigen Zeichen (Paßwort) eingegeben. Wenn man den oben erwähnten „Alphabetsnachfolger-Algorithmus" verwendet, und das Terminal über ein öffentliches Netz mit dem Computer verbunden ist, so kann die richtige Antwort auf die Anzeige **BEL** „wucsmfjkmgl" sein (zwei sinnlose Buchstaben „wu", ein Nachfolger „c", zwei sinnlose Buchstaben „sm", ein Nachfolger „f" usw., d. h. **„wucsmfjkmgl"** ist gleichbedeutend mit **„aacaafaam"**). Bei der gleichen Anzeige auf einem Terminal in einem „sichereren" Ort kann die richtige Antwort die kürzere Folge **„hcpfhmr"** sein. Wenn die gleiche Anzeige in einer Sicherheitszone ausgegeben wird, und man denselben Algorithmus verwendet, ergibt das die sehr kurze, gültige Antwort **„cfm"**.

Bei diesem Algorithmus ist die richtige Antwort in allen drei Fällen die gleiche, nur bestimmt die Terminalplazierung die Anzahl der zufälligen Verwirrungszeichen, die der Benutzer zwischen den Zeichen des richtigen Paßwortes einfügen muß. Der Benutzer erzeugt mit einem einfachen Algorithmus lange Nonsens-Paßwörter auf unsicheren Plätzen und kurze Paßwörter in einer Sicherheitszone.

Es gibt viele Algorithmen, die verwendet werden können. Assemblerprogrammierer können z. B. Algorithmen entwerfen, die indirekte, indizierte oder relative Adressierung in der angezeigten Zeichenkette verwenden. Der Algorithmus kann auch an bestimmten Tagen (z. B. geraden Tagen) geändert werden. Eine weitere Verwirrung bei der Paßworteingabe kann erreicht werden, indem der Benutzer nach dem Paßwort noch wahllos Zeichen eingeben kann bis zu einem bestimmten „Endezeichen" oder einer „Endezeichenkette".

Durchführung des Schutzes

Die Verwendung dieser Art von Paßwortalgorithmen bei Großrechenanlagen erfordert, daß der Systemverwalter (Operator, Systemmanager) folgendes sicherstellt:

- Alle Anmeldeversuche müssen das Systemkommandofile verwenden.

- Der Benutzer kann zu keinem Zeitpunkt die Ausführung des System-Anmelde-Kommandofiles abbrechen.

- Die Schutzroutinen, die vom Systemverwalter oder Benutzer geliefert werden, werden vom Anmelde-Kommandofile aufgerufen (auch ohne Abbruchmöglichkeit für den Benutzer). Dies gelingt am einfachsten, wenn das Kommandofile so verändert wird, daß es in den Katalogen (Dateienverzeichnissen) des Sicherheitsbeauftragten bzw. des Benutzers, der selber so ein System verwenden will, nach Programmen mit speziellen Namen sucht und diese dann ausführt. Diese Programme enthalten die Überprüfungsalgorithmen.

Wenn Benutzer von Programmen aus, die in einer höheren Programmiersprache geschrieben sind, solche Paßwortalgorithmen verwenden wollen, muß eine Bibliothek mit solchen Programmen angefertigt werden. Diese Bibliothek sollte groß und die Prozeduren stark parametrisiert sein, so daß ein Zuseher, der selbst autorisierter Benutzer ist, nicht zu viel über den Anmelde-Schutz, den ein spezieller Benutzer ausgewählt hat, erkennen kann.

Wenn das Kontrollprogramm bei der Eingabe eines falschen Paßwortes das Datum, die Zeit, die Terminalnummer, das falsche Paßwort und alle anderen verfügbaren Daten über mißglückte Anmeldeversuche aufzeichnet, können diese Informationen, besonders das verwendete Paßwort, eine Hilfe bei der Aufspürung von Eindringlingen sein. Außerdem zeigt es einem Benutzer auch an, ob ein Versuch unternommen wurde, in sein System einzudringen.

Da die Anmelde-Schutzfiles den Algorithmus enthalten, dürfen sie nur in exekutierbarer Form vorliegen. Wenn sie nicht geschützt sind, können andere Benutzer, die ebenfalls Zugang zum Computer besitzen, den Algorithmus bestimmen und dadurch Zugriff zu anderen Gültigkeitsbereichen erlangen. Wenn das verwendete Programm verschiedene Algorithmen für verschiedene Benutzer enthält, müssen Schritte unternommen werden, die sicherstellen, daß ein berechtigter Benutzer nicht den Algorithmus eines anderen Benutzers, z. B. durch sofortigen Speicherabzug nach dem Anmelden, entdecken kann.

Schließlich besteht die Notwendigkeit eines *Rettungsalgorithmus*, da bei einem System mit vielen Benutzern der Systemverwalter viel Zeit investieren muß, um plötzlich falsch funktionierende Anmelde-Schutzprogramme zu überlisten. Benutzer können Rettungsmöglichkeiten in ihr Anmelde-Schutzprogramm einbauen, indem sie mit einem befreundeten Benutzer ein Abkommen treffen. Das funktioniert folgendermaßen:

Benutzer A codiert sein Anmelde-Schutzprogramm so, daß die Anmeldung automatisch durchgeführt wird, wenn ein bestimmter Benutzer B ein spezielles, öffentlich zugreifbares File besitzt, in dem ein sehr langes spezielles Paßwort (z. B. der Anfang eines Buches) gespeichert sein muß. Benutzer A gibt nur wenn es notwendig ist, Benutzer B das Paßwort und den Namen des notwendigen, öffentlichen Files, welches kreiert werden muß.

Paßwortalgorithmen sind billig und einfach zu installieren. Diese Technik ist flexibel und Benutzer können so viele Überprüfungen in Abhängigkeit des Projekts, der Terminalstelle oder anderer Faktoren durchführen, wie sie für notwendig halten.

Biometrische Daten

Aktive Ein/Ausgabesysteme können auch auf biometrischen Daten basieren. Bei Ein/Ausgabesystemen müssen diese Daten nun zusätzlich auch von einer vorherigen Ausgabe abhängig sein. Bei Fingerabtastsystemen kann etwa am Bildschirm ausgegeben werden, welcher Finger verwendet werden soll. Bei der Sprachmustererkennung müssen die Worte, die am Bildschirm ausgegeben werden, nachgesprochen werden. Da diese Worte vom Computer zufällig erzeugt (ausgewählt) werden, ist die gesprochene Eingabe bei jeder Benutzung unterschiedlich und damit die Eingabe „praktisch" weder auf dem Übertragungsweg, noch beim Endgerät, reproduzierbar. Eine „Nachahmung" (Simulation) einer derartigen Eingabe durch eine andere Person wird von modernen Systemen mit fast hundertprozentiger Wahrscheinlichkeit erkannt.

7.2.2 Maschinelle Kommunikation

Paßwortverschlüsselung durch Chipkarte

Bei herkömmlichen Paßwortsystemen werden statische Paßwörter verwendet, d. h. es wird das gleiche Paßwort sehr oft verwendet. Diese Systeme sind relativ unsicher. Eine wesentlich höhere Sicherheit bieten die oben beschriebenen Paßworttechniken wie Paßwortalgorithmen, rekonstruierte Paßwörter etc. Eine andere Möglichkeit bietet die Paßwortverschlüsselung. Diese Verschlüsselung kann z. B. im Endgerät [Ryska 80] oder in einer Chipkarte [Piller 86] erfolgen. Die Lösung mit der Chipkarte bietet die höhere Sicherheit, obwohl heutige Chipkarten bei der Auswahl des Verschlüsselungsverfahren noch Beschränkungen (Speichergröße, Verarbeitungsgeschwindigkeit) aufweisen.

Ein wesentlicher Vorteil der Chipkarte liegt in der Möglichkeit der Paßworttrennung in ein Rechnerpaßwort und ein Benutzerpaßwort. Das Rechnerpaßwort wird zum Rechner übertragen (Paßwort aus Rechnersicht), das Benutzerpaßwort (Paßwort aus der Sicht des Benutzers) dient zur Aktivierung der Chipkarte und wird durch den Benutzer eingegeben. Das Rechnerpaßwort ist in der Chipkarte ge-

1.	TASTATUR: Eingabe *BENUTZERPASSWORT*
2.	CHIPKARTE: Überprüfung *BENUTZERPASSWORT* in der Chipkarte *SCHLÜSSEL* := (*KARTENSCHLÜSSEL*, *UHRZEIT*) oder (*KARTENSCHLÜSSEL*, *UHRZEIT*, *ALTES-RESULTAT*) *RESULTAT* := Verschlüsselung (*RECHNERPASSWORT* mit *SCHLÜSSEL*)
3.	Übertragung von *RESULTAT* und *CHIPKARTEN-SERIENNUMMER* an den Rechner
4.	RECHNER: *SCHLÜSSEL* := (*KARTENSCHLÜSSEL*, *UHRZEIT*) oder (*KARTENSCHLÜSSEL*, *UHRZEIT*, *ALTES-RESULTAT*) *RECHNERPASSWORT* := Entschlüsselung (*RESULTAT* mit *SCHLÜSSEL*)

Abb. 15. Paßwortverschlüsselung durch Chipkarte

heim (von außen nicht auslesbar) abgespeichert. Es wird vor der Übertragung zum Rechner in der Chipkarte verschlüsselt. Das verschlüsselte Paßwort kann aber nur nach Eingabe des richtigen Benutzerpaßwortes aus der Karte ausgelesen und zum Rechner übertragen werden.

Die Verschlüsselung erfolgt mit einem Schlüssel, der aus einem variablen und einem festen Teil besteht. Der feste Teil ist in der Chipkarte abgespeichert und kann vom Benutzer jederzeit geändert werden. Jede Änderung muß selbstverständlich auch dem Rechner bzw. der Software mitgeteilt werden. Der variable Teil kann z. B. die aktuelle Uhrzeit oder eine Zufallszahl sein und wird mit dem verschlüsselten Paßwort zum Rechner übertragen. Auch Werte der letzten Paßwortverschlüsselung können einen Teil des Schlüssels darstellen. Das zum Rechner bzw. zur Software übertragene Paßwort wird dort von einem Programm, einer weiteren Chipkarte oder einem speziellen Entschlüsselungsmodul entschlüsselt.

1.	TASTATUR: Eingabe *BENUTZERPASSWORT*
2.	CHIPKARTE: Überprüfung *BENUTZERPASSWORT* in der Chipkarte Erzeugung einer *ZUFALLSZAHL*
3.	CHIPKARTE: *SCHLÜSSEL* := (*KARTENSCHLÜSSEL*, *ZUFALLSZAHL*) oder (*KARTENSCHLÜSSEL*, *ZUFALLSZAHL*, *UHRZEIT*) oder (*KARTENSCHLÜSSEL*, *ZUFALLSZAHL*, *ALTES-RESULTAT*) *RESULTAT* := Verschlüsselung (*RECHNERPASSWORT* mit *SCHLÜSSEL*)
4.	Übertragung von *RESULTAT* und *ZUFALLSZAHL* und *CHIPKARTEN-SERIENNUMMER* an den Rechner
5.	RECHNER: *SCHLÜSSEL* := (*KARTENSCHLÜSSEL*, *ZUFALLSZAHL*) oder (*KARTENSCHLÜSSEL*, *ZUFALLSZAHL*, *UHRZEIT*) oder (*KARTENSCHLÜSSEL*, *ZUFALLSZAHL*, *ALTES-RESULTAT*) *RECHNERPASSWORT* := Entschlüsselung (*RESULTAT* mit *SCHLÜSSEL*)

Abb. 16. Paßwortverschlüsselung durch Chipkarte

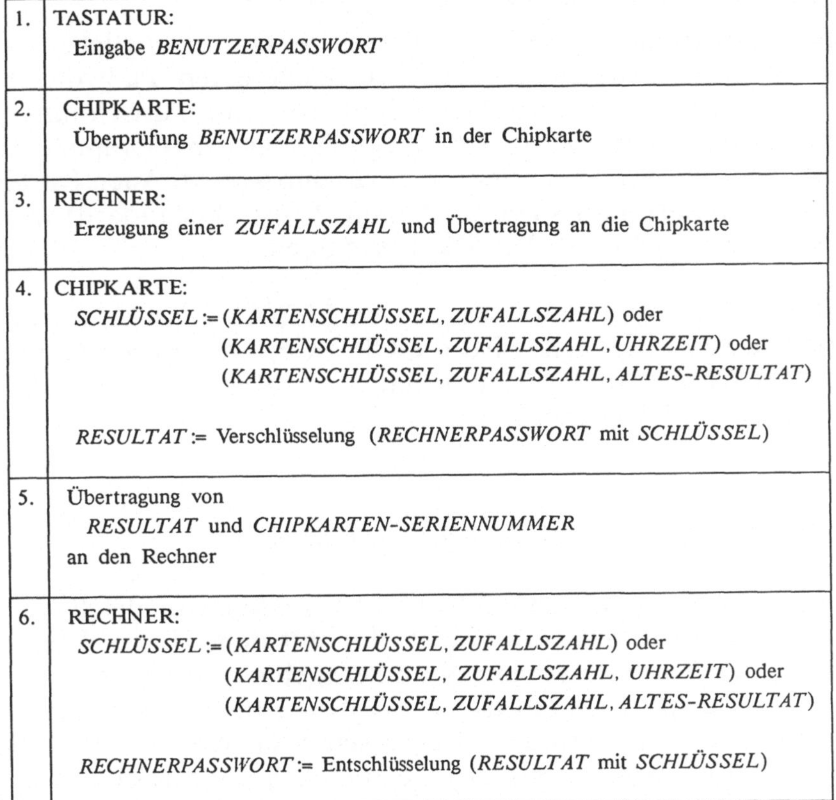

1.	TASTATUR: Eingabe *BENUTZERPASSWORT*
2.	CHIPKARTE: Überprüfung *BENUTZERPASSWORT* in der Chipkarte
3.	RECHNER: Erzeugung einer *ZUFALLSZAHL* und Übertragung an die Chipkarte
4.	CHIPKARTE: *SCHLÜSSEL* := (*KARTENSCHLÜSSEL*, *ZUFALLSZAHL*) oder (*KARTENSCHLÜSSEL*, *ZUFALLSZAHL*, *UHRZEIT*) oder (*KARTENSCHLÜSSEL*, *ZUFALLSZAHL*, *ALTES-RESULTAT*) *RESULTAT* := Verschlüsselung (*RECHNERPASSWORT* mit *SCHLÜSSEL*)
5.	Übertragung von *RESULTAT* und *CHIPKARTEN-SERIENNUMMER* an den Rechner
6.	RECHNER: *SCHLÜSSEL* := (*KARTENSCHLÜSSEL*, *ZUFALLSZAHL*) oder (*KARTENSCHLÜSSEL*, *ZUFALLSZAHL*, *UHRZEIT*) oder (*KARTENSCHLÜSSEL*, *ZUFALLSZAHL*, *ALTES-RESULTAT*) *RECHNERPASSWORT* := Entschlüsselung (*RESULTAT* mit *SCHLÜSSEL*)

Abb. 17. Paßwortverschlüsselung durch Chipkarte mit Zufallszahl vom Rechner

Das Selbstsperrsystem der Chipkarte (siehe Anhang 1) verhindert, daß das Benutzerpaßwort durch Probieren herausgefunden wird. Durch den Speicherschutz der Chipkarte wird ein Auslesen des Rechnerpaßwortes verhindert, durch den variablen Teil des Schlüssels die Reproduktion des Paßwortes.

*Soft*Seal*

Eines der derzeit effizientesten und benutzerfreundlichsten Software-Schutzsysteme ist Soft*Seal, ein auf Chipkarten basierender Software-Schutz [Babin 84, Piller 85 und 86, Schaumüller 84]. Die Grundidee dieses Software-Schutzes beruht darauf, zwischen dem zu schützenden Programmpaket und einer zugehörigen Chipkarte einen engen, logischen Zusammenhang herzustellen, sodaß eine Ausführung des Programmes nur dann möglich ist, wenn sich die ihr fest zugeordnete Chipkarte in einem dem Computer angeschlossenen Chipkartenleser befindet. Dieses System ermöglicht sowohl einen Mehrfachbenutzungsschutz, als auch einen Paßwortschutz. Die Kommunikation zwischen Chipkarte und Anwendungsprogramm erfolgt über das Kartenlesegerät, das am Computer über eine asynchrone V.24-Schnittstelle angeschlossen ist. Auch Kartenleser mit einer Busschnittstelle (z. B. zum PC-Marktstandard) werden in der nächsten Zeit auf den Markt kommen.

Das System wird heute von der VOEST-ALPINE AG weltweit vertrieben. Als Chipkarte wird die CP8-Karte der Firma HONEYWELL BULL verwendet. Eine genaue Beschreibung von Soft*Seal ist im Kapitel 11.1 angegeben.

Hardware-Nummerngeber mit eigenem Prozessor

Hierbei kann man sich ein System vorstellen, das gleich wie das oben beschriebene System arbeitet, nur mit dem Unterschied, daß an Stelle des Kartenlesers ein Nummerngeber mit eigenem Prozessor an der Schnittstelle angesteckt wird und die Karte entfällt. Da der Hardware-Nummerngeber wegen seiner Größe wesentlich weniger portabel ist als die Chipkarte, eignet sich diese Lösung für den Mehrfachbenutzungsschutz, aber nur wenig für den Paßwortschutz.

Keyed-Access-EPROM (KEPROM)

Mit diesem System soll der illegale Zugriff auf Computer und/oder deren Software durch eine Hardwarelösung, nämlich dem KEPROM von INTEL verhindert werden [Computerwoche 85]. Das KEPROM 27916 ist ein Sicherheitsbaustein mit einem Speicherbereich von 128 KBit. In diesem Baustein läßt sich umfangreiche Firmware ablegen. Der Zugriff zu dieser Software ist nur autorisierten Anwendern möglich.

Auf dem Chip integrierte Logik ermöglicht es, eingespeicherte Schlüsselzahlen mit denen eines zweiten Chips zu vergleichen. Während dieser Überprüfung, die mindestens zwei Chips dieser Serie benötigt, kann der Schlüssel auf dem Datenbus des Computersystems nicht entdeckt werden, da er dort immer nur verschlüsselt erscheint. Fällt die Überprüfung negativ aus, kann kein Zugriff stattfinden.

Der Baustein verfügt über Logikschaltungen, die nur einen legalen Zugriff zulassen. Ein entsprechend aufgebautes System benötigt im Host einen KEPROM und jeweils einen weiteren pro Terminal, der auf den Host zugreifen darf. Um jetzt die Zugriffsberechtigung zu erlangen, muß zwischen dem Host-KEPROM und dem Terminalpartner ein Handshake-Verfahren ablaufen. Am Anfang dieses Vorganges erzeugt der erste Chip eine Zufallszahl, die an das zweite KEPROM übermittelt wird. Beide Chips verschlüsseln diese Zahl. Die Ergebnisse werden miteinander verglichen und bei Übereinstimmung wechseln beide Bausteine ihre Rollen und wiederholen diese Prüfsequenz. Bei nochmaliger Übereinstimmung „öffnen" sich beide Chips. Der zweite Vorgang stellt sicher, daß beide Chips authentisch sind. Wird ein größerer Speicherplatz benötigt, kann ein KEPROM 27916 die Rolle eines Schlüsselmanagers mit bis zu 1024 Schlüsselzahlen übernehmen.

Die Logikschaltungen auf dem Chip des KEPROM 27916 enthalten den Schlüssel-Speicherbereich, den Generator für Zufallszahlen und den Verschlüsselungsalgorithmus. Ein kleiner Bereich des Speichers ist immer auslesbar (boot-up), da hier der entsprechende Mikroprozessor die Information für die Abfolge des Identifizierungsverfahrens ausliest.

Der Schlüssel ist eine geheime 64-stellige Binärzahl, die in einem bestimmten Speicherbereich des KEPROM 27916 eingegeben wird, nicht auslesbar ist und nur dem Entwickler oder Software-Anbieter bekannt ist. Das KEPROM 27916 ist wie alle EPROMs mit UV-Licht löschbar (Totallöschung aller Daten) und neu programmierbar.

Hardware-Sicherheitseinheit

Das Prinzip der Hardware-Sicherheitseinheit ist, Teile des Programmcodes so zu verschlüsseln (siehe Anhang 6), daß sie zur Laufzeit entschlüsselt werden müssen, bevor sie ausgeführt werden können. Das verwendete Verschlüsselungsschema ist ein „Public-Key-System" (siehe Anhang, Kryptologie) bei dem jeder, der den öffentlichen Schlüssel kennt, Programme anfertigen kann. Es kann aber nur ein (Hardware-)System, das den dazugehörigen privaten Schlüssel enthält, die Decodierung durchführen und die Anweisungsfolge ausführen. Der private Schlüssel ist so in die Hardware eingebaut, daß nicht einmal ein Spezialist mit vollem Zugriff zum Computer diesen Wert ausfindig machen kann [Maude 84].

Die Verschlüsselung mit Hilfe der „öffentlichen Schlüsselmethode“ (Public-Key-System) ermöglicht es, bei Kenntnis des öffentlichen Schlüssels Informationen – in diesem Falle einzelne Anweisungen oder Anweisungsparameter (wie z. B. Sprungziele) – zu verschlüsseln. Der Prozeß der Entschlüsselung ist in der Praxis ohne das Wissen des privaten Schlüssels unmöglich. Jeder Computer wird mit einem eigenen Paar von öffentlichen und privaten Schlüsseln ausgestattet, sodaß ein Programm für einen Computer speziell verschlüsselt werden muß und nur auf diesem läuft.

Die Hardware-Sicherheitseinheit ist jener Teil des Systems, das die Entschlüsselung der verschlüsselten Anweisungen bzw. Anweisungsparameter vornimmt. Sie besteht aus einer eigenen Zentraleinheit mit einem kleinen Speicher, die z. B. über eine I/O- Schnittstelle mit dem Computer verbunden ist. Da diese Einheit kaum mehr als die Zentraleinheit, ein internes RAM und ROM enthält, kostet sie wenig.

Die Verwendung dieses Systems erfordert zwei Arten von Änderungen der Computerprogramme.

Als erstes müssen einige Programmschritte gesucht werden, bei denen, ohne Wissen ihrer Aufgabe, das Programm so undurchsichtig wird, daß es nicht vollständig verstanden werden kann. Die Verschlüsselung solcher Anweisungen ist naturgemäß für den Schutz der Software besonders vorteilhaft. Diese Zerlegung muß für ein Programm nur einmal gemacht werden.

Zweitens muß der Code dieser Anweisungen verschlüsselt werden, sodaß er zur Ausführung durch die spezielle Sicherheitseinheit entschlüsselt werden muß. Diese Arbeit muß für jede verkaufte Kopie separat durchgeführt werden, sie kann aber automatisiert werden.

Die Sicherheitseinheit

Die Funktion der Sicherheitseinheit kann in zwei Teile unterteilt werden, wobei jeder Teil ein eigenes kryptographisches System verwendet. Beim Programmstart wird ein verschlüsselter „Decodierschlüssel" vom Programm zur Sicherheitseinheit übertragen. Dieser Vorgang wird nur einmal für jeden Durchlauf eines Programms durchgeführt. Dieser Decodierschlüssel ist unter Zuhilfenahme des „Public-Key-Systems" der Sicherheitseinheit verschlüsselt. Die Sicherheitseinheit entschlüsselt diesen Decodierschlüssel, sodaß er für das zweite kryptographische System verwendet werden kann. Die zweite Funktion der Sicherheitseinheit besteht darin, verschlüsselte Anweisungen, die zu ihr übertragen werden, zu entschlüsseln und auszuführen oder die entschlüsselten Werte zurückzugeben. Diese Funktion verwendet das zweite kryptographische System, ein normales „stream-cipher-scheme" (siehe Anhang, Kryptologie). Während die erste Funktion relativ langsam sein kann, da sie nur einmal pro Programmlauf ausgeführt wird, sollte die zweite Funktion so schnell wie möglich sein. In Kürze zusammengefaßt läuft ein gesichertes Urprogramm im Rechner folgendermaßen ab:

1. Programmstart.
2. Übergabe des (mit Hilfe eines „Public-Key-Systems") verschlüsselten Decodierschlüssels an die Sicherheitseinheit.
3. Verschlüsselten Decodierschlüssel entschlüsseln; aus dem sich ergebenden Schlüssel wird die Schlüsselfolge für den „stream-cipher" (siehe Punkt 4b) berechnet.
4. Programmanweisungen ausführen; wenn eine verschlüsselte Anweisung angetroffen wird.
   a) Übergabe an Sicherheitseinheit
   b) Decodierung der Anweisung mit Hilfe des „stream-ciphers"
   c) Rückgabe der decodierten Anweisung.

Die Komplexität der Verschlüsselung garantiert, daß die Vorteile von „Public-Key-Systemen" (nicht zu knacken; Nachteil: langsam, da schwierig zu berechnen) mit denen der „stream-cipher-Systeme" (schnell; Nachteil: „relativ" leicht zu knacken) verbunden werden.

Die Software-Aspekte (Auswahl zu verschlüsselnder Programmteile)

Wenn ein Teil eines Programmes einen Fehler enthält, ist es oft leichter, diesen Teil neuzuschreiben, als den Fehler zu lokalisieren und zu entfernen. Es wird allgemein akzeptiert, daß die am schwersten zu findenden Fehler solche sind, die mit der Programmstruktur zusammenhängen.

Wenn ein Programm für Software-Diebe unverständlich werden soll, sollte also seine Struktur unübersichtlich gemacht werden. Dies kann durch die folgende Methode erfolgen:

Das Programm wird zunächst in Sektionen unterteilt, die durch „Computed Goto“ oder „Case“-Statements verbunden werden. Die Sicherheitseinheit wird nun zur Berechnung der Sprungziele verwendet. Die Stellen, an denen das Programm in Sektionen unterteilt wird, sind unmittelbar nach den Stellen, an denen sich das Programm teilt (verzweigt), und unmittelbar vor den Stellen, an der Abzweigungen verschmelzen. Zeitkritische Verzweigungen (bei oft durchlaufenen Schleifen) sollten wegen der auftretenden Verzögerung bei der Decodierung nicht verschlüsselt werden. Die Auswahl der zu verschlüsselnden Stellen kann nicht automatisch durchgeführt werden, da nur der Programmierer weiß, welche Programmteile oft und welche selten durchlaufen werden.

Nach der Unterteilung des Programmes in Sektionen werden diese Sektionen in zufälliger Reihenfolge wieder zusammengesetzt. Am Ende einer jeden Sektion wird ein Zahlenwert an die Sicherheitseinheit übergeben. Das von der Sicherheitseinheit gelieferte Ergebnis bestimmt, bei welcher Sektion weitergearbeitet wird. Die Arbeit der Einheit kann durch Betrachtung ihres Gebrauchs bei verschiedenen Schwierigkeitsstufen klarer erkannt werden.

In einfachen Fällen bewirkt das Senden der Nachricht an die Einheit nur die Retournierung eines festen Zahlenwertes. Mit diesem Zahlenwert wird im „Computed Goto“ die „Zielsektion“ bestimmt, wobei die anderen Labels im „Computed Goto“ oder „Case Statement“ „Dummies“ darstellen, die nur der Verwirrung dienen (siehe Kapitel 11.5).

Die nächst kompliziertere Stufe ist, daß der retournierte Wert von dem an die Sicherheitseinheit übergebenen Wert abhängt. Die Überprüfung einer einfachen Bedingung wird also vom Programm in die Sicherheitseinheit verlagert, und mehr als nur ein Ziel des Computed Goto's oder Case Statements sind möglich.

Die nächste Stufe bedeutet, daß die Überprüfung, die die Einheit durchführt, von einem Wert abhängt, der schon bei einem früheren Aufruf übergeben wurde. Diese dritte Art macht es einem Eindringling unmöglich, den übergebenen Datenstrom zu überwachen und daraus die Sprungentscheidung abzuleiten.

An einigen Stellen im Programm können zuletzt einfache, nichtverzweigende Operationen, wie z. B. Additionen oder Negationen von Variablen, durch die Sicherheitseinheit durchgeführt werden. Die Entscheidung, ob und welche dieser Operationen verwendet werden, ist von verschiedenen Faktoren wie z. B. dem erforderlichen Sicherheitsgrad und der Bedeutung der Ausführungszeit abhängig.

Wie schon gesagt, verwendet die Hardware-Sicherheitseinheit als erstes kryptografisches System (zur Erzeugung des Decodierschlüssels des zweiten Systems) ein „Public-Key-System", während als zweites System ein „stream-cipher-System" Verwendung findet. Zur Erklärung dieser zwei Begriffe sei auf den Anhang (Kryptologie) verwiesen.

Während beim ersten Entschlüsseln keine Probleme auftreten, sind beim zweiten Entschlüsselungsvorgang einige Spezialprobleme zu berücksichtigen. Im Gegensatz zur Verschlüsselung eines Textes, also einer linearen Zeichenfolge, müssen bei der Verschlüsselung von Programmen Zyklen (Schleifen) und verschieden lange Alternativwege (Verzweigungen) so verschlüsselt werden, daß der Entschlüsselungsvorgang trotzdem eindeutig bleibt. Ein Beispiel soll die Problematik erläutern. Ein Programmstück hat folgende Aufgabe:

```
while a > b do
        begin
        if b <> 1 then b:= b+1;
        a:= a/2;
        end;
```

Dieses Programmstück wird jetzt verschlüsselt (d. h. statt der Anweisungen und Auswertungen von Bedingungen werden parametrisierte Aufrufe an die Sicherheitseinheit vorgesehen, wobei der erste Parameter die auszuführende Anweisung angibt, der zweite den „Shift-Wert" des „stream-ciphers", der beliebig gewählt werden kann). Das ergibt z. B. folgendes Programm:

```
while SE(1,5) = 1 do begin
        if SE(2,3) = 1 then SE(3,4)
           else SE(0,4);
      SE(4,7);
        SE(0,-(5+3+4+7));
      end;
 SE(0,-5);
```

Die meisten Anweisungen sind die Aufrufe an die Sicherheitseinheit, die die gegebenen Programmanweisungen ausführen (in diesem

Fall wurden alle Anweisungen verschlüsselt, was natürlich unrealistisch ist (siehe oben)). Die eingefügten Anweisungen (mit ersten Paramter 0) dienen nur dazu, den Shift-Wert des „stream-cipher-Systems“ bei allen möglichen Programmpfaden (Verzweigungen, Schleifen) auszugleichen. So wird z. B. in der letzten Anweisung der Schleife die Verschiebung (Shift) der Bedingungsauswertungen der While-Schleife und der bedingten Anweisung sowie die Verschiebung durch die Schleifenanweisungen durch den negativen Shift-Wert rückgängig gemacht, damit beim nächsten Schleifendurchlauf die gleiche Verschlüsselung stattfinden kann.

Es ist notwendig ein „stream-cipher-System“ zu wählen, das Vorwärts- und Rückwärtsverschiebungen ausführen kann (das schließt die Verwendung mancher nicht invertierbarer Funktionen für dieses System aus).

Automatisierung der Software-Verschlüsselung

Zur Automatisierung des Verschlüsselungsprozesses sind zwei spezielle Systeme erforderlich. Das erste verwendet das in einer höheren Programmiersprache geschriebene Source-Programm. Es durchsucht das Programm und lokalisiert Stellen, an denen sich das Programm teilt und an denen sich Abzweigungen vereinigen. Diese Stellen sind als Sektorgrenzen brauchbar, hier können also Aufrufe an die Sicherheitseinheit eingebaut werden. Gekennzeichnet werden besonders Stellen, an denen die Entscheidung, welcher Zweig gewählt wird, von einem Parameter abhängt, der schon zu einem früheren Zeitpunkt an die Sicherheitseinheit übergeben und dort gespeichert werden könnte. Diese möglichen Entscheidungen werden dem Programmierer zur Auswahl vorgeschlagen. Es sollen auch Möglichkeiten geschaffen werden, daß der Programmierer zusätzliche Aufrufe an die Sicherheitseinheit einbauen kann, die es dieser dann erlauben, einfache, arithmetische Operationen auszuführen. Das System baut dann die Aufrufe (auch die Aufrufe zum Ausgleich des Shift-Wertes) ein, bestimmt die Shiftposition für jedes Segment, bringt diese in eine zufällige Reihenfolge und übergibt das Ganze einem Compiler.

Das zweite System wird vom Software-Händler verwendet. Es nimmt das übersetzte Programm und den öffentlichen Schlüssel des Zielcomputers und verschlüsselt die Werte, die an die Sicherheitseinheit übergeben werden müssen mit Hilfe des ersten und dann des zweiten Systems, im übersetzten Programm. Anschließend fügt es für den Start des Programmes einen Sicherheitseinheit-Aufruf dazu, der den öffentlichen Schlüssel, mit dem das Programm verknüpft ist übergibt, sodaß der Schlüssel des zweiten Systems beim Programmablauf berechnet werden kann.

Knack-Möglichkeiten

Die vorgestellte Sicherheitseinheit bietet keinen Schutz während der Software-Entwicklungsphase. Einzelne Programmierer oder Programmhändler können brauchbare Kopien des Programmes herstellen. Der schwächste Punkt dieses Schutzsystems ist der Schutz des privaten Schlüssels der Sicherheitseinheit. Wenn dieser entdeckt wird, kann jedes Programm, das mit diesem Schlüssel verkauft wurde, kopiert und verwendet werden. Wenn Verkäufe am freien Markt erfolgen, kann ein Hinweis auf den privaten Schlüssel des Herstellers, trotz der Vorsichtsmaßnahmen, bei jedem hergestellten Programm zur Ermittlung des enthaltenen Schlüssels führen. Es können Sicherheitseinheiten gebaut werden, die ihre interne Nummer zerstören, wenn versucht wird, sie auszulesen. Trotzdem bleibt dies der schwächste Punkt im Schutzsystem.

Eine Methode, mit der Kryptologen einen Code zu knacken versuchen, ist als „Known-Plaintext-Angriff" bekannt. Wenn ein Kryptoanalytiker einen Text einem Verschlüsselungsprozeß liefern kann und diesen Text in verschlüsselter Form wieder zurückbekommt, verschafft der Vergleich dieser zwei oftmals einen Anhaltspunkt, um den Code zu knacken [Bright 77].

Es ist genau diese Art des Angriffes, die die „Public-Key-Systeme" verhindern. Das Knacken des Codes eines einzelnen Programmes durch Eingabe eines bekannten Programmes, das verschlüsselt werden soll, gibt dem Dieb keine Information, die verwendet werden kann, um andere Programme zu entschlüsseln. Ein Software-Dieb kann durch Aufzeichnung der Zeit, die die Anweisungen benötigen, versuchen, diese zu bestimmen. Daher sollte die Sicherheitseinheit so gebaut werden, daß es immer gleich lange dauert, bis sie einen Wert an das Hauptprogramm übergibt. Der Initialisierungsprozeß, der das „public-Key-System" verwendet, sollte gleichermaßen eine vom privaten Schlüssel unabhängige Zeit brauchen.

Ein Software-Dieb könnte ein Aufzeichnungsgerät an der Sicherheitseinheit anschließen, das alle Ein/Ausgabedaten aufzeichnet. Damit ist es möglich, alle Ziele jedes Zweiges zu finden. Um sich dagegen zu schützen, muß die Sicherheitseinheit, wie schon beschrieben, noch andere Operationen als die Retournierung der Zweigzeiger in ihrem Anweisungsset enthalten.

Zusammenfassung

Es wurde ein Software-Schutzsystem vorgestellt, das aus einer modifizierten Software in Verbindung mit einem „Public-Key-System" in einer Hardwarekomponente besteht. Die Methode ist sowohl bei großen Multi-user-Systemen als auch bei Personalcomputern verwendbar.

Bei diesem System ist zusätzlich eine kleine, auf einem Mikroprozessor basierende Sicherheitseinheit erforderlich, die an einer Schnittstelle des Computers angeschlossen wird. Die Sicherheitseinheit muß bei Verwendung verschiedener Programme nicht ausgetauscht oder entfernt werden. Das Schutzsystem erlaubt das Verborgen eines Programmes zusammen mit der Sicherheitseinheit. Das Programm kann aber zu einem Zeitpunkt nur auf einem Computer laufen, was kommerziell akzeptabel ist.

Es könnten die Operationen der Sicherheitseinheit auch durch den Zentralprozessor des Computers selbst mit Hilfe zweier Spezialinstruktionen, nämlich „Verschlüsselung ein" und „Verschlüsselung aus", ausgeführt werden. Beim Erhalt einer „Verschlüsselung ein", Anweisung betrachtet der Prozessor jede Anweisung als verschlüsselt, bis er die „Verschlüsselung aus"-Anweisung erhält. Dadurch wird die Verarbeitungsgeschwindigkeit erhöht, und das Angebot an verschlüsselten Operationen wäre identisch mit dem der Prozessor-Anweisungen. Voraussetzung ist aber, daß der Zentralprozessor diese Umschaltmöglichkeit auf „Verschlüsselung" besitzt.

Ein Beispiel für die Verschlüsselung eines Programmes mit Hilfe der Hardware-Sicherheitseinheit ist im Kapitel 11.5 angegeben.

8. Disketten-Manipulation

Disketten sind heute die am häufigsten verwendeten Datenträger für Personalcomputer. Sowohl Daten als auch Programme werden i. a. auf Disketten abgespeichert, und der einfache physikalische und oft auch logische Aufbau dieser Speichermedien bewirkt, daß Disketten besonders leicht manipuliert werden können. Es ist daher bei einem umfassenden Software-Schutz auch notwendig, die auf einer Diskette aufgezeichneten Daten und Programme zu schützen. Weiters sollen durch Disketten-Schutzsysteme Kopien erkannt werden, oder durch spezielle Manipulationen der Disketten der Kopiervorgang durch Kopierprogramme so weit als möglich verhindert werden. Es muß dabei gewährleistet werden, daß Kopien nicht oder nur in Verbindung mit der Originaldiskette (z. B. bei Kopien auf einer Festplatte) verwendet werden können.

8.1 Löschung (logische Zerstörung) einer Spur

Die ersten Kopierschutzmechanismen waren sehr einfacher Natur. Sie schützten die Disketten, indem sie mindestens eine Spur löschten (Löschung bedeutet hier Elimination von Spurinformationen). Diese Methode ist nicht kompliziert, aber effektiv. Standard-Kopierprogramme kopieren in der Regel eine Spur nach der anderen. Wenn sie versuchen, die gelöschte Spur zu kopieren, stürzen sie mit einem Fehler ab, d. h. keine der Spuren nach der gelöschten kann kopiert werden.

Mit besseren (neueren) Kopierprogrammen ist es möglich, nach der fehlerhaften Spur wieder aufzusetzen und weiter zu kopieren. Damit mit derartigen Kopierprogrammen der Schutz nicht eliminiert werden kann, wird in das zu schützende Programm ein mit der gelöschten Spur in Zusammenhang stehender Schutzmechanismus eingebaut. Dabei wird an verschiedenen Stellen des geschützten Programmes ein Direktzugriff auf eine gelöschte Spur eingefügt und das Ergebnis abgefragt. Wenn als Ergebnis nicht der erwartete Fehler auftritt, stoppt das Programm. Da mit dem Kopierprogramm nur die „fehlerlosen“ Spuren kopiert werden, kann das Programm die Kopie erkennen.

Professionelle Raubkopierer müssen, um auch diesen Schutz zu umgehen, entweder diese Direktzugriffe aus dem Programm entfernen (was einige Zeit in Anspruch nimmt und bei jedem Programm und jeder neuen Version davon einzeln erfolgen muß), oder ein Kopierprogramm entwickeln, das die gelöschten (fehlerhaften) Spuren „richtig“ mitkopiert, d. h. auch auf der Zieldiskette dieselben gelöschten Spuren erzeugt. Derartige raffinierte Kopierprogramme sind erst in letzter Zeit einer breiten Benutzerschicht zugänglich geworden. Der Kopierschutz durch Löschung einer Spur findet zwar heute noch Verwendung, verliert aber durch diese speziellen Kopierprogramme an Bedeutung.

8.2 Verlegung des Kataloges (Inhaltsverzeichnisses)

Andere spezielle Kopierprogramme kopierten nur solche Sektoren, die auch auf der Katalog(Inhaltsverzeichnis)spur als gebraucht gekennzeichnet waren. Um diese Kopierprogramme unbrauchbar zu machen, begannen die Firmen, den Katalog auf andere Spuren zu verlegen. Dies verhinderte auch, daß ein normales Diskettenbetriebssystem diese geschützte Diskette lesen oder beschreiben konnte (ein praktisches Beispiel zur Anwendung dieser Methode zeigt Kapitel 11.4). Diese Methode ist für die Praxis eher ungeeignet. Außerdem hintergehen spezielle Kopierprogramme (wie oben beschrieben) auch diesen Schutz.

8.3 Verwendung einer zusätzlichen Spur

Bei einigen Home- und Personalcomputertypen wurde eine Methode angewendet, die eine Spur verwendete, auf die man normalerweise nicht zugreifen kann. Wenn man z. B. bis jetzt die Spuren 00 bis 34 benutzte, so wurde nun auch Spur 35 verwendet, um Programminformationen zu speichern. Die Standard-Kopierprogramme kopierten nur bis Spur 34, und so gehen einige wichtige Programminformationen verloren. Diese Methode hat jedoch einen großen Nachteil. Es können nicht alle Diskettenstationen auf Spur 35 zugreifen, und daher kann auf diesen Geräten nicht einmal die Originaldiskette verwendet werden. Durch heute verfügbare Kopierprogramme kann außerdem auch dieser Schutz umgangen werden.

8.4 Abfrage des Schreibschutzes

Eine sehr einfache Schutzmaßnahme besteht darin, abzufragen, ob die verwendete Diskette „schreibgeschützt" ist. Auf den Schreibschutz wird bei der Verwendung von Kopien oft nicht geachtet. Voraussetzung ist aber, daß die Originaldiskette immer schreibgeschützt ist.

8.5 Änderung des Formates der Diskette

a) Änderung der Prüfsumme:
Bei dieser Methode wird die Prüfsumme des Adreßfeldes der Sektoren (CRC-Bytes) geändert. Das erzeugt beim Kopieren einen Fehler, der bei fast allen Kopierprogrammen zu einem Absturz führt bzw. diese Änderung wird nicht auf die Zieldiskette übertragen. Disketten, die durch eine solche Änderung der Prüfsumme geschützt sind, benötigen ihr eigenes Disketten-Betriebssystem.

b) Änderung des Formates der Adreß- bzw. Datenfelder:
Eine andere Methode ist die Änderung des Formates des Adreßfeldes der Sektoren. Es werden die Informationen über Spur, Sektor, Prüfsummen etc. umgeordnet, sodaß ein normales Diskettenbetriebssystem die Spurinformation nicht mehr versteht. Es können auch die Formate der Adreß- und Datenfelder und der Synchronisierbytes geändert werden (siehe Kapitel 11.4).

8.6 Synchronisierte Spuren

Eine weitere Methode stellt die Verwendung von synchronisierten Spuren dar. Dies sind Spuren, die in einer bestimmten Zeitrelation zueinander geschrieben sind, z. B. nachdem Spur 00 gelesen wurde, geht der Magnetkopf zur Spur 01. Nachdem er dort eingetroffen ist, liest er unverzüglich die Daten dieser Spur ein. Das Programm überprüft nun, ob spezielle Daten vorhanden sind, nachdem Spur 01 erreicht wurde. Wenn diese Daten nicht am Anfang dieser Spur stehen, bricht das Programm ab. Das bedeutet, daß Kopien ohne diese Zeitrelation unbrauchbare Kopien sind, obwohl die ganze Information übertragen wurde.

8.7 Nibble-Zählung (Nibble-Count)

Ein weiterer Kopierschutz ist das Zählen der verwendeten Nibbles (Halbbytes) einer Spur. Nachdem eine Originaldiskette beschrieben worden ist, wird eine Spur nochmals gelesen, und die Anzahl der benötigten Nibbles auf der Diskette gespeichert. Jedes auf der Diskette gespeicherte Programm überprüft während seiner Ausführung, ob diese Spur die gespeicherte Länge besitzt, und bei Nichtübereinstimmung bricht das Programm ab. Da nur sehr wenige Diskettenstationen mit exakt der gleichen Geschwindigkeit wie die Erzeugungsdiskettenstation arbeiten, ergibt sich in der Nibble-Anzahl der Kopie und des Originals ein Unterschied (siehe Kapitel 11.4). Es kann die Nibble-Anzahl als Parameter (Startwert von Variablen) in bestimmten Programmteilen verwendet werden. Dadurch wird verhindert, daß die Schutzroutine eliminiert oder übersprungen wird, denn sonst fehlt in diesen Programmteilen dieser Zahlenwert. Diese Art des Schutzes kann nur umgangen werden, wenn man die Schutzroutine findet, den in das Originalprogramm übergebenen Zahlenwert (Nibble-Anzahl) bestimmt und die Schutzroutine so ändert, daß dieser Zahlenwert während der Ausführung des Programmes an die notwendigen Programmteile übergeben wird. Das ist aber nur von einem Experten und mit einem entsprechend hohen Zeitaufwand möglich.

8.8 Halbspuren (Half Tracks)

Das sind Spuren, die zwischen den normalen Spuren liegen. Durch die Breite des Magnetkopfes ist es nicht möglich, auf benachbarte Spuren und Halbspuren Daten zu schreiben. Wenn z. B. Daten auf Spur 1 und 2 stehen, kann man keine Daten auf den Spuren 0.5, 1.5 oder 2.5 speichern. Es ist aber möglich, Daten auf Halbspuren zu schreiben, wenn die benachbarten Spuren nicht verwendet werden. Da nicht alle Diskettenstationen Halbspuren erreichen, kann diese Schutzmethode nicht immer angewendet werden.

8.9 Viertelspuren (Quarter Tracks)

Wenn eine Spur geschrieben wird, produziert sie ein exaktes Bild von sich selbst auf den benachbarten Viertelspuren. Die Daten auf den benachbarten Halbspuren können aber schon ein mehr oder weniger fehlerhaftes Abbild aufweisen. Beim Schreiben einer Spur treten keine Auswirkungen auf die benachbarten 3/4 Spuren auf.

Zu diesen Punkten ist zu bemerken, daß sie immer gültig sind, wenn Daten auf Ganz- oder Halbspuren geschrieben werden. Beim Schreiben auf Viertelspuren stimmen sie aber wegen manchmal unpräziser Kopfpositionierung nicht immer. Es gibt generelle Richtlinien, die diese Inkonsistenz auf ein Minimum reduzieren. Eine Sequenz von Viertelspuren ist z. B. 5, 5.25, 5.5, 5.75, 6 und 6.25.

Bei der Schutzmethode durch Verwendung von Viertelspuren werden Daten auch auf Viertelspuren geschrieben, aber immer mit einer ganzen Spur Abstand zwischen den verwendeten Viertelspuren. Es tritt dabei aber das Problem der Kopfpositionierung auf.

8.10 Synchronisierte Halb und Viertelspuren

Ein derartiges Schutzsystem arbeitet z. B. folgendermaßen:

Zuerst wird Spur 34 gesucht. Dann positioniert sich der Kopf auf Spur 33.5, 33, 33.5 und dann 34. Das Programm überprüft zwei Sachverhalte:

- Ob die Sektoren mit den Daten störungsfrei sind (glitch free, track imaging), d. h. keine Überlappungen, wie sie beim Kopieren von Spuren auf deren benachbarten Halbspuren auftreten (z.B Spur 33.5 wird von 33 und 34 beeinflußt), existieren.
- Ob die gefundenen Sektoren mit den gesuchten übereinstimmen (track syncing).

Wenn man auf einer Diskette mit einem solchen Schutzsystem einen Test auf synchronisierte Spuren durchführt, stellt man fest, daß die Spuren 33, 33.5 und 34 genaue Bilder der anderen sind (sie entsprechen der Spur 33). Bei einer genaueren Untersuchung bemerkt man, daß die Spuren 32.75, 33, 33.25, 33.5, 33.75 und 34 exakte Abbilder von einander sind. Die beste Möglichkeit dies zu erreichen ist einen Kopf auf Spur 33 und einen Kopf auf Spur 33.75 zu plazieren und die zwei Köpfe während des Formatierens mit denselben Signalen zu speisen. Anschließend kann eine sehr präzise Synchronisierung zusammen mit einer Überprüfung der Spurbilder erreicht werden. Zur Aufzeichnung verwendet man sehr präzise Laufwerke mit 2 Magnetköpfen.

8.11 Mechanische Zerstörung eines Diskettenbereiches

Bei dieser Methode wird ein kleiner Bereich der Diskette mechanisch zerstört (winziges Loch, kurzer Magnetisierungsfehler etc.). Das geschützte Programm greift während des Ablaufs direkt auf diese fehlerhaften Stellen zu, versucht, Daten zu schreiben und zu lesen, und erwartet bei diesen Aktionen das Auftreten bestimmter Fehler. Wenn diese Fehler nicht oder nicht in gewünschter Form auftreten, stoppt das Programm den Ablauf und meldet die „illegale Benutzung". Da bei dieser Methode die Gefahr besteht, daß bei unsachgemäßer Zerstörung des Diskettenbereiches später der Magnetkopf des Laufwerkes beschädigt wird, hat sich diese Methode nicht durchgesetzt.

Der Vorteil dieser Methode ist, daß der Fehler durch die mechanische Zerstörung mit keinem Kopierprogramm kopierbar ist. Da auf der fehlerhaften Stelle später auch geschrieben (eventuell formatiert) wird, kann auch das rein logische Verhalten dieser Stelle durch kein Kopierprogramm erzeugt werden (im Gegensatz zu Löschung einer Spur, Sektormanipulationen etc.). Eine Umgehungsmöglichkeit (Elimination) des Schutzes besteht durch:

- Eingriff in das Programm

- Zerstörung des richtigen Bereichs der Zieldiskette. Diese Lösung kann sehr aufwendig sein, da sie sehr genau und außerdem bei jeder Kopie durchgeführt werden muß.

- Entwicklung eines „Simulations-Programmes", das die mechanische Zerstörung logisch simuliert, vor dem geschützten Programm gestartet wird und *neben* diesem abläuft. Bei einem Direktzugriff auf die Diskette simuliert dieses Programm die mechanische Zerstörung und die Kopie verhält sich daher wie die Originaldiskette. Derartige Programme sind in letzter Zeit auf dem Markt aufgetaucht. Der Software-Produzent kann durch regelmäßige geringfügige Änderung der Lage und/oder der Größe seiner Diskettenbeschädigung einen Zeitvorsprung halten, da jede Änderung eine Programmänderung im Simulationsprogramm erfordert. Außerdem kommt es schon nach kurzer Zeit zu einer unüberschaubaren Vielfalt von Simulationsprogrammen.

8.12 Spiralspuren (Spiral Tracking, Track Acring)

Aus dem Wissen, daß man auf einer Diskette nicht benachbarte Halbspuren beschreiben kann, entstand die Methode der Spiralspuren. Hierbei wird immer ungefähr 1/3 der Spur beschrieben, dann eine Halbspur weitergegangen und ebenfalls 1/3 dieser Spur beschrieben usw. Das ergibt eine Spiralform der Spuren. Genauso kann man sich auch 1/4 Spuren vorstellen. Es müssen nur spezielle Zeitroutinen zur Steuerung des Magnetkopfes geschrieben werden. Bei diesen Methoden muß berücksichtigt werden, daß nicht alle Diskettenstationen diese Spuren erreichen können.

8.13 Track Imaging (Spurbildüberprüfung)

Zusätzlich kann man bei der Verwendung von Spiralspuren noch eine Technik verwenden, welche Track Imaging genannt wird. Hierbei überprüft man die Halbspuren auf ihren korrekten Inhalt. D. h., daß auf der Halbspur nichts außer dem korrekten (beschriebenen) Drittel der Halbspur stehen darf. Bei fast allen heute verfügbaren Kopierprogrammen (Nibble-Kopiererprogramme) entsteht auch auf den von der Originaldiskette nicht gebrauchten Dritteln Information von benachbarten Halbspuren.

Der wesentliche Nachteil dieser Methode ist, daß auch das Betriebssystem angepaßt werden muß. Bei „Spielprogrammen", wo auf der Diskette neben dem Programm auch gleich das geänderte Betriebssystem abgespeichert ist, treten keine Probleme auf. Am professionellen Anwendermarkt scheint diese Methode aber nur beschränkt anwendbar.

8.14 Bit Insertion

Bei dieser Methode überprüft eine Schutzroutine die Präsenz von Extra-Bits in den Synchronisier-Feldern (sync fields). Standard-Kopierprogramme stürzen beim Kopieren entweder ab oder kopieren die geänderten Synchronisier-Bytes nicht, sondern verwenden die Standardwerte, die vom Formatieren vorgegeben sind. Auch Nibble-Kopierer verwenden oft zum Schreiben die Standardwerte und müssen erst durch richtige Parametrisierung korrigiert werden. Bei dieser Methode gelten die gleichen Nachteile wie bei der Löschung einer Spur (siehe oben).

8.15 Diskette mit Fingerabdruck

Ein sehr sicheres und vor allem kostengünstiges Software-Schutzsystem hat die amerikanische Firma Vault Corporation entwickelt (Micro Computerwelt 9/84, S. 37). Das System nennt sich Prolok (wahrscheinlich ein Kürzel für „program lock" – „Programm Schlüssel"). Dabei werden Disketten, die aus der normalen Produktion kommen, mechanisch markiert, sodaß sie gewissermaßen einen unveränderlichen *Fingerabdruck* erhalten, der jede Diskette unverwechselbar macht. Diese Markierung wird mit Hilfe eines Lasers, der die Beschichtung der Diskettenoberfläche verletzt, bewerkstelligt. In einem so „verzierten" Sektor wird nun vom Programm eine bestimmte Zeichenfolge geschrieben. Durch die zerstörte Diskettenoberfläche können nur Teile der Zeichenfolge abgespeichert werden, und genau diese Teilinformation wird zu Vergleichszwecken im Programm hinterlegt. Im Rahmen der Kopieprüfung wird nun dieser Sektor mit der festgelegten Zeichenfolge überschrieben und die abgespeicherten Werte sofort wieder eingelesen. Der Vergleich mit der vorhandenen Teilinformation gibt nun Aufschluß darüber, ob es sich um das Original oder um eine Kopie handelt. Die Konzeption des Software-Schutzes ist so gestaltet, daß sie auf praktisch allen Betriebssystemen und Formaten arbeitet.

Das Prolok-System erlaubt Backup-Kopien der Software-Programme zu machen, die aber nur lauffähig sind, wenn sie auf die Diskette mit dem Fingerabdruck übertragen werden, bzw. wenn die markierte Diskette im Systemlaufwerk vorhanden ist.

Beim Prolok-System kann man Disketten-Kopien zum ersten Mal mit *hundertprozentiger* Sicherheit als solche identifizieren. Jede Kopie unterscheidet sich vom Original durch den fehlenden oder einen falschen Fingerabdruck. *Damit hat auch der Gesetzgeber endlich die Möglichkeit, Software-Diebstähle zu beweisen und gerichtlich zu verfolgen.*

Wer die Originaldiskette mit dem Fingerabdruck zerstört oder verliert, was auch durch ein kaputtes Laufwerk passieren kann, muß, sofern er vom Lieferanten eine Kopie mit Fingerabdruck erhalten hat, diese verwenden. Wenn diese (weil vom Lieferanten nicht vorgesehen) aber nicht existiert bzw. diese sofort nach der Benützung z. B. ebenfalls vom Laufwerk beschädigt wird, gibt es keine lauffähige Version mehr. Dann nützen auch sämtliche Backup-Kopien nichts mehr, denn dafür fehlt jetzt der Fingerabdruck. Der Benutzer muß sich an den Software-Lieferanten wenden, damit dieser ihm das gleiche Programm auf einer neuen Diskette mit einem Fingerabdruck schickt. Wenn dieser rasch reagiert (vergleichsweise mit dem Austausch seines eventuell kaputten Laufwerkes vom Hardware-Lieferanten), ist nichts verloren. Reine Lesefehler auf der Originaldiskette hingegen bedeuten nach Angabe des Herstellers noch keine Katastrophe. Solange sich die Diskette nur im Laufwerk dreht, soll der Fingerabdruck entzifferbar sein.

Das Schutzsystem wird nachträglich in die Software eingebunden, so daß sich der Entwickler keine Gedanken über den Software-Schutz machen muß. Der Schutzmechanismus ist nicht nur für große Software-Hersteller geeignet, sondern kann auch von kleinen Software-Häusern und sogar von Einzelbenutzer eingesetzt werden.

Umgehungsmöglichkeit (Elimination) des Schutzes besteht durch:

- Eingriff in das Programm (Debuggen etc., siehe oben).
- Nachmachen des Fingerabdruckes auf der Zieldiskette (erfordert eine sehr komplizierte Spezialapparatur). Diese Methode ist nur für eine im großen Stil operierende Verbrecherorganisation denkbar.
- Entwicklung eines Simulationsprogrammes (siehe oben, Löschung (logische Zerstörung) einer Spur).

8.16 Vor- und Nachteile der Disketten-Manipulation

Viele Software-Hersteller verwenden heute für ihren Software-Schutz verschiedene Kombinationen der oben aufgezählten Schutzmöglichkeiten. Nach dem heutigen Stand der möglichen Schutzmaßnahmen gibt es noch keinen hundertprozentigen Diskettenschutz. Die hier beschriebenen Methoden verhindern, daß die Disketten mit den üblichen Kopierprogrammen der Betriebssysteme kopiert werden können. Wie bereits erwähnt, gibt es aber von *„Kopierexperten“* und verschiedenen Firmen bereits Kopierprogramme, mit denen es möglich ist, bekannte Schutzmaßnahmen zu umgehen und brauchbare Kopien von geschützten Programmen zu generieren. Wenn das nicht möglich ist, können spezielle Simulationsprogramme, die vor dem geschützten Programm gestartet werden, die Unterschiede der Originaldiskette und der Kopie ausgleichen.

Regelmäßige Änderungen des Schutzes (auch nur geringfügige) führen zu einer undurchschaubaren Vielfalt von Kopier- und Simulationsprogrammen, sodaß auch der Aufwand für Raubkopierer erheblich zunimmt und in vielen Fällen nur mehr von „Profis" erfolgen kann. Aber auch ohne spezielle Kopierprogramme ist es möglich, den Software-Schutz zu umgehen. Dazu benötigt man Hilfsmittel wie Disketten-Editoren, Assembler, Monitorroutinen, Debugger, Logikanalysator etc. Bei dieser Art der Umgehung des Software-Schutzes ist es das Ziel, den Software-Schutz zuerst zu entdecken und ihn dann von der Diskette zu eliminieren oder abzuändern. Um die Verwendung von *„Debuggern"* üblicher Betriebssysteme zu verhindern, gingen Software-Hersteller dazu über, ihren Programmen auch den Speicherbereich zuzuordnen, in dem normalerweise das Debug-Programm gespeichert wird. Beim Laden dieser Programme wurden so Teile des geschützten Programms überschrieben (zweckmäßigerweise Teile, in denen die Schutzroutine enthalten ist). Um diese Schutzmaßnahme zu umgehen wurden Platinen entwickelt, die einen eigenen Mikroprozessor und Speicher enthalten, auf dem ein Debug-Programm läuft. Somit benötigt es keinen „internen" Speicherplatz und kann über einen DMA (direct memory access) auf den Speicherplatz des Computers zugreifen.

Ein wesentlicher Vorteil der erwähnten Diskettenschutzmaßnahmen ist, daß sie billig sind. Ausgefeilte Verfahren, wie die oben beschriebenen mit dem „Fingerabdruck", den Spiralspuren mit Spurbildüberprüfung etc., bieten auf einfache und billige Art einen beträchtlichen Schutz. Da üblicherweise zu kopiergeschützten Programmen eine Kopie mitgeliefert wird, besitzt der Benutzer auch eine Backup-Kopie (Sicherungskopie).

8.17 Softwareinstallation auf Platte

Da heute schon die meisten Personalcomputer mit Plattenlaufwerke ausgestattet sind, muß eine kopiergeschützte Software auch auf einer Platte installiert werden können. Nach der Installation der Software auf die Platte besteht jedoch die Gefahr, daß die Software von dort mit Standard- oder speziellen Kopierprogrammen auf Disketten, „Streamer Tapes" etc. übertragen wird und damit Raubkopien angefertigt werden. Dieser Software-Diebstahl kann durch den Einsatz von speziellen Installationsprogrammen wesentlich erschwert, aber nicht verhindert werden. Sicherer, aber auch benutzerunfreundlicher, sind Verfahren, die auf das geschützte Original zurückgreifen. D.h. daß z. B. während des Programmablaufes die kopiergeschützte Diskette im Laufwerk sein muß und an verschiedenen Stellen des Programmes ein Zugriff auf diese Diskette erfolgt.

9. Software-Veränderung

9.1 Komplette Software-Verschlüsselung

Bei diesem Schutzsystem liegt die Software auf einem Externspeicher in verschlüsselter Form vor. Der Entschlüsselungsalgorithmus ist nur der Zentraleinheit des Computers zugänglich und für den Benutzer nicht auslesbar. Die Zentraleinheit entschlüsselt das Programm beim Einlesen und legt es im Hauptspeicher ab. Es ist aber relativ kompliziert, das entschlüsselte Programm im Hauptspeicher vor dem Auslesen zu schützen.

Man kann sich eine Lösung vorstellen, bei der die Programme und die Daten streng getrennt sind, und der Zugriff auf die Programme während ihrer Ausführung nicht möglich ist. Die Zugriffsbeschränkung muß in diesem Fall im Prozessor hardwaremäßig vorgesehen sein. Bei dieser Methode kann aber nicht verhindert werden, daß z. B. von einem zusätzlichen Prozessorboard (vom Software-Dieb im Computer eingebaut) ein Direktzugriff auf den Hauptspeicher erfolgt und so das unverschlüsselte Programm ausgelesen werden kann.

Vor- und Nachteile eines solchen Systems

Die Schlüssel zur Programmentschlüsselung müssen absolut geheim gehalten werden, d. h. sie dürfen aus dem Prozessor auf keinen Fall auslesbar sein. Neben der Schwierigkeit, das entschlüsselte Programm im Hauptspeicher zu schützen, treten auch bei der Verwendung von verschlüsselter Software große Probleme beim Vertrieb auf.

Jeder Computer benötigt seinen eigenen Schlüssel. Das heißt aber, daß die Software für jeden Kunden verschlüsselt werden muß, was den Vertrieb verkompliziert, und die Software ist dadurch auch an eine spezielle Hardware gebunden (siehe Kapitel 9.4). Ein großer

Vorteil des Schutzsystems ist, daß Backup-Kopien der verschlüsselten Programme ohne Einschränkung erzeugt werden können, und daß das Schutzsystem einfach verwirklicht werden kann.

9.2 Einchip-Lösung

Die beste Lösung der Software-Verschlüsselung bietet die Einchip-Lösung bei der die Zentraleinheit und der Hauptspeicher gemeinsam in einem einzigen Chip integriert sind. Dadurch kann ein Direktzugriff zum Hauptspeicher von außen einfach verhindert werden. Da der Prozessor nur verschlüsselte Programme verarbeiten kann, ist es für den Software-Dieb auch nicht möglich, spezielle Programme zu entwickeln, die einen Hauptspeicherauszug z. B. auf dem Drucker ausgeben. Einchipcomputer mit eigenem größeren RAM-Bereich (Hauptspeicher) sind derzeit am Markt noch nicht verfügbar. Es sind heute nur sehr kurze Programme (einige KBytes, siehe Beispiel in Kapitel 11.7) in einen Einchipcomputer ladbar. Eine Einchip-Lösung mit Hauptspeichergrößen von 64 kB und mehr ist auch in nächster Zukunft nicht zu erwarten.

Eine andere Lösung ist denkbar, indem die Zentraleinheit und der Hauptspeicher auf einem einzigen Board (Platine) untergebracht werden und dieses Board vor Zugriffen von außen geschützt wird. Dieser Schutz kann z. B. durch *Eingießen der Platine mit einer zusätzlichen Selbstzerstörungseinheit bei Anbohrversuchen* verwirklicht werden. Ein derartiger Schutz ist aber wesentlich verwundbarer als der bei der reinen Einchiplösung. Der Schutzgrad hängt in erster Linie von der Selbstzerstörungseinheit ab, die auch den Preis und damit die Wirtschaftlichkeit dieses Schutzsystems wesentlich beeinflußt.

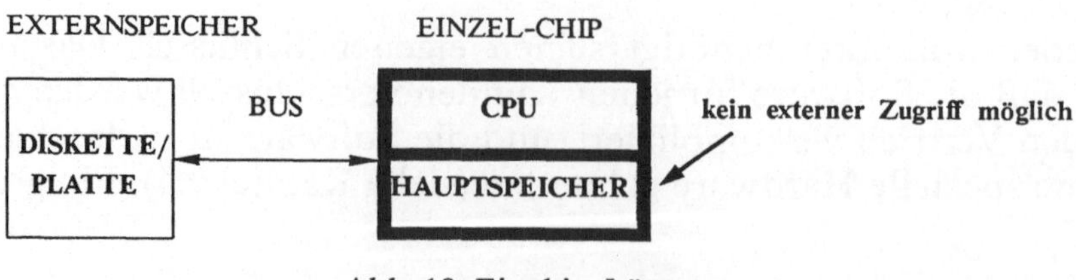

Abb. 18. Einchip-Lösung

9.3 Weitere Lösungen

9.3.1 Teillösung

Es können sowohl die gesamte Software als auch nur Teile der Software verschlüsselt werden. Bei Teillösungen bietet sich derzeit schon das Einchip-System an. Ein Beispiel einer solchen Lösung ist das bereits oben erwähnte System SOFT*SEAL (siehe Kapitel 11.1).

9.3.2 Entschlüsselung bei der Ausführung

Eine weitere Möglichkeit der Software-Verschlüsselung besteht darin, daß das Programm im Hauptspeicher in verschlüsselter Form abgespeichert wird und erst bei der Ausführung Befehl für Befehl vom Prozessor entschlüsselt wird.

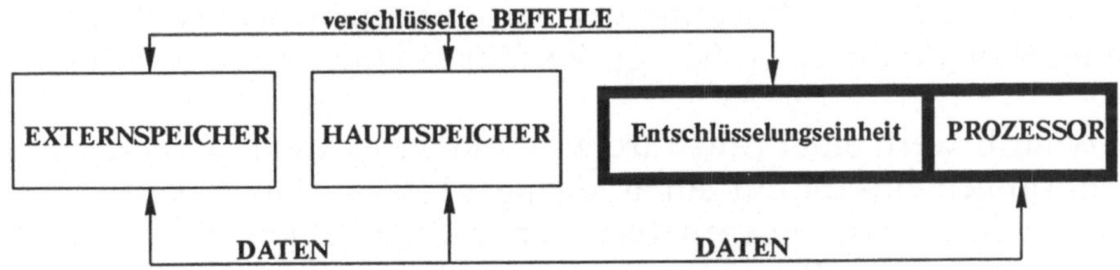

Abb. 19. Prozessor mit eigener Entschlüsselungseinheit

Vor- und Nachteile eines solchen Systems

Der Schlüssel zur Entschlüsselung der Befehle muß absolut geheim bleiben, d. h. er darf aus dem Prozessor auf keinen Fall auslesbar sein. Es treten (wie oben) Probleme beim Vertrieb der verschlüsselten Software auf. Jeder Computer benötigt seinen eigenen Schlüssel. Das bedeutet, daß die Software für jeden Kunden verschlüsselt werden muß, was den Vertrieb verkompliziert. Außerdem ist die Software auch an eine spezielle Hardware gebunden.

Ein großer Vorteil ist wieder, daß Backup-Kopien der verschlüsselten Programme ohne Einschränkung erzeugt werden können. Weiters ist das Schutzsystem sehr sicher und einfach zu verwirklichen (nur Verschlüsseln notwendig). Durch dieses System ist die Software auch während des Transports geschützt, da sie nur auf dem Computer funktioniert, für den sie hergestellt (verschlüsselt) wurde.

Ein großer Vorteil dieses Systems ist auch, daß der Hauptspeicher und der Prozessor nicht auf dem gleichen Chip untergebracht werden müssen.

Der wesentliche Nachteil dieses Systems ist, daß die Verarbeitungsgeschwindigkeit der Programme durch das Entschlüsseln jedes einzelnen Befehls während der Ausführungszeit verringert wird. Weiters werden für so ein System neuartige Zentralprozessoren benötigt, die einen Befehl vor der Ausführung (Exekution) entschlüsseln. Die Entschlüsselung eines Befehls sollte parallel zur Ausführung des vorhergehenden durchgeführt werden. Mit dieser Maßnahme kann die Verarbeitungsgeschwindigkeit wesentlich erhöht werden, mit dem Nachteil, daß derartige Zentralprozessoren entsprechend teuer sind.

Black-Box

Zur Lösung des Problems der verschiedenen Schlüssel zur Entschlüsselung kann das folgende Verfahren angewendet werden.

Beim Erwerb einer Software wird das Programm in verschlüsselter Form gemeinsam mit einem dazugehörigen, schwer kopierbaren Hardware-Schlüssel ausgeliefert, der in eine „Black Box" gesteckt werden muß. Die „Black Box" ist ein externes Gerät, das am Computer angeschlossen wird. Das Programm kann nur entschlüsselt werden, wenn der richtige Schlüssel in der „Black Box" steckt. Mit dieser Methode kann die Software jederzeit problemlos kopiert werden (Backup-Kopien), aber nur eine von ihnen kann zu einem Zeitpunkt exekutiert werden.

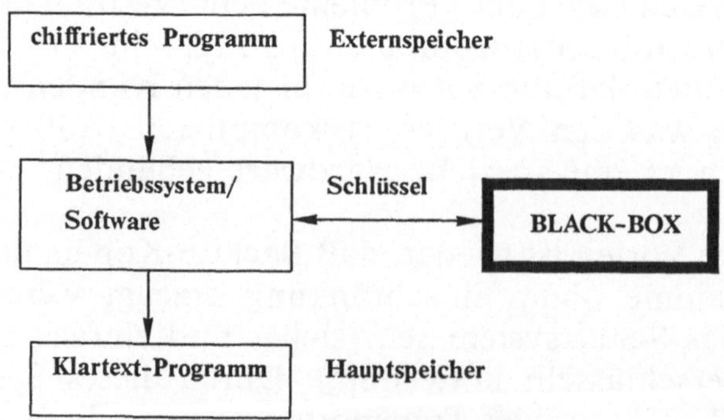

Abb. 20. Schlüsselerzeugung / Speicherung durch eine Black-Box

Aus Kosten-, Wartungs- und Flexibilitätsgründen und vor allem aus Sicherheitsüberlegungen bietet sich als Trägermedium vor allem die Chipkarte an (siehe Anhang 1). Auf ihr können nicht nur der kryptographische Schlüssel, sondern weitere Parameter wie Zähler, Startwerte etc. gespeichert werden, und außerdem ist es praktisch unmöglich, eine Chipkarte vollständig zu kopieren.

Der Entschlüsselungsalgorithmus kann entweder in der Hardware (z. B. „Black Box", Zentralprozessor, spezielle Entschlüsselungseinheit etc.) oder in der Software implementiert werden. Entscheidend ist, daß dies in einer Form geschieht, die sowohl ein hardware- als auch softwaremäßiges Umgehen unmöglich macht. Da die Chipkarte unauslesbare Bereiche enthält, kann auf ihr nicht nur der Schlüssel, sondern auch der Chiffrieralgorithmus, mit dessen Hilfe die Übertragung des Schlüssels zum Chiffriersystem gesichert wird, gespeichert werden.

Kryptographische Aspekte

Vom Standpunkt der Sicherheit ist jedes heute verwendete, symmetrische Chiffriersystem für die Realisierung des Software-Verschlüsselungs-Systems geeignet.

Die Auswahl hat rechnerspezifisch nach den Aspekten

- Datenstrukturen
- Chiffriergeschwindigkeit
- Verfügbarkeit und Kosten von Hardware-Bausteinen

zu erfolgen.

Vor- und Nachteile der Black Box

Das beschriebene Software-Verschlüsselungssystem erfordert bei jeder Programmausführung die Verwendung des zugehörigen Hardware-Schlüssels (z. B. Chipkarte) und gewährleistet so die Einhaltung der vertraglichen Vereinbarungen. Durch die Portabilität des Schlüssels kann das Programm auf jedem Computer laufen, aber zu einem Zeitpunkt immer nur auf einem Computer.

Es ist auch ein Schutz der Software während und nach Testinstallationen gegeben. Wird die Software in chiffrierter Form installiert und der zugehörige Schlüssel auf einer Chipkarte mitgeliefert, so kann der Schlüssel nach Ablauf der Testzeit entweder zurückverlangt werden oder aber durch den Einbau von Zählern, die beispielsweise die Anzahl der Systemstarts oder der Betriebsstunden kontrollieren, automatisch zerstört werden. (Selbstsperrsystem der Karte, siehe Anhang 1). In beiden Fällen ist sichergestellt, daß die Software ab dem vorgeschriebenen Zeitpunkt für den Benutzer nicht mehr verfügbar ist.

Der Schutz der Software während des Transports

Wird Software in verschlüsselter Form auf Disketten, Bändern, etc. gespeichert und transportiert und der zugehörige Schlüssel auf anderem Weg übermittelt, so ist damit ein hoher Schutz gegen Diebstahl gegeben, da die Software alleine vollkommen wertlos ist. Auf diese Weise bekommt auch der Postversand von Programmen und Daten ein *höheres Sicherheitniveau.* Ein Nachteil dieses Systems ist die Notwendigkeit der „Black Box“ oder des Kartenlesers mit der Chipkarte.

Das Systemkonzept bietet dem Hardware/Software-Produzenten die Möglichkeit, die Vertriebsorganisation und das Schlüsselmanagement nach seinen Vorstellungen zu gestalten. So hat er etwa die Möglichkeit, zwischen

- programmabhängigen und
- kundenabhängigen

Schlüsseln zu wählen.

Während im ersten Fall ein Programmpaket stets mit dem gleichen Schlüssel chiffriert wird – was vor allem für billige Standard-Software empfehlenswert ist – ist im zweiten Fall eine individuelle Schlüsselerstellung für jeden Kunden vorgesehen, was aber organisatorische Probleme schafft. Eine Kombination dieser beiden Methoden oder einer Zwischenlösung – Streuung verschiedener Schlüssel ähnlich der heute praktizierten Verteilung von Autoschlüsseln – erlaubt eine Anpassung an bestehende Lizenzverträge.

9.4 Probleme beim Vertrieb von verschlüsselter Software

Bei der Anwendung der in Kapitel 9 beschriebenen Schutzmethoden kann der Benutzer nur verschlüsselte Software verwenden, d. h. er bekommt beim Kauf verschlüsselte Software geliefert. Die Verschlüsselung muß dabei schon beim Software-Produzenten erfolgen, da ein Software-Diebstahl auch beim Händler erfolgen kann (siehe z. B. Professional Service, Kapitel 1.4). Die Software muß für jeden Computer mit einem eigenen Schlüssel verschlüsselt werden. Sie ist dann nur mehr auf diesem Computer ablauffähig. Jede Kopie dieser Software kann nur als Sicherungskopie verwendet werden. Da jedes zu den Kunden ausgelieferte Exemplar unterschiedlich (speziell für den Computer des Kunden verschlüsselt) ist, treten Probleme beim Vertrieb auf. Es gibt zwei prinzipielle Lösungswege:

a) die Software wird schon beim Produzenten direkt für den Computer des Kunden verschlüsselt

b) die Software wird beim Produzenten mit einem allgemeinen Schlüssel verschlüsselt und erst beim Händler für den Computer des Kunden verschlüsselt.

zu a)
Bei dieser Vertriebslösung wird die Software schon beim Produzenten direkt für den Computer des Käufers verschlüsselt. Es stehen zwei Möglichkeiten zur Auswahl, entweder liefert der Produzent den Schlüssel oder der Kunde.

Schlüssel liefert der Kunde

Wenn ein Interessent eine verschlüsselte Software kauft, muß der Kauf unter Angabe des Schlüssels des Kunden an den Software-Produzenten gemeldet werden und dieser kann erst dann das gewünschte Exemplar erzeugen. Diese Lösung ist bei einem Direktvertrieb vom Produzenten an den Anwender problemlos durchführbar. Ein Vertrieb über Zwischenhändler bedeutet einen Zeitverlust und zusätzliche Kosten, da die Software nicht auf Lager gelegt werden kann. Als Verschlüsselungs-Algorithmen kommen bei dieser Vertriebslösung vor allem „Einweg-Algorithmen" in Frage, d. h. mit dem Verschlüsselungsschlüssel, der öffentlich bekannt ist und beim Kauf der gewünschten Software angegeben werden muß, kann die gekaufte Software nicht entschlüsselt werden. Nur mit dem im Computer des Benutzers oder eines Zusatzgerätes (z. B. Chipkarte) nicht auslesbar gespeicherten Entschlüsselungsschlüssel kann die gekaufte Software wieder entschlüsselt und verwendet werden.

Schlüssel liefert der Produzent

Der Produzent verschlüsselt jede auszuliefernde Software mit einem neuen Schlüssel, der auf einem speziellen portablen Speichermedium (z. B. Chipkarte) nicht auslesbar abgespeichert wird. Die Software wird gemeinsam mit diesem Speichermedium direkt oder indirekt über Händler an den Käufer geliefert. Die Software kann beim Händler, wie eine nicht verschlüsselte Software, gelagert und vertrieben werden. Es kommt zur Software neben der Dokumentation noch dieses Speichermedium dazu. Die Chipkarte eignet sich aufgrund ihrer Flexibilität, Haltbarkeit, geringen Größe, Sicherheit (Schutz des Schlüssels) und des Preises (unter DM 25,-) bestens als Speichermedium. Die an den Käufer ausgelieferte Software ist nur in Verbindung mit dem mitgelieferten Speichermedium ablauffähig.

zu b)

Bei dieser Vertriebslösung wird vorerst die Software beim Produzenten mit einem Schlüssel des Produzenten verschlüsselt. In dieser Form erfolgt die Lieferung zum Händler, wo sie auf Lager gelegt werden kann. Wenn zwischen Produzent und Kunde mehrere Zwischenhändler liegen, wird die Software in der vom Produzenten gelieferten Form bis zum letzten Händler in dieser Kette unverändert weitergegeben. Vor der Auslieferung der Software an den Käufer wird sie noch einmal verschlüsselt, diesmal mit dem Schlüssel des Käufers. Diese zweite Verschlüsselung kann nur mit einer vom Produzenten ausgegebenen speziellen Hardware (z. B. Verschlüsselungs-Box, Chipkarte) durchgeführt werden. In dieser Hardware ist der Schlüssel des Produzenten nicht auslesbar abgespeichert. Diese spezielle Hardware liest die vom Produzenten gelieferte Software ein, entschlüsselt sie mit dem nur ihr bekannten Schlüssel und verschlüsselt sie sofort wieder mit dem Schlüssel des Käufers. In dieser Form wird sie an den Käufer ausgeliefert. Weiters notiert diese Hardware jede Ent/Verschlüsselung nicht veränderbar in ihrem Speicher, sodaß der Produzent die Anzahl der Verkäufe seiner Software jederzeit kontrollieren kann. Bei dieser Vertriebsmethode kann die Software, wie herkömmliche nicht verschlüsselte Software, gelagert und vertrieben werden. Es ist nur zusätzlich die Ent/Verschlüsselungshardware bei jedem Händler notwendig.

Bei allen oben angegebenen Vertriebsmethoden ist die Software an einen speziellen Computer gebunden oder nur in Verbindung mit einer mitgelieferten Hardware ablauffähig. Es können ohne Probleme Sicherungskopien angefertigt werden. Die Kosten für die – für die Verschlüsselung der Software – erforderliche Hardware beim Produzenten und Händler ist unerheblich und außerdem eine einmalige Investition.

10. Schutz von Telesoftware

10.1 Was ist Telesoftware?

Telesoftware ist eine Software, die in der Regel über Rundfunk (Teletext), Breitbandkabel oder Telefonleitung (Bildschirmtext) in den Computer geladen und dort ausgeführt wird. Die Bedeutung von Telesoftware hat mit der Einführung von Bildschirmtext (siehe Anhang 4) wesentlich zugenommen. Telesoftware wird heute hauptsächlich in intelligenten Bildschirmtextdecodern und Personalcomputern verwendet.

Das „Down-Loading" und „Up-Loading" von Programmen unterscheidet sich von Telesoftware meist durch den Übertragungskanal und der Entfernung zwischen sendender und empfangender Stelle. Telesoftware wird in der Regel – im Gegensatz zu Up- and Down-Loading von Programmen – über öffentliche Übertragungskanäle übertragen. Es besteht bei Telesoftware ein ausgeprägtes Verhältnis zwischen Anbieter und Benutzer, bzw. zwischen Zentrale und Endgerät. Die nachfolgend angegebenen Schutzmethoden für Telesoftware können aber auch für „Up- und Down-Loaded"-Software angewendet werden. Besonders entwicklungsfähig erscheint die Kombination von Telesoftware mit Teletext und Bildschirmtext. Eine kurze Einführung in Teletext und Bildschirmtext ist im Anhang 4 und 5 zu finden.

Durch die Vertriebsart von Telesoftware bedingt ergibt sich die Gefahr, daß Telesoftware während der Übertragung abgehört und kopiert wird, bzw. daß sie vom Endgerät auf lokale Speichermedien kopiert wird, um beim späteren Gebrauch die Seitengebühr und Übertragungsgebühr einzusparen. Viele Anbieter von kostenpflichtiger Telesoftware haben daher den Wunsch, ihre Telesoftware vor unerlaubter Benutzung zu schützen. Da das Kopieren von Telesoftware technisch nicht verhindert werden kann, müssen Schutzmaßnahmen spezieller Art getroffen werden, die nicht vor Kopieren, sondern Benutzung schützen. Zusätzlich kommt bei Telesoftware das Problem hinzu, daß sie – zumindest heute noch – ohne Vertrag benutzt (geladen) wird und der private Bereich, der besonders schwer kontrollierbar ist, für Telesoftware ein großes *Marktpotential* darstellt. Der Schutz von Telesoftware kann sich daher nicht oder nur wenig auf rechtliche Maßnahmen stützen. Aber auch ein technischer Kopierschutz ist praktisch nicht anwendbar. Ein Schutz vor der Verwendung dieser Kopien ist allerdings möglich. Nachfolgend werden einige Schutzmethoden vorgestellt, die Telesoftware wirksam vor unerlaubter Benutzung schützen.

10.2 Technischer Schutz von Telesoftware

Der technische Schutz von Telesoftware wird in vier Abschnitte unterteilt:

- Schutz vor der Übertragung in das Endgerät
- Schutz während der Übertragung
- Schutz im Endgerät
- Schutz vor Manipulation der Verrechnung von kostenpflichtiger Telesoftware.

10.2.1 Schutz vor der Übertragung in das Endgerät

Dieser Abschnitt umfaßt den Schutz der Telesoftware (Source- und Objekt-Code) von der Entwicklung bis zur Übertragung zum Endgerät. Während der Entwicklungsphase besteht noch kein Unterschied zwischen Telesoftware und herkömmlicher Software. Die möglichen Schutzmechanismen sind daher identisch. Da Telesoftware häufig von Einzelpersonen bzw. kleinen Programmierteams – oftmals sogar im „geschützteren“ privaten Bereich – entwickelt wird, ist der Schutz von Telesoftware während der Entwicklungsphase in der Regel kein Problem. Nach der Entwicklung wird die Telesoftware in einem oder mehreren Computern, die Telesoftware anbieten, abgespeichert, und kann von dort in das Endgerät des Benutzers geladen werden. Die beste technische Schutzmethode im Computer ist eine Verschlüsselung der Telesoftware. Da die Telesoftware in der Regel im Computer selbst nicht gestartet wird (meist nicht einmal ablauffähig ist), muß im Computer keine Entschlüsselung der Telesoftware erfolgen und damit auch der Schlüssel zur Entschlüsselung im Computer nicht gespeichert werden.

10.2.2 Schutz während der Übertragung

Der Schutz der Telesoftware während der Übertragung vom Computer in das Endgerät umfaßt drei Bereiche:

- Schutz vor sinnvollem Abhören (Schutz vor unerlaubter Programmbeschaffung)
- Schutz vor unerkannter Verfälschung (Programmintegrität)
- Fehlerlose Programmübertragung (technisch fehlerlose Übertragung, Verwendung redundanter Codes)

Schutz vor sinnvollem Abhören

Ein Abhören des Übertragungsweges ist zwar gesetzlich verboten, bei offenen Netzen aber, wie sie bei Bildschirm- oder Teletext verwendet werden, technisch nicht zu verhindern. Es kann nur verhindert werden, daß der Abhörende die abgehörten Informationen verwenden kann. Das kann einerseits durch eine Verschlüsselung der Telesoftware erreicht werden, andererseits dadurch, daß nicht die gesamte Telesoftware übertragen wird (z. B. Verwendung der Chipkarte, siehe Anhang 1).

Die beste Methode ist die Kombination beider Verfahren. Wenn die Telesoftware im Computer schon in verschlüsselter Form vorliegt, ist sie nicht nur im Computer geschützt, sondern auch während der Übertragung. Der Sicherheitsgrad mit Hilfe der Verschlüsselung ist vom Verschlüsselungsverfahren und von der Geheimhaltung des Schlüssels abhängig. Bei der Wahl des Verschlüsselungsverfahrens muß neben dem Sicherheitsaspekt noch berücksichtigt werden, daß die Telesoftware nach dem Laden in das Endgerät dort entschlüsselt werden muß. Da Endgeräte in der Regel keine speziellen Hardware-Einrichtungen zur Entschlüsselung enthalten (z. B. *DES-Chip* [NBS 77], oftmals außerdem nur einen relativ langsamen Mikroprozessor, sollte das Verfahren nur wenig zusätzlichen Aufwand an Rechenkapazität erfordern. Wenn das Endgerät parallel zur Übertragung der Telesoftware auch schon die Entschlüsselung durchführen kann, läßt sich viel Zeit gewinnen. Bei den heute noch üblichen niedrigen Übertragungsraten kann damit die lange Ladezeit der Telesoftware (oftmals viele Minuten) für die Entschlüsselung benutzt werden.

Ein weiteres Problem stellt die Geheimhaltung des Schlüssels dar. Da der Benutzer der Telesoftware meist kein Interesse an einer Geheimhaltung des Schlüssels hat, muß der Schlüssel durch spezielle Techniken geschützt werden. Den besten Schutz liefert die Chipkarte (siehe [Piller 86]). Allerdings ist dann bei jedem Endbenutzer ein Chipkartenleser erforderlich. Eine andere Möglichkeit bietet z. B. der Hardware-Nummerngeber.

Schutz vor unerkannter Verfälschung

Neben dem Abhören besteht bei der Übertragung der Telesoftware zum Endgerät noch die Gefahr der unerkannten Verfälschung. Durch eine gezielte oder zufällige Verfälschung kann ein neues ablauffähiges Programm entstehen. Dieses Programm liefert dann falsche Ergebnisse und kann, wenn die Änderung nicht erkannt wird, beim Benutzer einen Schaden verursachen. Es sollte daher jede Verfälschung während der Übertragungszeit (nicht nur Übertragungsfehler) erkannt werden. Eine einfache Methode zur Erkennung von Verfälschungen ist die Abbildung der Telesoftware in ganze Zahlen mit nachfolgender Verschlüsselung (siehe Abb. 21).

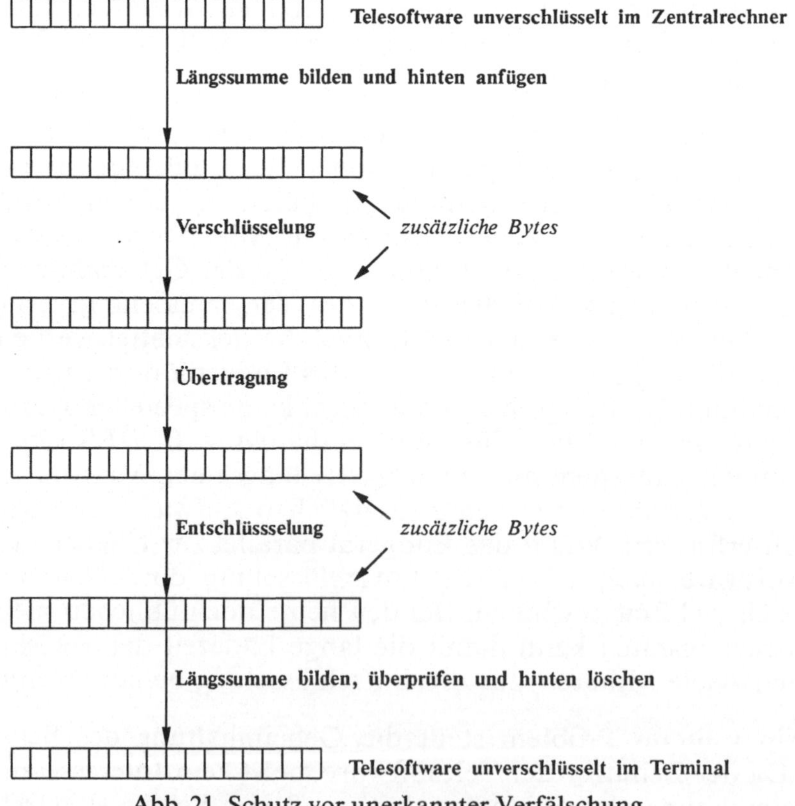

Abb. 21. Schutz vor unerkannter Verfälschung

Bei dieser Methode wird die gesamte Telesoftware in einzelne Blöcke (Länge z. B. 128 Byte/Block) unterteilt. Jedem Block werden weitere Daten (z. B. CRC-Bytes) hinzugefügt. Anschließend wird das Ergebnis (Blöcke + Zusatzdaten) verschlüsselt und so im Computer abgespeichert. Nach der Übertragung zum Endgerät und der Entschlüsselung werden die Blöcke mit ihren Zusatzdaten verglichen. Wenn während der Übertragung eine Verfälschung durchgeführt wurde, kann das Endgerät diese erkennen.

Fehlerlose Programmübertragung

Bei der Übertragung der Telesoftware vom Computer zum Endgerät muß gewährleistet sein, daß keine Übertragungsfehler auftreten. Eventuell auftretende Fehler müssen erkannt und korrigiert werden, z. B. durch Verwendung redundanter Codes, Übertragungswiederholung von fehlerhaften Bereichen etc. [Furrer 81, Peterson 72]. Die effektive Übertragungsrate sollte so hoch wie möglich sein.

10.2.3 Schutz im Endgerät

Technische Maßnahmen ermöglichen einen wirkungsvollen Schutz von Telesoftware im Endgerät. Die in den Kapiteln 5 und 7 beschriebenen Schutzmethoden sind auch zum Schutz von Telesoftware geeignet. Zusätzlich besteht noch eine Kommunikationsmöglichkeit mit dem Computer, von dem die Software geladen wurde. Durch diese Kommunikation können die Schutzmechanismen von Soft*Seal (siehe Kapitel 11.1) im Endgerät auch ohne den Einsatz der Chipkarte realisiert werden. Im einfachsten Fall werden nur Startwerte von Variablen, sonstige Daten oder Teile der Telesoftware, die beim Ladevorgang der Telesoftware noch nicht übertragen wurden, nachgeladen. Alle diese Maßnahmen, erfordern eine längere Belastung des Übertragungsweges und damit höhere Übertragungskosten. Bei Teletext (siehe Anhang 5) und ähnlichen Systemen tritt dieser Nachteil nicht auf, dafür verhindert die heute noch ausschließlich vom Computer zum Endgerät verlaufende Übertragungsmöglichkeit die Funktion *„externer Computer“* (siehe Kapitel 11.1).

10.2.4 Schutz vor Manipulation der Verrechnung

Mit den oben beschriebenen Schutzmethoden kann die Telesoftware mehr oder minder gut vor illegaler Benutzung geschützt werden. Diese Methoden sind die Voraussetzung für eine „richtige" Verrechnung kostenpflichtiger Telesoftware. Ein weiterer wichtiger Punkt bei der Verrechnung ist die *Zuordnung der Kosten* an den Benutzer. Eine falsche (z. B. simulierte) Identifikation (z. B. durch einen Hacker) führt dazu, daß die Kosten einem anderen Benutzer zugeordnet werden. Es muß die Manipulation der Verrechnung von kostenpflichtiger Telesoftware, insbesondere die überhöhte Verrechnung durch falsche Zuordnung von Kosten, mit allen Mitteln verhindert werden. Die eindeutige, nicht simulierbare Identifikation des Benutzers stellt bei „nicht anonymen Systemen" den Kernpunkt der Verrechnung dar. Eine richtige Verrechnung der Kosten ist auch bei „anonymen Systemen" möglich, z. B. mit Hilfe

- gekaufter Paßwörter
- eines anonymen Kontos
- der Chipkarte

Anonyme Verrechnung von kostenpflichtiger Telesoftware

Bei der Methode der gekauften Paßwörtern zahlt der Benutzer ohne Identifikation völlig anonym. Die Verwendung des Paßwortes, das vorher bei einer Bank, Post etc. *anonym* gekauft wurde, ermöglicht dem Benutzer die Anforderung einer Telesoftware mit maximal dem gleichen Wert. Jedes gekaufte Paßwort ist unterschiedlich und kann einen vom Benutzer gewünschten Wert besitzen.

Die Methode des anonymen Konto ist identisch mit einem normalen nichtanonymen Konto (siehe unten), nur daß sich bei der anonymen Methode der Benutzer mit einem Phantasienamen, der dem anonymen Konto zugeordnet ist, identifiziert. Das System verrechnet die Kosten mit dem anonymen Konto des Benutzers, ohne daß dabei dem System die wahre Identität des Benutzers bekannt ist.

Die Chipkarte erlaubt zusätzlich eine *rein lokale* Verrechnung. Telesoftware, die pro Benutzung kostenpflichtig ist, kann daher nach dem Ladevorgang vom System auf einem externen Speichermedium des Endgerätes (falls vorhanden) abgespeichert werden, und jede Benutzung lokal – ohne Systemanwahl – verrechnet werden. Diese Lösung ist benutzerfreundlicher, billiger (jeder Anwahlvorgang kostet Geld), entlastet das Gesamtsystem und ist auch verwendbar, wenn der Übertragungsweg gerade gestört ist. Bei Einwegsystemen, wie dem heute üblichen Teletext-System, ist eine Identifikation des Benutzers nicht möglich und daher kostenpflichtige Telesoftware nur lokal verrechenbar. Die Chipkarte bietet dazu derzeit die eleganteste und sicherste Lösung.

Die anonyme Verrechnung kostenpflichtiger Telesoftware ist für den Benutzer umständlicher und erfordert eine Vorauszahlung. Sie garantiert aber dadurch die Bezahlung der Leistung, ist äußerst sicher und vermeidet die *Überwachung* des Benutzers. Die Angst vor dem *„Großen Bruder"* hat in Österreich zur Einführung des anonymen Bildschirmtextes und damit auch zur anonymen Benutzung von Telesoftware geführt. Die anonyme Benutzung bzw. Bezahlung von Telesoftware bleibt aber sicher ein Sonderfall. In der Regel scheut der Benutzer von Telesoftware keine Identifikation.

Nicht-anonyme Verrechnung

Die nicht-anonyme Verrechnung erfordert eine eindeutige, nicht simulierbare Identifikation des Benutzers vor der Benutzung der Telesoftware. Weiters muß das System jede kostenpflichtige Benutzung einer Telesoftware erkennen und ohne Manipulationsmöglichkeit mit dem Benutzer (über sein Konto oder direkt etc.) verrechnen können. Die oben beschriebenen Software-Schutzsysteme garantieren mit mehr oder weniger großer Sicherheit, daß das Zentralsystem jede kostenpflichtige Benutzung einer Telesoftware erkennt. Die eindeutige, nicht simulierbare Identifikation des Benutzers erlaubt dann dem System die richtige Zuordnung der Kosten.

Eine eindeutige Identifikation kann u. a. über

- Paßwortsysteme (siehe Kapitel 1.1, 5.1.1, 5.2.1 und 7.2.1)
- Fingerabtast-, Schriftauswertungs-, Netzhautabtastsysteme etc. (siehe Kapitel 5.1.1, 5.2.1.und 7.2.1)
- Chipkarte (siehe Anhang 1)

gewährleistet werden. Eine „Endgerät-bezogene" Identifikation, d. h. es wird das Endgerät und nicht der Benutzer identifiziert, kann u. a. über Hardwarenummerngeber und die Chipkarte erfolgen.

11. Beispiele

11.1 Soft*Seal

Die Grundidee von Soft*Seal (siehe [Babin 84, Piller 85 und 86, Schaumüller 84]) basiert darauf, zwischen dem zu schützenden Programmpaket und einer zugehörigen Chipkarte einen engen *logischen* Zusammenhang herzustellen, sodaß eine Ausführung des Programmes nur dann möglich ist, wenn sich die ihr fest zugeordnete Chipkarte in einem dem Computer angeschlossenen Chipkartenleser befindet. Dieses System ermöglicht einen Benutzungsschutz von Programmen. Die Kommunikation zwischen Chipkarte und Anwendungsprogramm erfolgt über das Kartenlesegerät, das am Computer über eine asynchrone V.24-Schnittstelle angeschlossen werden kann. Auch Kartenleser mit einer Busschnittstelle (z. B. zum PC-Marktstandard) werden in der nächsten Zeit auf den Markt kommen.

Überblicksmäßig ergibt sich folgender Systemaufbau

Die Informationen zu einem Soft*Seal-geschützten Programm und die Zugriffsparameter werden in Blöcken variabler Länge auf einer Chipkarte gespeichert. Auf einer Karte können sowohl Daten als auch Programmteile für ein oder mehrere Programme, sowie Zugriffsparameter gespeichert sein. Das Schutzsystem gewährleistet fünf verschiedene *Schutzmechanismen*:

- Erstens können ausgesuchte Programmdaten (z. B. Startwerte von Variablen) in verschlüsselter Form auf der Chipkarte abgelegt und bei Bedarf in die Software geladen, entschlüsselt und den Variablen zugewiesen werden.

- Zweitens ruft die Software an einigen Stellen eine spezielle Schutzfunktion auf, die bei jedem Aufruf eine neue Zufallszahl generiert. Diese wird in die Chipkarte übertragen, vom integrierten Mikroprozessor nach einem vorgegebenen Algorithmus verschlüsselt und das Ergebnis wird an die rufende Stelle zurückgeschickt. Dort wird die Zufallszahl nach demselben Algorithmus chiffriert. Nur wenn die Ergebnisse identisch sind, kann die Software verwendet werden. Da die Zufallszahl bei jedem Aufruf neu generiert wird, ist der Datentransfer unvorhersehbar, nicht reproduzierbar und daher fälschungssicher.

- Drittens wird ein *Teil der Software auf die Chipkarte verlagert und kann vom Computer nicht ausgelesen werden.* Die Chipkarte bildet gemeinsam mit dem Kartenleser einen externen Computer, der diesen Software-Teil ausführt. Da von diesem externen Computer nur relativ wenig Befehle ausgeführt werden, nimmt die gesamte Rechenzeit des Programms nur unwesentlich zu. Die Kommunikation zwischen der Software und dem externen Computer erfolgt ebenfalls in verschlüsselter Form. Da der auf der Chipkarte ausgelagerte Teil der Software nicht in den Computer übertragen werden kann, fehlt dieser Teil im Computer. Das *vollständige*, ohne Chipkarte im Computer ablauffähige Programm kann nur *erahnt* werden, was bei Programmlängen in der Chipkarte von einigen hundert Bytes schon sehr schwierig, bei wesentlich längeren Programmteilen praktisch ausgeschlossen ist.

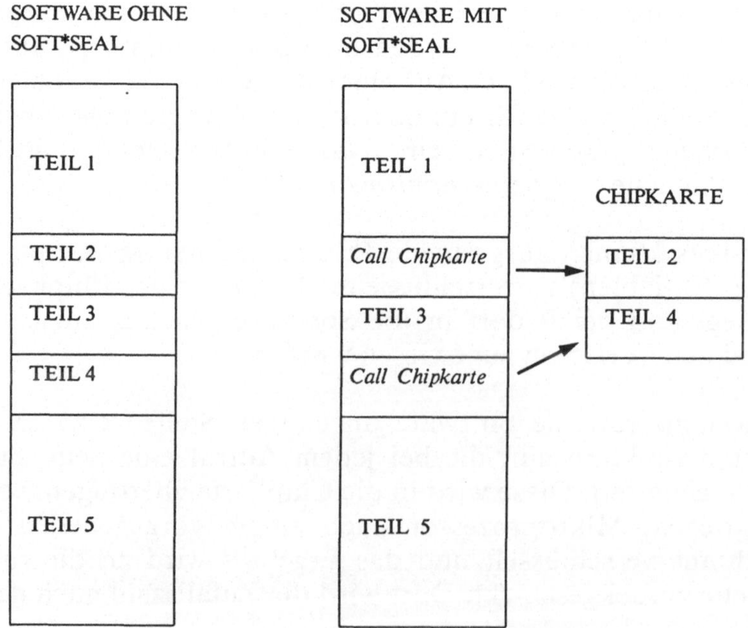

Abb. 22. Software-Auslagerung auf Chipkarte

- Viertens kann der Zugriff auf den Speicher der Chipkarte nur über den Mikroprozessor erfolgen. Da bei der ausgewählten Chipkarte CP8 beide in einem einzigen Chip integriert sind, kann auf die kryptographischen Schlüssel und Programmteile in den geschützten Speicherbereichen von außen nicht zugegriffen werden. Bestimmte Bereiche lassen sich über Zugriffsschlüssel auslesen. Eine Kopie des gesamten Speicherbereiches ist ausgeschlossen.

- Fünftens wird sowohl bei der Speicherung von Teilen der Software, wie auch bei der geschützten Übertragung von Daten zwischen Chipkarte, Kartenleser und Software ein Chiffriersystem verwendet. Allen Techniken zugrunde liegt das Chiffriersystem C80 [Schaumüller 81].
  C80 ist ein Blockchiffrieralgorithmus, der in seiner Grundstruktur dem amerikanischen Standard DES [NBS 77] ähnelt, jedoch höhere Sicherheit und Flexibilität aufweist (siehe Abbildung).

Der Zugriffsschutz ist folgendermaßen implementiert.

Vorgang für den Benutzer:

Der Benutzer steckt die Chipkarte in den Kartenleser und tippt am Terminal seinen **PIN-Code** (**P**ersonal **I**dentification **N**umber) ein. Der PIN-Code wird in der Karte überprüft und ist außerhalb der Karte niemanden – auch nicht dem Computer – bekannt (ausgenommen natürlich dem Besitzer) und kann unter keinen Umständen aus der Karte ausgelesen werden. Wenn der PIN-Code richtig ist, wird die Karte aktiv. Bei falschem PIN-Code erscheint eine Fehlermeldung am Bildschirm. Wenn dreimal hintereinander ein falscher PIN-Code eingegeben wurde, sperrt sich die Karte von selbst.

Interner Vorgang:

Der Computer schickt eine Zufallszahl an die Karte. Diese Zufallszahl bildet gemeinsam mit einem Schlüssel, der nicht auslesbar auf der Chipkarte abgespeichert ist, den Verschlüsselungsschlüssel für alle Daten, die von der Chipkarte zum Computer übertragen werden. Der Computer kann mit Hilfe der Zufallszahl und dem auch ihm bekannten, geheimen Chipkarten-Schlüssel die Daten von der Chipkarte wieder entschlüsseln und weiterverarbeiten. Ein Pro-

1.	TASTATUR: Eingabe *PIN-CODE*
2.	CHIPKARTE: Überprüfung *PIN-CODE* in der Chipkarte
3.	RECHNER: Erzeugung einer *ZUFALLSZAHL* und Übertragung an die Chipkarte
4.	CHIPKARTE: *SCHLÜSSEL* := (*KARTENSCHLÜSSEL*, *ZUFALLSZAHL*) oder (*KARTENSCHLÜSSEL*, *ZUFALLSZAHL*, *UHRZEIT*) oder (*KARTENSCHLÜSSEL*, *ZUFALLSZAHL*, *ALTES-RESULTAT*) *RESULTAT* := Verschlüsselung (*DATEN* mit *SCHLÜSSEL*)
5.	Übertragung von *RESULTAT* und *CHIPKARTEN-SERIENNUMMER* an den Rechner
6.	RECHNER: *SCHLÜSSEL* := (*KARTENSCHLÜSSEL*, *ZUFALLSZAHL*) oder (*KARTENSCHLÜSSEL*, *ZUFALLSZAHL*, *UHRZEIT*) oder (*KARTENSCHLÜSSEL*, *ZUFALLSZAHL*, *ALTES-RESULTAT*) *DATEN* := Entschlüsselung (*RESULTAT* mit *SCHLÜSSEL*)

Abb. 23. Datenverschlüsselung durch Chipkarte mit Zufallszahl vom Rechner

blem, das hier auftritt, ist die Abspeicherung des geheimen Chipkarten-Schlüssels im Computer. Die beste Lösung bieten Verschlüsselungseinheiten. Das sind „*nicht anbohrbare*“, gepanzerte Mikrocomputer, die am (oder im) Computer angeschlossen werden und den Entschlüsselungsvorgang übernehmen. Aus so einer Einheit kann der Schlüssel nicht ausgelesen werden.

Der PIN-Code der Chipkarte garantiert, daß bei Verlust der Karte (z. B. Diebstahl) der Finder diese nicht verwenden und keinen Zugriff zum Computer bzw. zur Software erlangen kann. Die Chipkarte verschlüsselt selbst alle Daten, die zum Computer übertragen werden. Ein *Hacker*, der die Verbindungsleitung abhört, kann mit dem Datenverkehr nichts anfangen, da jedesmal mit einem anderen Schlüssel (Zufallszahl in Verbindung mit geheimen Schlüssel) verschlüsselt wird.

Der Vorteil der Chipkarte ist die hohe Sicherheit sowie die Benutzerfreundlichkeit. Ein weiterer Vorteil ist auch, daß auf der Karte eine *Fehlversuchstabelle* vorhanden ist, auf der angezeigt wird, wann (und eventuell mit welchen PIN-Codes) versucht wurde, in das System einzudringen. Da man diese Tabelle von außen nicht ändern kann, ist dies wesentlich sicherer als die Speicherung der Fehlversuchstabelle im Computer, da diese dort z. B. von einem Systemprogrammierer manipuliert werden könnte. Ein weiterer Vorteil ist die **absolute Geheimhaltung des PIN-Codes**.

*Eigenschaften von Soft*Seal*

Das Schutzsystem läßt sich ohne große Probleme in jedes Programmpaket integrieren. Voraussetzung ist lediglich, daß die zu schützende Software in Sourcecodeform vorliegt. Eine Berücksichtigung des Schutzkonzepts ist bei der Programmierung nicht notwendig. Der Einbau des Schutzsystemes kann sowohl vom Software-Produzenten selbst als auch vom Entwicklungsteam des Schutzsystems durchgeführt werden. Die Ausstellung der Chipkarten wird von einem benutzerfreundlich gestalteten Programm unterstützt und kann vom Software-Händler erfolgen.

- Mit diesem System ist das Anfertigen von Raubkopien unmöglich, die zu schützende Software kann aber problemlos und beliebig oft zur Erstellung von Backup-Kopien verwendet werden.

- Es bietet auch einen Schutz der Software während und nach Testinstallationen (siehe Kapitel 9.3.3).

- Die zu schützende Software ist an keine bestimmte Hardware (außer den Kartenleser) und an kein Speichermedium oder Betriebssystem gebunden.

- Auf Wunsch des Benutzers kann die Zugriffsberechtigung zu Programmen und sensiblen Daten auf bestimmte Personen oder Gruppen beschränkt werden.

- Auch ein Schutz der Software während des Transportes ist gegeben, wenn Karte und Programm getrennt transportiert werden.

- Der Schutz ist auch bei Mehrplatzsystemen und Computernetzwerken gewährleistet.

- Die Chipkarte kann Routinetätigkeiten übernehmen und so den Bedienungskomfort der zu schützenden Software erhöhen.

- Dieses System verhindert die gleichzeitige mehrfache Verwendung eines Programmes auf einem Computer und auf verschiedenen Computer (Mehrfachbenutzungsschutz, siehe Kapitel 1.2).

- Das System kann auch als Zutrittsberechtigung zu Computern verwendet werden (Paßwortschutz, siehe Kapitel 1.1).

Eine Integration von Soft*Seal in ein Betriebssystem erfordert einigen Aufwand. Wenn man auf die Datenverschlüsselung verzichtet, kann die Chipkarte heutige Paßwortsysteme simulieren und damit die Chipkarte auch ohne jegliche Änderung im Computer und Betriebssystem zur Zutrittskontrolle verwendet werden. In diesem Fall sollte der Chipkartenleser am Endgerät (z. B. Terminal) angeschlossen sein.

Der Nachteil von Soft*Seal sind die Kosten für das Kartenlesegerät und die Notwendigkeit einer Schnittstelle am Computer oder Endgerät pro Kartenleser. Dieser Nachteil tritt nicht auf, wenn der Kartenleser in das Terminal integriert ist (z. B. Personalcomputer MICRAL 60).

11.2 The Vault

The Vault („Die Stahlkammer“) wurde im September 1982 in Atlanta (USA) gegründet, um Personen und Betrieben zu helfen, ihre Wertsachen zu schützen [Interface 84]. Der Vault-Datenaufbewahrungsraum schützt Bänder, Platten und Disketten auf vielfältige Weise. Eine konstante Temperatur von 21 Grad Celsius wird gemeinsam mit einer konstanten Luftfeuchtigkeit von 40 – 50% aufrechterhalten. Das Vault-Feuerlöschsystem benutzt ein träges Gas anstelle von Wasser. Im Falle eines Brandes wird der Raum automatisch total abgedichtet.

Diebstahl von der „*Vault*“ ist praktisch unmöglich. Die Wände sind aus meterdickem Stahlbeton und ein stabiler Eisenzaun umgibt das Gelände inklusive Parkplatz. Überwachungspersonal und elektronische Kameras überwachen das Gelände 24 Stunden am Tag. Zwei Stahltresortüren trennen die Stahlkammer von einer Wächterstation nahe der Vorhalle, welche selbst durch schußsicheres Glas geschützt ist. Bevor irgendjemand bei diesem Überwachungspersonal vorbei darf, wird seine Stimme, Unterschrift und sein Aussehen überprüft. Nur die Besitzer und zwei spezielle Angestellte besitzen Schlüssel zum Tresor. Die Kosten des Datenaufbewahrungsraumes, der insgesamt cirka 70.000 Computerbänder aufnehmen kann, betrugen mehr als 1 Million Dollar.

Die Gesellschaft hat mit Hilfe von Rechtsanwälten und zwei Software-Firmen aus Atlanta einen Vertrag entworfen, der jegliche Software des Erzeugers und Käufers gegen Feuer, Überschwemmungen und Bankrott versichert.

Die Kosten dieses Kundendienstes sind relativ niedrig. Jeder Kunde zahlt 25$ im Jahr plus 36$ pro Programm (maximal 3 Bänder, 10 Disketten oder eine 3 Zoll hohe Platte). Die Unterzeichnung eines Treuhändervertrages kostet fünf Dollar pro Programm und enthält den Kundendienst, daß das Speichermedium bei Bedarf in kürzester Zeit zugestellt wird (Preise Stand 1984).

Unter anderem wird ein Sourcecode nur freigegeben:

- bei Empfang einer gerichtlichen Verfügung.
- bei Empfang eines schriftlichen Abkommens zwischen dem Benutzer und dem Software-Produzenten.
- Nachdem der Software-Produzent der Vault Organisation meldet, daß er aus dem Geschäftsleben ausgestiegen ist, ohne Rechte auf die Software zu übertragen.

Es gibt *drei Märkte* für dieses Vault-Service:

- Erstens muß jedes Unternehmen, das eine EDV-Anlage besitzt, seine Software und seine magnetischen Aufzeichnungen gegen Unglücksfälle (Katastrophenfälle) schützen und kann daher Gebrauch von diesem Kundendienst machen.
- Zweitens benötigt jeder Software-Produzent diesen Schutz für seine Kunden, da viele ein derartiges Service fordern.

- Drittens kann ein Unternehmen dieses Service benützen, um so seine Darlehen für die Entwicklung der Software zu sichern.

Die Vault-Organisation ist derzeit bemüht, mehrere solcher Stahlkammern in den USA zu errichten. Weltweit ist das Geschäft mit der Bereitstellung von Außerhausablagemöglichkeiten aufstrebend. In den letzten Jahren sind auch in der Bundesrepublik Deutschland, Österreich und der Schweiz ähnliche Organisationen gegründet worden.

11.3 Paßworttest

In diesem Kapitel werden Testergebnisse eines Paßworttests angegeben. Bei diesem wurde getestet, ob jemand, im folgenden Beobachter genannt, ein Paßwort *erkennen* kann, wenn einer anderen Person, im folgendem Eingeber genannt, bei der Eingabe eines Paßwortes *zuschaut.* Das Paßwort erscheint natürlich nicht am Bildschirm. Der Beobachter muß das Paßwort (oder Teile davon) alleine durch Beobachtung der Tastatur bzw. der Finger des Eingebers erkennen.

Der Beobachter stellt sich hinter dem Eingeber auf und darf die gesamte Tastatur beobachten. Dieser Test zeigt den Idealzustand des Beobachters. In der Praxis hat der Beobachter meist eine nicht so gute Sicht wie in diesem Test und wird sich daher noch weniger Zeichen des Paßwortes merken.

Der Test wurde mit 15 Personen durchgeführt. Diese Personen wurden in drei Klassen unterteilt:

- Profi
- Halbprofi
- Amateur

In der Klasse der Profis wurden alle Personen zusammengefaßt, die perfekt auf der Schreibmaschine arbeiten. Die Klasse der Halbprofi bildeten gute Maschinschreibkräfte. Sie schreiben nach dem Zehnfingersystem, verbringen aber nur einen geringen Teil ihrer Arbeitszeit vor der Schreibmaschine. In der Klasse der Amateure befinden sich nur Personen, die nach dem sogenannten „Adlersuchsystem“ schreiben, d. h. Anfänger sind.

Ergebnisse des Tests:

1. Der Beobachter kann sich *sinnlose* Paßwörter mit fünf und mehr Zeichen in der Regel nicht mehr merken, außer es wird langsam eingegeben.

2. Sinnlose Paßwörter sind wesentlich effizienter als Namen oder Begriffe. Namen und Begriffe können öfters intuitiv bei Wissen einiger Buchstaben erkannt werden.

3. Die Profis stellten fest: es ist leichter zu beobachten, wenn der Schreiber in Grundstellung des Zehnfingersystems schreibt, als mit z. B. nur einem Finger. Ausnahme: wenn ein Amateur mit nur einem Finger langsam tippt. Hier wird vom Profi am meisten erkannt.

4. Je schneller der Eingeber sein Paßwort schreibt, desto schwieriger wird es in der Regel für den Beobachter, dieses herauszufinden (Schnelligkeit ist das wichtigste bei der Paßworteingabe). Dies gilt auch für Namen und Begriffe.

5. Der Eingeber sollte versuchen, sich eine sinnlose Zeichenkette (ohne Zeichen bzw. Ziffern der obersten Tastaturenreihe) zu merken, mit ungefähr 6 bis 8 Zeichen. Von einem längeren Paßwort ist abzuraten, da es leicht vergessen wird. Das ausgewählte Paßwort sollte vom Eingeber alleine in einem Raum so oft auf einer Tastatur probiert werden, bis er es schnell schreiben kann. Die maximale Dauer für die Paßworteingabe sollte zwei Sekunden sein. Dieses Paßwort wird für fast jeden Beobachter unerkennbar bleiben. Es besteht bei sinnlosen Paßwörtern jedoch die Gefahr, daß man es vergißt, z. B. im Urlaub oder sonstiger längerer Abwesenheit. Auf keinen Fall darf man sich das Paßwort notieren.

6. Man sollte darauf achten, daß man kein Paßwort verwendet, das in Beziehung zur Person steht, z. B. Name der Ehefrau, Freundin, Firma, seines Hundes etc., Telefonnummer, Wohnort, Vorname, Hobby. Weiters sind Standardpaßwörter wie „Test", „Demo" etc. zu vermeiden. Gute Paßwörter sind z. B.:
Ein Versicherungsbeamter wählt das Paßwort „Potentiometer".
Ein Programmierer verwendet das Paßwort „Ameisenbär".

11.4 AppleII-Diskettenschutzmethoden und deren Umgehungsmöglichkeiten

Die Beispiele von Umgehungsmöglichkeiten verschiedener Schutzmethoden werden in diesem Buch aus Sicherheitsgründen nur von einem Computertyp gezeigt. Dieser Typ entspricht nicht dem heute üblichen „*Marktstandard*". Die Beispiele können daher nicht direkt auf heute übliche Computer übernommen werden. Die hier gegebenen Hinweise helfen dem Leser bei der Bewertung der Schutzmethoden und zeigen ihm, wo Angriffspunkte existieren. Sie stellen **keine Anleitung** zum Software-Diebstahl dar.

In diesem Kapitel sind die am häufigsten verwendeten Nibble-Kopierer und Disketten-Editoren beschrieben. Weiters erfolgt eine Darstellung von „*Boot Code Tracing*" als Grundlage der Umgehung von Diskettenschutzmaßnahmen ohne Nibble-Kopierprogramme. Es folgt ein Beispiel zur Verlegung des Kataloges (Inhaltsverzeichnisses) und ein Beispiel, das die Schritte bei der Umgehung eines Schutzsystems (ohne Nibble-Kopierprogramm), bei dem die Formate der Adreß- bzw. Datenmarken geändert wurden, aufzeigt [Hardcore].

Bei der Erstellung von Backup-Kopien kann man zwei Endprodukte von Kopien unterscheiden:

1. Kopien, bei denen der Kopierschutz mitkopiert wird, indem man eine 1:1-Kopie des Originals herstellt.

2. Kopien, bei denen der Kopierschutz eliminiert wird, d. h. man kann von diesen Kopien mit einem Standard-Kopierprogramm (z. B. COPYA von DOS 3.3 des AppleII) weitere Backup-Kopien erzeugen.

1:1-Kopien

Um eine 1:1-Kopie einer geschützten Diskette herstellen zu können, muß ein sogenannter „Nibble-Kopierer" (siehe Kapitel 8.7) verwendet werden. Für AppleII-Disketten sind eine Reihe von solchen „Nibble-Kopierern" am Markt erhältlich. Doch nicht immer ist es möglich, mit diesen Kopierprogrammen eine lauffähige Backup-Kopie des Originals zu generieren, vor allem bei:

- Disketten mit „Fingerabdruck" (siehe Kapitel 8.15).
- Synchronisierten, nebeneinanderliegenden Halb- und Ganzspuren mit total identischen Daten (siehe Kapitel 8.10).

Damit Nibble-Kopierer verwendet werden können, ist aber auf jeden Fall die Kenntnis der verwendeten Schutzmethode(n) erforderlich, um die **richtigen Parameter** des Kopierprogramms setzen zu können. Die Kopierprogramme beinhalten deshalb Hilfsprogramme, mit denen man eine Diskette nach ihren Schutzmethoden untersuchen kann.

Die folgenden *Gegenmaßnahmen* machen die Anwendung von Nibble-Kopierprogrammen schwieriger:

Eine oft verwendete Schutzmethode ist der sogenannte „Nibble-Count" (siehe Kapitel 8.7). Um diese Schutzmethode zu umgehen, können die heutigen Kopierprogramme die Geschwindigkeit des Diskettenlaufwerkes softwaremäßig verstellen bzw. Anweisungen zur mechanischen Verstellung geben und so eine lauffähige Kopie erzeugen. Hierzu sind aber meist spezielle Parameter der Kopierprogramme richtig zu setzen.

Eine weitere Möglichkeit, Nibble-Kopierprogramme ohne richtige Parametrisierung wertlos zu machen, ist die Verwendung von synchronisierten Spuren (siehe Kapitel 8.6).

Auch die Verwendung von Halbspuren muß erst erkannt werden, damit die richtigen Spuren kopiert werden können. Der richtige Kopiervorgang könnte z. B. sein: Spur 1 bis 16, dann 16.5 und 17.5 und zuletzt Spuren 20 bis 30 (d. h. es werden einige Spuren nicht verwendet). Auch wenn Viertelspuren oder Spiralspuren (siehe Kapitel 8.9 und 8.12) verwendet werden, wird das Kopieren erschwert.

Ein Beispiel eines geschützten Programmes soll nun aufzeigen, welche Faktoren in diesem Fall zu berücksichtigen sind.

Programm: Bank Street Writer (BWS)

Bei diesem Programm handelt es sich um einen „Word Processor", der speziell für Anfänger entwickelt wurde. Wie bei vielen geschützten Programmen für den AppleII-Computer werden auch bei diesem Programm mehrere Schutzmethoden verwendet. Diese sind so entworfen, daß sie sowohl das Kopieren mit einem Standard- als auch mit einem Nibble-Kopierprogramm verhindern. Das Programm enthält folgende Schutzmaßnahmen:

Die erste Schutzmethode verwendet eine nicht allzu bekannte Gegebenheit hinsichtlich der *Diskettenkontroller-Firmware.* Die Firmware muß fähig sein, Sektor 0 auf der Spur 0 einer jeden Diskette, geschützt oder nicht, lesen zu können, da hier die Befehle zum Laden des Disketten-Betriebssystems stehen. Das heißt aber nicht, daß dieser Sektor durch *normale* Methoden auflistbar oder kopierbar sein muß.

Wenn man die Firmware des *Diskettenkontroller-ROM's* genau untersucht, bemerkt man, daß sie weder die Richtigkeit noch die Anwesenheit der Kontrollsummen (checksum) sowie der Endmarken (epilog marks) der Adreßfelder des gelesenen Sektors überprüft. Daher kann die Kontrollsumme (checksum), die durch Bildung des Exklusiv-Oders (EOR) der Volume-Nummer, Sektornummer sowie Spurnummer, die alle im Adreßfeld aufscheinen, berechnet wird, geändert werden, ohne eine Auswirkung auf den Startprozess der Diskette (boot process) zu bewirken. Dies gilt auch für die Endmarken. Die normalen DOS 3.3 Marken ($DE,$AA) werden nicht von der Firmware kontrolliert. Daher können sie geändert werden, um so den Sektor durch normale Methoden unlesbar bzw. unkopierbar zu machen. Bei der Erstellung (Beschreibung) der Originaldiskette des „Bank Street Writers" wird die Kontrollsumme des Adreßfeldes von Sektor 0 Spur 0 geändert und alle Endmarken des Adreßfeldes mit $FF $FF überschrieben (siehe Anhang 3).

Die zweite Schutzmethode, die verwendet wird, ist die Veränderung der Spurnummern innerhalb des Adreßfeldes der Spuren 00 bis 16. Die Spurnummern werden so geändert, daß die Spuren 00 bis 16 alle als Spur 00 erscheinen. Da die BSW-Diskette ihre eigene Bewegungsroutine des Schreib/Lesekopfes des Diskettenlaufwerks und die Diskettenkontroller-ROM Firmware zum Lesen und Laden der Software von der Diskette verwendet, ist es einfach, jede Spur als Spur 00 zu behandeln und so die geschützte Diskette ohne Probleme zu lesen. Da jedes normale Kopierprogramm nach den Spurnummern 00, 01, 02, . . . ,16 sucht, kann ein solches nicht verwendet werden. Dies stoppt auch viele Disketten-Editoren und andere Hilfsprogramme beim Zugriff auf diese Spuren, da diese Programme die Daten des Adreßfeldes verwenden, um eine Spur zu finden.

Beide oben erwähnten Schutzmethoden *verhindern*, daß die Diskette durch ein normales Kopierprogramm wie z. B. COPYA kopiert werden kann. Ein Nibble-Kopierer hingegen kann eine funktionierende, noch immer geschützte Backup-Kopie erzeugen. Aus diesem Grund wird eine dritte Schutzmethode verwendet, die es einem Nibble-Kopierer zwar nicht unmöglich, aber sehr schwer macht, eine lauffähige Kopie zu erzeugen. Diese Methode ergibt sich aus der Tatsache, daß die aufgezeichneten Daten auf jeder Seite wegen der Breite des Schreib-Lesekopfes physikalisch immer mindestens eine ganze Spur weit getrennt sein müssen. Wenn Daten auf einer Diskette nebeneinander mit weniger Abstand als der physikalischen Spurbreite aufgezeichnet werden, dann überlappt der Schreib/Lesekopf sowohl bei Schreib- wie auch Leseoperationen benachbarte Spuren und vermischt die Daten (siehe Kapitel 8.8 und 8.9).

Die folgende Tabelle zeigt die Technik, wie sie bei der BSW-Diskette bei den Spuren 2, 2.5 und 3 verwendet wird.

Physikalischer Sektor	Spurnummer 1	2	2.5	3
0	XXX	0	0	0
1	0	XXX	0	0
2	XXX	XXX	0	0
3	XXX	XXX	0	0
4	XXX	XXX	0	0
5	XXX	XXX	0	0
6	XXX	0	XXX	0
7	XXX	0	XXX	0
8	XXX	0	XXX	0
9	XXX	0	XXX	0
A	XXX	0	XXX	0
B	XXX	0	0	XXX
C	0	0	0	XXX
D	XXX	0	0	XXX
E	0	0	0	XXX
F	XXX	0	0	XXX

XXX . . . Sektoren mit gültigen Daten
0 . . . nicht verwendete Sektoren

Durch diese **Spiralanordnung** der Daten ist gewährleistet, daß sie immer mindestens eine Spurweite voneinander entfernt sind. Da ein Nibble-Kopierer jeden dieser Sektoren lesen kann, ist es sehr unwahrscheinlich, daß er sie in der gleichen physikalischen Relation, wie sie auf der Originaldiskette aufscheinen, auf die Kopie schreibt.

Dies bewirkt dann aber eine *Überlappung* und eine *Vermischung* (Zerstörung) der Daten.

Wie im Kapitel 8.12 beschrieben, enthält eine in Spiralspuren beschriebene Diskette auf einer Viertelspur genaue Bilder von der nächsten Halb- und der nächsten Ganzspur. Eine so geschützte Diskette kann kopiert werden, indem man die Spuren 0.25 bis 34.25 mit einer Schrittweite von 1 kopiert. Man könnte annehmen, daß die erhaltene Diskette mit Fehlern behaftet ist, da beim Schreiben der Spur 1.25 auf Spur 0.5, die 3/4 einer Spur entfernt ist, keine Beeinflussung auftreten darf. Das ist aber üblicherweise kein Problem und der Schutz ist damit wirkungslos.

Eine Diskette, die nach dieser Methode kopiert wird, enthält aber auf ihren Spuren (jede Halb- oder Ganzspur) neben den notwendigen Daten dieser Spur auch die restlichen Daten der benachbarten Halbspuren. Wenn als Kopierschutz „Track imaging" verwendet wird, ist diese Kopiermethode nutzlos (siehe Kapitel 8.13).

Nibble-Kopierer

Als Beispiel der versuchten *Legitimation* und Anwendungsmöglichkeiten von Nibble-Kopierern folgen nun einige **Werbeinserate** aus der amerikanischen Zeitschrift „Hardcore Computist" [Hardcore] :

Copy II Plus

Sie brauchen eine Software-Sicherung.

Disketten sind störungsanfällig. Wird ein geschütztes Programm zerstört, ist das meistens teuer und bereitet Unannehmlichkeiten. Falls Sie eine Backup-Kopie besitzen, können Sie Ihren Computer innerhalb von Sekunden wieder „on line" haben. Das ist Software-Sicherung.

COPY II Plus (AppleII, II Plus, //e)

Dies ist das weit verbreitetste Backup-Programm für den AppleII. Vom Magazin InCider als „einer der besten Software-Artikel des Jahres" bezeichnet, erlaubt es durch Menütechnik eine einfache Handhabung. Die Dokumentation mit über 70 Seiten beschreibt Schutzmetho-

den, und das BACKUP Buch enthält die Anweisungen für den Kopiervorgang von über 300 populären Programmen. Eine neue Version ist nun verfügbar, die leichter zu handhaben und besser als die vorherigen ist.

Wild-Card 2 (AppleII, II Plus, //e)

„Wild-Card" ist die am einfachsten zu verwendende und zuverlässigste Karte. Die Herstellung von Backup-Kopien einer vollständig geladenen Software ist leicht: Drücken eines Knopfes, Einlegen einer leeren Diskette und das zweimalige Drücken der Eingabetaste (Return). Wild-Card 2 kopiert 48K, 64K und 128K Software und ist im Gegensatz zu anderen Karten immer betriebsbereit. Kein Laden von Software oder vorformatierte Disketten sind erforderlich. Die Backup-Kopien können mit oder ohne Karte ausgeführt werden und auch auf eine „Hard-Disk" übertragen werden.

Essential Data Duplicator III (EDD III)

Machen Sie Backup-Kopien Ihrer Disketten!

EDD ist der beste Diskettenduplikator, den Sie für Ihren AppleII-Computer kaufen können. Im Gegensatz zu Kopierkarten, die nur vollständig geladene Programme kopieren, kopiert EDD Ihre gesamte Diskette. EDD erzeugt mehr Backup-Kopien von geschützter Software als alle anderen Kopierprogramme und Kopierkarten zusammen. Da EDD größtenteils automatisch arbeitet, müssen Sie zum Kopieren der meisten Disketten keine Parameterveränderungen vornehmen. Trotzdem ist jeder Parameter in der Dokumentation vollständig beschrieben. Wir liefern auch die neuesten EDD-Parameterlisten.

- *EDD braucht nur selten Parameteränderungen.*
- *Er findet automatisch den Anfang jeder Spur.*
- *Im Gegensatz zu Kopierkarten kopiert EDD die gesamte Diskette und nicht nur den Speicherinhalt.*
- *Kopiert 1/4 und 3/4 Spuren.*

Locksmith 5.0

Locksmith kopiert Disketten, indem er eine Spur einliest, die gelesenen Daten analysiert und die Spur auf die Zieldiskette schreibt. Le-

sen und Schreiben sind eine ziemlich komplizierte Funktion. Die Analyse der gelesenen Daten einer Spur ist die weitaus schwierigste Aufgabe und erfordert große Flexibilität. Viele Analyseroutinen (Algorithmen) werden von Locksmith bereitgestellt. Diese Algorithmen behandeln unter anderem folgende Funktionen:

- *Die genaue Analyse der „sync-Bytes“ bezüglich „self-sync“, Wert und Anzahl (Verlängern oder Verkürzen von Synchronisierlücken (gaps)).*
- *Vergleich zweier Spuren Byte für Byte und Suche des Spurbeginns.*
- *Änderung des Spurbeginns.*
- *Dynamisches Ändern der Parameter.*

Die Parameter können in folgende Gruppen eingeteilt werden:

- *Druckerkontroll-Parameter (Printer Control Parameter). Diese spezifizieren die Anschlußstelle sowie Druckersteuerparameter.*
- *Maximalfehler-Parameter (Maximum Error Count Parameter) Diese geben die maximale Anzahl der Fehler an, die bei automatischen Fehlerwiederholungen auftreten dürfen.*
- *Nibblezähl-Parameter (Nibble-Counting Parameter).*

Locksmith führt Nibble-Zählungen auf jeder angegebenen Spur durch. Nachdem die Spur auf die Kopie geschrieben wurde, werden die Nibbles gezählt und mit dem Originalwert verglichen. Der Unterschied wird als eine vierstellige hexadezimale Zahl mit vorangehenden „< “ oder „> “ angezeigt, um dem Benutzer zu zeigen, wie er die Laufgeschwindigkeit manuell einstellen muß (< heißt langsamer stellen, > schneller stellen). Die Einstellung kann auf zwei Arten erfolgen. Erstens, indem man innerhalb des Diskettenlaufwerkes das Potentiometer verstellt oder zweitens, wenn nur eine kleine Änderung notwendig ist, kann das auch mit Hilfe der Software durchgeführt werden. Durch die Parametrisierung kann man die Nibble-Zählung ein- oder ausschalten, die Genauigkeit angeben und das Spurende verändern.

- *Synchronisier-Parameter:*
  Mit diesen kann man die zu synchronisierenden Spuren und Bitmuster zur Synchronisierung angeben.

- *Schreibkontroll-Parameter:*
  Damit kann man die self-sync Bytes ändern (Anzahl, Wert).

- *Debug-Parameter:*
  Mit diesen kann man einige „Debug-Routinen“ aktivieren.

Confidential Information Advisor (CIA)

CIA ist eine Sammlung von fünf Disketten-Wartungsprogrammen, die zusammenarbeiten, um Programme oder Textfiles auf normalen oder geschützten Disketten zu untersuchen, editieren, lokalisieren, listen, übersetzen, sichern, reparieren, schützen oder den Schutz zu eliminieren und Analysen von verschlüsselten Programmen durchzuführen. Es wird eine 120 Seiten umfassende, leicht zu verstehende Dokumentation über AppleII-Disketten und über die fünf CIA Programme mitgeliefert.

Nach der Meinung von „Hardcore Computist" [Hardcore] zeigen diese Werbeinserate, daß die Herstellerfirmen diese Programme nicht mit der Absicht verkaufen, um mit ihnen Software-Diebstahl zu ermöglichen. Weiters sieht man aus diesen Inseraten die vielfältigen Möglichkeiten dieser Programme.

Eliminierung des Software-Schutzes

Die amerikanische Zeitschrift Hardcore Computist nennt die Methoden, die zur Elimination eines Software-Schutzes angewendet werden müssen **Softkey**.

Was ist ein Softkey?

Ein Softkey ist die Bezeichnung eines Vorganges, der den Software-Schutz einer Diskette *eliminiert* oder zumindest *umgeht.* Nachdem ein Softkey durchgeführt wurde, kann die Diskette durch ein Standard-Kopierprogramm, wie zum Beispiel COPYA der DOS 3.3 System Master Diskette, kopiert werden. Eine Eliminierung des Kopierschutzes hat aber oftmals nicht nur den Vorteil, daß man leicht Backup-Kopien erzeugen kann, sondern man kann diese Programme auch ändern oder ein schnelleres Diskettenbetriebssystem verwenden oder sich bei Spielprogrammen durch Änderung der Variablen Vorteile beim Spielen schaffen und so alle Stufen des Spiels erreichen.

Als Hilfsmittel für Softkeys werden von der Zeitschrift Hardcore Computist folgende Hilfsprogramme empfohlen:

1. Applesoft-Programm-Editor wie z. B. Global Program Line Editor (GPLE)

2. Disketten-Editor wie z. B. „Tricky Dig“ von CIA oder „Disk-Edit“ aus Hardcore Computist oder „ZAP“ von Bag of Tricks

3. Disketten-Untersuchungsprogramm wie „The Inspector“ oder „The Tracer“ von CIA

4. wie S-C Macro Assembler oder „Big Mac“

5. Nibble-Kopierprogramm wie COPY II+, Locksmith oder EDD III

6. Text-Editor, der normale, sequentielle Textfiles erzeugen kann, wie Applewriter II oder Magic Window II

   sowie drei Programme der DOS 3.3 System Master Diskette, nämlich COPYA, FID, MUFFIN.

Die folgenden Beispiele sollen zeigen, wie schwer bzw. aufwendig es ist, einen bestimmten Software-Schutz zu umgehen und damit eine Hilfestellung bei der Beurteilung der Schutzmethoden liefern. Auf die detaillierte Beschreibung der zur Umgehung notwendigen Befehle wird nicht verzichtet, da sie schon für einen durchschnittlichen Programmierer kein Geheimnis darstellen. Damit stellen sie keine Anleitung zum Software-Diebstahl dar.

1. Beispiel

Zuerst ein einfaches Beispiel zur Anfertigung einer Backup-Kopie an Hand des Programmes *Megaworks* (vgl. Hardcore Computist No. 21).

Der Kopierschutz bei diesem Programm ist *minimal* und offenbar nur beigefügt worden, um zu verhindern, daß die Diskette mit COPYA von der System Master Diskette kopiert werden kann. Die einzige Schutzmaßnahme ist die Verwendung eines nicht standardmäßigen Adreßformats auf Spur 34 Sektor 8. Wenn man die Diskette mit COPYA kopiert, stoppt COPYA an dieser Stelle mit einem Lesefehler. Das kann umgangen werden, indem man COPYA so modifiziert, daß es den Fehler ignoriert. Dann kann die Diskette normal kopiert werden.

1. Laden von COPYA von der System Master Diskette DOS 3.3

```
RUN COPYA
```

2. wenn COPYA startet und nach dem Ursprungslaufwerk fragt, steigt man mit Ctrl C auf Basic um

3. man löscht Zeile 70 und modifiziert das Programm so, daß es den Lesefehler auf Spur 34 Sektor 8 ignoriert.

```
70
Call -151 Aufruf der Monitorroutine
BE48:18
```

4. Starten des Programms

```
E003G Aufruf von Basic vom Monitor aus
RUN
```

5. Kopieren des Programmes mit COPYA

2. Beispiel

Dieses Beispiel soll einen Fall aufzeigen, bei dem schon ein sehr genaues Wissen über den Aufbau der Diskette und der Arbeitsweise des Diskettenbetriebssystemes notwendig ist, um einen Schutz zu eliminieren. Für dieses Beispiel wird das Programm *The Report Card* (Version 1.1) der Firma Sensible Software verwendet [Hardcore].

The Report Card ist ein Benotungssystem, das für Lehrer entwikkelt wurde. Der Kopierschutz bei diesem Programm besteht aus zwei verschiedenen Methoden. Eine Methode ist die Veränderung des Diskettenbetriebssystems, sodaß es nicht *standardmäßige Adreß-Endmarken* liest. Die andere ist eine „*Nibble-Zählung*" auf Spur 06, während die Diskette startet (booting). Nach dem Laden des Programmes in den Speicher werden keine weiteren Überprüfungen durchgeführt. Die einzigen Diskettenzugriffe danach sind Lesen und Schreiben auf die Datendiskette.

Mit einem Sektor-Editor findet man, daß die Spuren 3 – 34 als Adreßfeldende D7 AA 96 anstatt des normalen D5 AA 96 enthalten. Wenn man diese Werte in den Sektor-Editor eingibt, kann man die Diskette durchsuchen, um zu sehen, was auf ihr steht. Man findet einen normalen VTOC-Vektor und den Katalog auf Spur 17 mit zwei Applesoft-Dateien, die die Namen „HELLO" und „THE REPORT CARD" tragen.

Wenn man dann eine normale DOS Diskette startet und den Monitor mit einem CALL -151 aufruft, die Speicherstelle $B955 (in der RDADR-Routine des DOS) vom Standardwert D5 auf D7 ändert und dann die CATALOG-Routine mit A56E aufruft, bekommt man eine Auflistung des Kataloges. Das bedeutet, daß man die beiden Report Card Programme manuell laden und durch Änderung des Wertes an der Stelle $B955 auf D7 zum Laden der geschützten Diskette bzw. auf D5 zum Speichern auf einer normalen DOS 3.3 Diskette, übertragen kann.

1. Initialisierung einer Diskette mit dem Diskettenbetriebssystem

2. Modifizierung des Diskettenbetriebssystems, um die geschützte Diskette zu lesen

   ```
   POKE 47445, 215
   ```

3. Laden der Datei von der geschützten Diskette

   ```
   LOAD HELLO
   ```

4. Diskettenbetriebssystem wieder in die normale Form bringen, um die Datei auf eine ungeschützte Diskette speichern zu können

   ```
   POKE 47445,.213
   ```

5. Speichern auf einer neu initialisierten Diskette

   ```
   SAVE HELLO
   ```

6. Wiederholung der Schritte 2 bis 5 mit Ersetzen von

   ```
   HELLO
   ```

   durch

   ```
   THE REPORT CARD
   ```

3. Beispiel

Bei diesem Beispiel wird der Kopierschutz eliminiert, indem im Diskettenbetriebssystem die Leseroutine modifiziert wird. Dieses

Verfahren wird an Hand des Programms *Canyon Climber* erklärt. *Canyon Climber* ist ein 3-Stufen Spiel, in dem man versuchen muß, den Grand Canyon zu besteigen. Zur Elimination des Kopierschutzes müssen einige Modifikationen am Diskettenbetriebssystem vorgenommen werden, sodaß die Fehler, die beim Lesen von nicht standardmäßigen Adreß- oder Datenmarkenenden auftreten können, ignoriert werden. Das Programm kann dann mit dem Hilfsprogramm FID auf eine normale DOS 3.3 Diskette übertragen werden.

1. Zuerst fährt man eine DOS 3.3 Diskette hoch und führt die Änderungen am Diskettenbetriebssystem durch:

```
PR #6
CALL -151
B925:18 60
B988:18 60
Be48:18
3D0G
```

2. Der Befehl BRUN FID mit dem „Wildcard"-Zeichen („=") wird verwendet, um die eine Datei der originalen *Canyon Climber*-Diskette auf eine normale DOS 3.3 Diskette zu übertragen. Dies muß mit dem Wildcard-Zeichen gemacht werden, da der Dateiname einige unsichtbare Kontrollzeichen enthält. Nachdem die Datei übertragen wurde, muß mit einem Disketten-Editor oder mit COPY II+ der Dateiname geändert werden, um die unsichtbaren Kontrollzeichen zu eliminieren.

Auch bei diesem Beispiel wurde gezeigt, daß man ein großes Wissen über die Arbeitsweise des Diskettenbetriebssystems besitzen muß, um den Schutz umgehen zu können.

Eine häufig verwendete Schutzmethode bei AppleII-Programmen ist das Ändern der DOS-Marken (siehe Anhang 3). Um einen solchen Schutz zu eliminieren, kann die Diskette mit den geänderten Marken gelesen und mit den normalen Marken geschrieben werden. Dazu kann man ein Programm verwenden, das ein paar Sektoren mit den geänderten Marken einliest und diese dann mit den normalen Marken auf die Kopie schreibt. Es bereitet einem über die Arbeitsweise des Betriebssystems genau unterrichteten Programmierer kaum Schwierigkeiten, ein derartiges Programm zu schreiben. Die Kenntnis der verwendeten Speicherstellen der Adreß- und Datenmarken und eine durchschnittliche Programmierkenntnis reichen dazu schon aus. Ein derartiges Programm soll im weiteren **IOB-Programm** heißen. IOB steht für Input-Output-Control Block und stellt eine Parameterliste dar, die von der RWTS-Routine (Read Write

Track Sector) des Betriebssystems verwendet wird. Mit dem oben genannten IOB-Programm kann man auch Disketten mit geänderten Sektorennummern kopieren, indem das Programm die Sektoren mit den geänderten Sektornummern einliest und mit den normalen Sektornummern schreibt.

Zur Verbesserung des Verständnisses der Adreß- und Datenmarken folgt nun eine Tabelle, die die Werte und Position der Marken des Betriebssystemes des AppleII-Computers im Speicher wiedergibt.

DOS Adreß- und Datenmarkenpositionen

DOS 3.2	Lesestellen				Schreibstellen			
	HEX		DEZIMAL		HEX		DEZIMAL	
Adreßbeginn	B976	D5	47478	213	BEF5	D5	48885	213
	B980	AA	47488	170	BEFA	AA	48890	170
	B98B	B5	47499	181	BEFF	B5	48895	181
Adreßende	B9B2	DE	47538	222	BF29	DE	48937	222
	B9BC	AA	47548	170	BF2E	AA	48942	170
Datenbeginn	B908	D5	47368	213	B893	D5	47351	213
	B912	AA	47378	170	B898	AA	47256	170
	B91D	AD	47389	173	B89D	AD	47261	173
Datenende	B956	DE	47446	222	B8DE	DE	47326	222
	B960	AA	47456	170	B8E3	AA	47331	170
Sync-Byte zur INITialisierung					BF38	FF		
Sync-Byte vor der Adreßmarke					BF73	FF		
Sync-Byte vor der Datenmarke					B87E	FF		

DOS 3.3	Lesestellen				Schreibstellen			
	HEX		DEZIMAL		HEX		DEZIMAL	
Adreßbeginn	B955	D5	47445	213	BC7A	D5	48250	213
	B95F	AA	47455	170	BC7F	AA	48255	170
	B96A	96	47466	150	BC84	96	48260	150
Adreßende	B991	DE	47505	222	BCAE	DE	48303	170
	B99B	AA	47515	170	BCB3	AA	48307	170
Datenbeginn	B8E7	D5	47335	213	B853	D5	47187	213
	B8F1	AA	47345	170	B858	AA	47192	170
	B8FC	AD	47356	173	B85D	AD	47197	173
Datenende	B935	DE	47413	222	B89E	DE	47262	222
	B93F	AA	47423	170	B8A3	AA	47267	170
Sync-Byte vor der Adreßmarke					BC60	FF		
Sync-Byte vor der Datenmarke					B83E	FF		

Ein IOB-Programm kann auch das geänderte RWTS einer geschützten Diskette verwenden, um die Diskette zu lesen und dann mit dem Standard-RWTS von DOS 3.3 zu schreiben. Dazu muß man aber das geänderte RWTS von der geschützten Diskette besitzen. Um es von der geschützten Diskette lesen und als Datei abspeichern zu können, muß folgender Vorgang vollzogen werden:

Zum Laden des kopiergeschützten Betriebssystems muß zuerst die Originaldiskette gestartet werden. Dann muß die Ausführung des Programms gestoppt werden, um in den **Monitor** gelangen zu können. Dieser Vorgang ist bei der Elimination von Software-Schutzmethoden ein häufig notwendiger Vorgang. Er ist auch für das „boot code tracing" unumgänglich. Die meisten geschützten Programme verhindern, daß man durch Drücken der *Reset-Taste* aussteigen kann. Meistens wird der *Reset-Vektor* so gesetzt, daß bei der Betätigung der *Reset-Taste* das Programm sofort wieder gestartet wird.

Der AppleII-Computer verwendet *„Auto-Start-ROM's"*. Das heißt, der Benutzer braucht nur eine Diskette einzulegen und den Computer einzuschalten, danach veranlaßt das *„Monitor-ROM"* die Diskette, automatisch zu starten (boot). Das Programm wird geladen und beginnt zu arbeiten. Der Reset-Vorgang kann gesperrt werden. Das kann aber durch die Verwendung einer „Integer-Firmware-Karte" (das alte **F-8 Monitor-ROM** hatte die Auto-Start Eigenschaft nicht) oder eine der MI-Karten (Non-Maskable-Interrupt-Karten) wie „Replay" oder „Wild-Card" umgangen werden. Dies ist jedoch eine teure Methode. Eine andere Methode ist, nur das alte *F-8 Monitor-ROM* für einen AppleII zu kaufen und das *„Auto-Start-ROM"* des AppleII-Plus immer dann zu ersetzen, wenn ein gesperrter *Reset-Vorgang* umgangen werden soll.

Wenn also die Originaldiskette gestartet hat, muß man die Ausführung unterbrechen und den Monitor aufrufen. Dann kann das RWTS des geschützten Betriebssystems an einen sicheren Platz, das ist ein Platz, der beim Starten eines normalen Betriebssystems nicht gebraucht wird, verschoben werden. Danach kann das geschützte RWTS gespeichert und von einem IOB-Programm benutzt werden. Ein IOB-Programm ladet das RWTS der geschützten Diskette auf einen „sicheren" Speicherplatz ($1900-$2100). Wenn es notwendig wird, die geschützte Diskette zu lesen, verschiebt das IOB-Programm dieses RWTS auf die Speicherstellen $B800-$BFFF, die den Speicherplatz des RWTS im Diskettenbetriebssystem darstellen.

Zum Schreiben der Kopie wird das *normale* RWTS wieder auf die Speicherstellen $B800-$BFFF zurückverschoben. Anders gesagt, der Kopierschutz wird eliminiert, indem man die Diskette mit dem geänderten RWTS liest und die Kopie mit dem Standard-RWTS schreibt.

Es müssen folgende Schritte zur Abspeicherung des geschützten RWTS durchgeführt werden:

1. Starten der geschützten Diskette. Wenn das Programm zu arbeiten beginnt, verwendet man eine der beschriebenen Methoden, um in den Status RESET zu kommen, wo man den Monitor aufrufen kann.

2. Monitor aufrufen und das nun im Computer befindliche RWTS auf die Speicherstellen ab $1900 verschieben

```
Call -151 Aufruf des Monitors
1900<B800. BFFFM Verschieben (Move)
```

3. Hochfahren mit einer Hilfsdiskette mit DOS 3.3, die ein kleines oder kein HELLO Programm besitzt

```
C600G
```

4. Einlegen der Diskette mit dem IOB-Programm und Abspeichern des RWTS

```
BSAVE NAME. RWTS, A$1900, L$800
```

Eine RWTS-Routine ist immer $800 Bytes lang.

Dieses Beispiel zeigt eine Methode, mit der es *relativ* leicht ist, einen derartigen Schutz zu umgehen. Es wird aber nochmals darauf hingewiesen, daß die verwendete Schutzmethode(n) erst erkannt werden muß und ein fundiertes Wissen über die Arbeitsweise des Computers notwendig ist.

Untersuchung geschützter „Applesoft"-Programme

Das folgende soll zeigen, welche Ansätze von Personen, die am Source-Code eines geschützten Applesoft-Programmes interessiert sind, angewendet werden müssen, um eine Auflistung des Programmes zu erhalten.

Viele geschützte Programme für den AppleII sind in „**Applesoft**" (Name des Basic-Interpreters) geschrieben. Die meisten Hersteller solcher Programme verhindern, daß man aus ihren Programmen mit „**CTRL-C**" oder **RESET** aussteigen kann. Viele verhindern, daß man das BASIC vom Monitor aus über den typischen Einstiegspunkt ($3D0) erreichen kann. Viele Programme setzen auch das „**Autorun-Flag**" sodaß, wenn man das BASIC aufrufen will, jede Eingabe das BASIC-Programm wieder startet.

Zuerst muß man feststellen, ob das geschützte Programm in Applesoft geschrieben ist. Wenn beim Hochfahren eines solchen Programms ein „*BASIC-Prompt*" erscheint, ist dies ein gutes Zeichen, daß zumindest ein Teil des Programms in Applesoft geschrieben ist.

Es werden nun verschiedene Versuche gezeigt, das Programm aufzulisten. Voraussetzung für die Untersuchungen ist der Besitz eines „*Old-Monitor-ROM's*" oder einer anderen Möglichkeit, um jederzeit den Monitor aufrufen zu können. Der erste Schritt ist den Monitor aufzurufen, nachdem das Programm gestartet wurde (RESET in den Monitor). Nun kann man BASIC durch Eintippen von

```
3D0G
```

erreichen. Das Programm auf $3D0 springt normalerweise in die BASIC-Warmstartroutine, aber meistens wird das durch das Schutzsystem verhindert.

Wenn dies nicht funktioniert, ladet man das Programm wieder und ruft den Monitor auf. Als nächstes versucht man durch 9D84G oder 9DBFG die BASIC Kalt- und Warm-Startroutinen zu erreichen. Wenn das funktioniert bewirkt das das Erscheinen eines Basic-Prompts, doch viele Programme sind auch dagegen geschützt. Wenn man ein BASIC-Prompt bekommt, versucht man das Programm *aufzulisten* oder den CATALOG aufzurufen. Wenn alles, was eingetippt wird, bewirkt, daß das Programm wieder zu laufen beginnt, wurde das „**RUN-Flag**" auf $D6 geändert. Nun begibt man sich wieder in den Monitor.

Das RUN-Flag ist eine „zero page"-Stelle, die bewirkt, daß, falls die Speicherstelle $D6 einen Wert größer als $80 enthält, das BASIC-Programm automatisch bei jeder Eingabe gestartet wird. Dies kann verhindert werden durch:

```
D6:00
```

Dies setzt das RUN-Flag zurück. Wenn nun 3D0G, 9D84G oder 9DBFG ein BASIC-Prompt erzeugt hat, löst dies das Problem, daß das Programm immer startet, wenn man ein Kommando eingibt. Das RUN-Flag kann von einem BASIC-Programm folgendermaßen gesetzt werden:

```
10 POKE 214, 255
```

oder durch Eingabe eines Wertes größer als 127 auf Stelle 214. In Assembler-Sprache kann der Code so aussehen:

```
800- A9 FF LDA #$FF
802- 85 D6 STA $D6
```

oder durch Laden eines Registers mit einem Wert größer als $80 und anschließender Speicherung dieses Wertes auf Speicherstelle $D6.

Wenn 3D0G, 9D84G oder 9DBFG kein BASIC-Prompt erzeugen, dann ist das Diskettenbetriebssystem anders geschützt. Das Programm wird wieder geladen und der Monitor aufgerufen.

Nun kommen die letzten Schritte beim Versuch, ein BASIC-Programm zu untersuchen. Wenn eine ROM-Karte mit einem „*old style F8 monitor-ROM*“ in Einschub Null (slot zero) verwendet wird, um in den Monitor zu gelangen, müssen die „mother board ROM's“ ein- und die *ROM-Karten Integer-ROM's* ausgeschalten werden. Dies geschieht durch Eintippen von:

```
C081
```

Um sicher zu sein, wird das RUN-Flag gelöscht:

```
D6:00
```

Applesoft wird durch Eintippen von

```
Cntrl-C
```

aufgerufen.

Nun kann ein BASIC-Prompt ausgegeben worden sein. Dann sollte durch Eingabe von **LIST** der Code des BASIC-Programms erscheinen, durch **CATALOG** kann der Katalog (Inhaltsverzeichnis) aufgerufen werden. Wenn die Diskettenbetriebssystem-Kommandos geändert wurden und somit das Ausführen des CATALOG-Kommandos unmöglich geworden ist, kann versucht werden, direkt vom Monitor aus dieses Kommando durchzuführen. Dies geschieht durch Aufruf der Routine auf Speicherplatz $A56E mit:

```
A56EG
```

Meistens erscheint dann der Katalog.

Da die Verwendung der „Nibble-Zählung" als Schutzmethode bei AppleII-Programmen sehr weit verbreitet ist, soll gezeigt werden wie „schwer" es ist einen solchen Schutzmechanismus zu umgehen. Die *Suche* nach einer „Nibble-Zähl"-Routine dauert normalerweise sehr lange. Es benötigen alle „Nibble-Zähler" eine Möglichkeit für einen Zugriff auf die Diskette. Da eine Disketten-Kontroller-Karte in jedem Einschub (slot) des AppleII-Computers verwendet werden kann, muß sich die „Nibble-Zähl"-Routine selbst dem verwendeten Einschub anpassen. Die meist verwendete Methode ist, daß man das X- oder Y-Register mit der Nummer des Einschubs ladet und dann auf die Stellen $C08C + X oder $C08E + X zugreift. In Assembler-Sprache schaut dies so aus:

```
LDA &C08C, X LDA &C08E, X
LDA &C08C, Y LDA &C08E, Y
```

Da beides, das geladene Register und der verwendete Index, sich ändern können, ist es das Beste, nach C08C oder C08E zu suchen. Adressen sind mit ihren zwei Bytes im Assembler immer vertauscht (reversed). Somit muß man nach den Bytes 8C C0 und 8E C0 suchen. Nachdem dieser Code mit Hilfe eines Diskettenuntersuchungsprogramms wie CIA gefunden wurde, wird dieser Code „disassembled" (Übersetzung des Codes in Assemblernotation), um herauszufinden, ob es wirklich die „Nibble-Zähl"-Routine ist. Es sollte vermieden werden, auf den Spuren 0 bis 2 zu suchen, da diese üblicherweise das Diskettenbetriebssystem oder eine Art von RWTS enthalten, die voll von 8CC0's, aber keine „Nibble-Zähl"-Routinen sind. Oftmals enthält zur Verwirrung der Code in der Umgebung der Nibble-Zählung viele Stack-Operationen, wie „PLA" oder „PHA".

Nachdem eine „Nibble-Zähl"-Routine entdeckt wurde, kann sie auf **verschiedene Arten entfernt** werden. Entweder kann am Beginn ein **RTS** (Return from Subroutine) gesetzt werden, die ganze Routine mit **NOP's** (no-operation) gefüllt oder aus ihr herausgesprungen werden. Viele Firmen schützen ihre „Nibble-Zähl"-Routinen durch die Verwendung von Kontrollsummen-Routinen. Das sind Routinen, die feststellen, ob der Code der „Nibble-Zähl"-Routine geändert wurde. Auch kann das Ergebnis der „Nibble-Zähl"-Routine an anderen Stellen im Programm gebraucht werden. Außerdem kann ein sogenannter „selbstschreibender" Code verwendet werden, d. h. die „Nibble-Zähl"-Routine wird erst im Speicher durch die Ausführung einer anderen Routine generiert. Deshalb ist sie auf der Diskette oder im Speicher nicht zu entdecken.

Boot Code Tracing

In der Zeitschrift Hardcore Computist wurde *Boot Code Tracing* folgendermaßen definiert:

„Boot code tracing is not a process used for manufacturing footware, but is a technique for gradually loading pieces of code into memory from disk and halting the code before it can begin to execute."

Diese Methode basiert auf der Tatsache, daß **selbst auf der bestgeschützten Diskette** die Adresse Spur $00, Sektor $00 durch die Hardware des Disketten-Kontrollers lesbar sein muß. Wenn man einen Computer einschaltet, wird eine Serie von Unterprogrammen ausgeführt, um Daten von der Diskette in den Speicher zu laden. Das erste dieser Unterprogramme findet man auf $C600 im ROM (wenn sich der Disketten-Kontroller in Einschub (slot) 6 befindet). Dieses Unterprogramm, **„boot 0"** genannt, bewegt den Schreib/Lesekopf des Laufwerks auf Spur $00 und liest Sektor $00 in den Speicherbereich $800 – $8FF. Danach springt es zur Speicherstelle $801 und führt den dort befindlichen Code, der **„boot 1"** genannt wird, aus. „Boot 1" liest einen größeren Block in den Speicher ein und führt ihn dann aus. „Boot 1" ladet die eingelesenen Daten (Spur $00, Sektor $00 bis $09) in den Speicherbereich $B600 – $BFFF. Dieser Code auf $B600 bis $BFFF wird RWTS (Read Write Track Sector) genannt und liest den Rest des Betriebssystems ein. „Boot 1" liest **„boot 2"**. Dieser Vorgang wiederholt sich, bis das Hauptprogramm geladen und ausgeführt wird.

Wenn ein *boot code trace* durchgeführt wird, wird das Unterprogramm auf $C600 in das RAM geladen, damit es so verändert werden kann, daß es nach dem Laden der Daten auf Seite $8 stoppt. Dies erlaubt es dann, den Code ab der Speicherstelle $801 aufzulisten, und es kann herausgefunden werden, wohin der nächste Teil des „boot“ geladen wird. Der Code auf $801 wird so modifiziert, daß er alle Daten wie normal ladet, aber stoppt, bevor er diesen Code ausführt. Dies erlaubt es, den nächsten Teil des „boot“ aufzulisten und ihn ebenfalls zu modifizieren. Wenn es möglich ist, dem Prozeß des Hochfahrens (boot) weit genug zu folgen, kann es gelingen, die Schutzroutine zu entdecken. Wenn man annehmen kann, daß die verwendete Schutzmethode eine Nibble-Zählung ist, so kann man auch hier, wie schon oben bei der Suche der Nibble-Zählung mit dem Disketten-Editor beschrieben, nach der Anweisung LDA $C08C,X Ausschau halten. Nachdem sie einmal isoliert wurde, ist es üblicherweise leicht, diese Schutzroutine durch das Editieren der Diskettensektoren, auf denen sie gespeichert ist, zu eliminieren.

Die **RESET-Routine**, die dazu verwendet wird, den Ausführungsprozeß zu stoppen, befindet sich im Monitor-ROM an der Stelle $FF59. Wenn sie aufgerufen wird, führt sie einen RESET-Zyklus aus, und jedes gerade laufende Programm wird gestoppt.

Durchführung von „Boot Code Tracing“

1. Es beginnt mit dem Aufruf des Monitors

```
CALL -151
```

2. Verschiebung von „boot 0“ in das RAM, um zu kontrollieren, wohin verzweigt wird, nachdem „boot 1“ eingelesen wurde.

```
9600<C600.C6FFM
```

3. Änderung der Speicherstelle, die den Sprung aus „boot 0“ darstellt („exit jump“), sodaß nach $9801 gesprungen wird. „Boot 1“ wird auf $800 geladen, deshalb springt man nun nach $9801, da der „Achter“ symbolisieren soll, wohin ohne Änderung gesprungen wird. Dies dient nur zur Determinisierung des Vorganges. Es könnte an jede beliebige unbenützte Speicherstelle gesprungen werden.

```
96FA<98
```

4. Die Speicherstelle $9801 wird verändert, sodaß sie zur RESET-Routine springt

```
9801:4C 59 FF
```

5. Das Laufwerk beginnt zu arbeiten, nach ein bis zwei Sekunden ertönt ein „Beep", und das „Monitor-Prompt" erscheint am Schirm. Nun wird das Laufwerk ausgeschaltet.

```
C0E8
```

Dieser Prozeß wird bei allen folgenden Stufen des Hochfahrens (boot) wiederholt. Immer wenn ein Sprung zu einem neuen Code-Abschnitt („exit jump") auftritt, wird ein Sprung zur RESET-Routine eingebaut. Zu diesem Zeitpunkt wird nicht untersucht, was der Code macht, sondern hauptsächlich nach „exit jumps" gesucht.

6. Zur Untersuchung des Codes (in diesem Falle „boot 1") muß er aufgelistet werden.

```
801L
```

7. Der Code auf $800 – $8FF wird an die Stelle $9800 verschoben. Er muß auf $9800 verschoben werden, da dies die Fortsetzung des Codes auf $9600 ist, und dieser den Sprung auf $9801 vollführt.

```
9800<800.8FFM
```

8. Der Code auf $800 bis $8FF („boot 1") ladet „boot 2" auf die Stelle $300. Nehmen wir an, daß „boot 1" den „exit jump" an der Speicherstelle $841 besitzt und nach $301 springt (dieser Fall ist üblicherweise gegeben). Nun muß der Code so verändert werden, daß er nach $9301 springt. Nach $9301 deshalb, da der „Dreier" hier die Seite symbolisieren soll, wo ohne Änderung hingesprungen wird.

```
9843:93
```

9. Nun wird die Speicherstelle $9301 geändert, damit zur RESET-Routine gesprungen werden kann

```
9301:4C 59 FF
```

10. Üblicherweise muß noch ein Byte im „boot 1“ geändert werden, damit der geänderte Code richtig ausgeführt wird.

```
9805:98
```

Der Code auf $9600 wird wieder gestartet und danach das Laufwerk gestoppt. Nun kann der Code auf der Stelle $300 gelistet werden. Der Code wird auf $9300 verschoben und wieder der „exit jump“ gesucht. Dann wird wie bei 8. fortgesetzt. Dieser Vorgang wird so lange wiederholt, bis die Schutzroutine entdeckt wird. Wird angenommen, daß die verwendete Schutzmethode eine Nibble-Zählung ist, so wird, wie schon oben bei der Suche der Nibble-Zählung mit dem Disketten-Editor beschrieben, nach der Anweisung LDA $C08C,X Ausschau gehalten. Eine Schwierigkeit dieser Methode ist oft die Bestimmung der Ziele der „exit jumps“.

Verlegung des Kataloges einer Diskette

Es folgt nun die Beschreibung für die Verlegung des Kataloges einer Diskette. Das soll als Beispiel dienen, wie einfach es ist, diese wirkungsvolle Schutzmethode zu verwenden. Die Stelle, die auf einer normalen DOS 3.3 Diskette durch Standard AppleII-Kopierprogramme bzw. Nibble-Kopierer meistens übersehen wird, ist **Spur $23**. Obwohl diese Spur durch die AppleII-Laufwerke erreichbar ist, wird sie vom Apple DOS nicht verwendet. Dies macht Spur $23 zu einem guten Platz, um Informationen zu plazieren. Man kann zum Beispiel den **VTOC-Vektor** (Volume Table Of Contents) und den Katalog hierher verlegen, da keine Diskettenbetriebssystem-Operation arbeitet, ohne zuerst auf diese zugegriffen zu haben (VTOC zeigt dem Diskettenbetriebssystem, wo der Katalog beginnt und welche Sektoren auf der Diskette noch frei sind).

Bevor der VTOC-Vektor und der Katalog auf Spur $23 verschoben werden können, muß eine Diskette erzeugt werden, auf der auch die Spur $23 initialisiert ist. Dazu dient folgender Vorgang, der dazu notwendig ist das Diskettenbetriebssystem-Kommando INIT so zu verändern, daß es $24 (dezimal 36) anstatt der üblichen $23 Spuren initialisiert (Spur $23 ist die sechsunddreißigste ($24) Spur auf der Diskette, da mit Spur $00 zu zählen begonnen wird.

1. Hochfahren mit einer DOS 3.3 Diskette

```
PR#6
```

2. Entfernen der Diskette, mit der man hochgefahren ist, und stattdessen Einlegen einer leeren Diskette

3. Aufruf des Monitors

   ```
   CALL- 151
   ```

4. Änderung des INIT-Kommandos

   ```
   BEFE:24
   ```

5. Initialisierung der Diskette

   ```
   INIT HELLO
   ```

6. Durch Verwendung des Hilfsprogrammes FID von der System Master Diskette oder irgendeines anderen Dateiübertragungsprogramms werden alle Dateien, die geschützt werden sollen, auf die eben initialisierte Diskette übertragen

7. Damit das Diskettenbetriebssystem den VTOC-Vektor auf Spur $23 finden kann, werden mit einem Sektor-Editor auf der zu schützenden Diskette folgende Änderungen vollzogen:

Spur	Sektor	Byte	von	zu
$01	$0B	$01	$11	$23

Nun muß Spur $11 (dezimal 17), die den VTOC-Vektor und den Katalog enthält, auf Spur $23 verschoben und einige Änderungen am verschobenen VTOC-Vektor und den Sektoren des Katalogs gemacht werden. Danach wird die Spur $11 mit Nullen beschrieben. Wenn nun diese Diskette von einem normalen Diskettenbetriebssystem aus gelesen wird, erscheint sie leer.

Es können zwei Wege gewählt werden, um diesen Vorgang durchzuführen. Die erste Methode erfordert einen Sektor-Editor, der auf Spur $23 zugreifen kann. Die zweite Methode das Eintippen eines Assembler-Programms.

Verwendung eines Sektor-Editors

Mit einem *Sektor-Editor* wird Spur $11, Sektor für Sektor, auf Spur $24 verschoben und währenddessen werden einige Änderungen der Sektoren durchgeführt. Danach müssen leere Sektoren auf Spur $11 geschrieben werden. Diese Methode ist mühsam, aber dafür sehr einfach.

1. Mit dem Sektor-Editor werden der Sektor $0 der Spur $11 eingelesen und folgende Änderungen gemacht:

Spur	Sektor	Byte	von	zu
$11	$00	$01	$11	$23
$11	$00	$30	$23	$24
$11	$00	$7C	$00	$FF
$11	$00	$7D	$00	$FF

2. Schreiben des neuen VTOC-Vektors auf Spur $23 Sektor 0.

3. Einlesen von Sektor $01 der Spur $11 und Schreiben auf Spur $23 Sektor $01.

4. Die restlichen Sektoren des Katalogs ($02 bis $0F) müssen von Spur $11 eingelesen, Byte $01 von $11 zu $23 geändert (dadurch wird der Zeiger zum nächsten Sektor des Katalogs geändert) und danach diese Sektoren auf Spur $23 geschrieben werden. Zum Beispiel: Lesen des Sektors $02 der Spur $11. Danach Änderung von Byte $01 von $11 zu $23 und Schreiben dieses Sektors auf Spur $23 Sektor $02. Dieser Vorgang wird für Sektor $03 bis $0F wiederholt. Sektor $01 braucht nicht verändert werden, da er der letzte Sektor des Katalogs ist und daher keinen Zeiger zu einem nächsten Sektor besitzt.

5. Der Puffer des Sektor-Editors wird mit Nullen gefüllt und danach auf alle Sektoren der Spur $11 geschrieben.

Verwendung eines Assembler-Programms

Diese zweite Methode verlangt, daß man ein Assembler-Programm eintippt, das den VTOC-Vektor auf Spur $23 verschiebt, die notwendigen Änderungen macht und auch Spur $11 mit Nullen füllt. Es macht genau dasselbe, wie manuell mit einem Sektor-Editor gemacht werden muß. Um dieses Programm zu verwenden, muß der folgende „Hexdump“ eingetippt und auf einer Diskette gespeichert werden (nicht auf der zu schützenden):

```
     BSAVE VTOCMOVER,A$300,L$93

VTOC Mover Source Code

B7E8-IOB          .EQ $B7E8      ; INPUT7OUTPUT BLOCK.
B793-RW.PAGES     .EQ $B793      ; ROUTINE TO R/W SEVERAL PAGES.
B7E1-NUM.PAGES    .EQ $B7E1      ; NUMBER OF PAGES TO R/W.
1000-BUFF         .EQ $1000      ; BUFFER ON PAGES $10-S1F.
OOFE-PTR          .EQ $FE        ; TEMPORARY POINTER.

                  .OR $300
                  .TF VTOCMOVER


*           READ TRACK $11

                        RTS              ; TO BE SAFE.
            READ11      LDA #$11         ; READ TRACK
                        STA IOB+4        ; $11.
                        LDA #$01         ; CODE FOR READ.
                        STA IOB+$C       ; STORE IT IN IOB.
                        JSR SETIOB       ; SET UP THE IOB.
                        JSR RW.PAGES     ; GO READ TRACK $11.
                        LDA BUFF+1       ; MAKE SURE THAT
                        CMP #$11         ; VTOC WAS ON
                        BNE DONE         ; TRACK $11.
                        LDA BUFF+1       ; MAKE SURE THAT
                        CMP #$11         ; VTOC WAS ON
                        BNE DONE         ; TRACK $11.

*           FIX THE DIRECTORY LINKS

            FIXPTRS     LDA #BUFF        ; FIX THE
                        STA PTR          ; LINKS
                        LDA/BUFF+$F00    ; IN THE
                        STA PTR+1        ; DIRECTORY
                        LDX #$0E         ; SECTORS
                        LDY #$01         ; SO THAT
                        LDA #$23         ; THEY ARE
             1          STA (PTR), Y     ; CORRECT.
                        DEC PTR+1
                        DEX
                        BNE.1            ; DONE?
                        LDA #$24         ; FIX # OF
                        STA BUFF+$34     ; TRACKS.
                        LDA #$FF         ; FREE UP
                        STA BUFF+$7C     ; TRACK $11
                        STA BUFF+$7D     ; IN VTOC.
                        LDA #$23         ; FIX CATALOG
                        STA BUFF+$01     ; POINTER.

*           WRITE TRACK $23

            WRITE23     LDA #$02         ; CODE FOR WRITE.
                        STA IOB+$C       ; STORE IT IN IOB.
                        LDA #$23         ; WRITE TRACK
```

```
            STA IOB+$4       ; $23.
            JSR SETIOB       ; SET UP THE IOB.
            JSR RW.PAGES     ; GO WRITE TRACK $23.

*    ZERO OUT TRACK $ 11

ZERO11      LDA /BUFF+$F00   ; FILL THE
            STA PTR+1        ; R/W BUFFER
            LDA #BUFF        ; WITH 00'S
            STA PTR          ; BEFORE
            LDX #$10         ; WRITING IT
            TAY              ; TO TRACK
.1          STA (PTR),Y      ; $11.
            INY
            BNE .1
            DCR PTR+1
            DEX
            BNE .1

*    WRITE TRACK $11

WRITE11     LDA #$02         ; CODE FOR WRITE
            STA IOB+$C       ; STORE IT IN IOB
            LDA #$11         ; WRITE TO
            STA IOB+4        ; TRACK $11
            JSR SETIOB       ; SET UP THE IOB.
            JSR RW.PAGES     ; GO WRITE IT
            LDA #$00         ; FIX THIS
            STA $48          ; LOCATION
DONE        RTS              ; ALL DONE

*    SET UP IOB PARAMETERS

SETIOB      LDA #$00         ; READ/WRITE
            STA IOB+3        ; ANY VOL#
            LDA #$F          ; START AT
            STA IOB+5        ; SECTOR $F
            LDA #BUFF        ; LOWBYTE
            STA IOB+8        ; OF R/W BUFFER
            LDA /BUFF+$F00   ; TOP PAGE
            STA IOB+9        ; OF BUFFER
            LDA #$10         ; READ/WRITE
            STA NUM.PAGES    ; 16 PAGES
            RTS
```

Dieses einfache Programm setzt die notwendigen Werte im *IOB (Input Output Block)* und verwendet eine Routine des RWTS auf $B793, um zu lesen oder zu schreiben. Die erste Instruktion ist eine *RTS*-Anweisung ($60), die verhindert, daß das Programm irgend etwas macht, wenn es mit *BRUN* aufgerufen wird. Das Programm überprüft, ob der *VTOC-Vektor* nicht schon verschoben wurde, um so zu verhindern, daß das Programm zweimal auf eine Diskette angewendet wird, denn dies würde bewirken, daß diese Diskette keinen Katalog mehr besitzen würde.

Zuerst muß das Programm **VTOCMOVER** mit der Anweisung BLOAD VTOCMOVER geladen werden. Dann muß die zu schützende Diskette eingelegt und danach CALL 769 (oder 301G vom Monitor aus) eingetippt werden. Das Diskettenlaufwerk beginnt daraufhin kurz zu arbeiten. Wenn man nun die Diskette zu katalogisieren versucht, bekommt man die Fehlermeldung **DISK VOLUME 254**. Um den Katalog zu sehen muß ein POKE 21503, 35 (AC01:23 vom Monitor aus) vor dem CATALOG-Kommando durchgeführt werden. Mit einem POKE 21503, 17 kann wieder der normale Zustand hergestellt, und Disketten mit dem VTOC-Vektor am üblichen Platz können nun wieder katalogisiert werden.

Wenn man eine derart geschützte Diskette lädt, arbeitet sie wie eine normale DOS 3.3 Diskette. Wenn jemand mit einem Kopierprogramm, das die gesamte Diskette kopiert (z. B. COPYA), diese Diskette kopiert, erscheint „beim Hochfahren" oder Katalogisieren nur die Fehlermeldung **FILE NOT FOUND** oder **DISK VOLUME 254**. Beim Versuch, die Diskette zu katalogisieren, erscheint die Meldung **NO FILES**. Dies passiert deshalb, weil das standardmäßige Diskettenbetriebssystem den VTOC-Vektor auf Spur $11 sucht. Auch wenn jemand die Diskette mit einem Nibble-Kopierer kopiert und dabei nicht angibt, daß auch Spur $23 kopiert werden muß, funktioniert diese Diskette nicht ordnungsgemäß.

11.5 Hardware-Sicherheitseinheit

In diesem Abschnitt soll die Verwendung der Hardware-Sicherheitseinheit zum Schutz eines Programmes beschrieben werden. Zum besseren Verständnis wird der Aufbau des Schutzes in vier Entwicklungsstufen angegeben. Die meiste Arbeit, die Transformation des Programms, kann automatisch gemacht werden. Die Arbeit der Sicherheitseinheit wird durch die Funktion **UNIT** ausgeführt. Nur eine kurze binäre Sequenz und ein kleiner Shiftparameter werden verwendet, um das Prinzip zu demonstrieren. Die Initialisierung der Sicherheitseinheit, die das „*Public-Key-System*" verwendet, ist nicht aufgezeigt. Das Programm, das hier verwendet wird, ist die Version eines Primzahlengenerators von Jensen und Wirth [Jensen 78].

Programm 1 *(Prime1)* ist eine leicht modifizierte Version des Programmes von Jensen und Wirth [Jensen 78].

Programm 2 *(Prime2)* ist das Programm 1, das in 9 „*gelabelte*" Sektionen zerteilt wurde und eine zusätzliche Variable „*Point*" besitzt. Am Ende jeder Sektion wird der Variablen „*Point*" der Wert zugewiesen, der für das Computed Goto benötigt wird. Zuletzt werden die Sektionen in eine zufällige Reihenfolge gebracht. Zu diesem Zeitpunkt wird der undokumentierte Code unlesbar, aber nicht unkopierbar.

Programm 3 *(Prime3)* besitzt die Funktion *UNIT*, um die Sicherheitseinheit zu simulieren. Ein einfacher Satz von Anweisungen wird in der *UNIT* interpretiert und ausgeführt. Im Hauptprogramm wurden die Variablen, die „*Point*" setzten, durch den Aufruf der *UNIT* ersetzt. In Sektion 8 wurde der Vergleich in die *UNIT* verpflanzt. Die Entscheidung basiert nun auf dem Vergleich eines übergebenen Integerwertes mit einem früher gespeicherten Wert (gespeichert in Sektion 1 oder 2). Die Entscheidungen in Sektion 4 und 6 basieren auf nicht numerischen Kriterien, aber sie können leicht in numerische Form umgewandelt und in *UNIT* ausgeführt werden.

z. B. Sektion 4 kann lesen

```
4:  if next in sieve then temp:= -1
                      else temp:=  1;
    point:= unit(10, temp, 0)
```

etc.

wobei die Anweisung 10 die Retournierung von 1, wenn „value" negativ ist, bzw. 4, wenn „value" positiv ist, bewirkt.

Programm 4 *(Prime4)* hat einen fortlaufenden Schlüssel („*streamcipher*") eingebaut. In der Praxis wird die binäre Decodierschlüsselfolge für das „Public-Key-System" beim Start des Programmes übergeben. Da dieser Teil des Prozesses hier nicht gezeigt wird, wird die Folge der Funktion *UNIT* beim ersten Aufruf übergeben. Die gewählte Folge ist **10010101** binär = 149 dezimal. Die *UNIT* muß einen Initialisierungsaufruf erkennen, bevor sie versucht, die Anweisungen zu decodieren, da der Wert der binären Sequenz zu dieser Zeit noch nicht bekannt ist. Ein spezieller Anweisungswert von **–1** wird für diesen Zweck verwendet. Nach der Initialisierung wird jede Anweisung durch Ausführung eines *XOR* zwischen ihr und dem Bitmuster des Schlüssels decodiert. Um sicherzustellen, daß die gleiche Anweisung nicht immer auf die gleiche Weise verschlüsselt ist, wird das Bit-Muster am Ende jedes Aufrufs nach links oder rechts verschoben (right/left-shift). Jeder Abschnitt hat einen Shiftwert von 0 bis 4. Das Shift am Ende des Schlüsselaufrufs muß das Bit-Muster für den nächsten Aufruf in die richtige Position bringen. In den meisten Fällen ist es möglich, die Größe des Shifts, die zur Übersetzungszeit gebraucht wird, vorauszusagen.

Wenn eine Entscheidung im Schlüssel getroffen werden muß (z. B. Sektion 8), ist das Ergebnis der Funktion zur Laufzeit nicht bekannt, und deshalb ist es nicht möglich, die Position der Bitfolge vorauszubestimmen. Zu diesem Zweck wird eine neue Sektion (Label 3) eingeführt, die den gleichen Shiftwert wie eines der zwei möglichen Ziele erfordert (z. B. Sektion 1). Ihre einzige Funktion ist es die Shiftposition zu der des anderen Zieles zu ändern (z. B. Sektion 6). Um das Programm zu vervollständigen, muß das „Public-Key-System" eingeführt werden. Die Initialisierung verknüpft die Übergabe des öffentlichen Programmschlüssels an die Funktion *UNIT*, die dann den Startwert des fortlaufenden Schlüssels berechnet.

Da der öffentliche Schlüssel der Funktion *UNIT* veröffentlicht ist, kann auch der Startwert durch den Programmierer berechnet werden. Daher kann der Programmierer die *UNIT*-Aufrufe erzeugen. Der Wert des Shift's kann an die Funktion *UNIT* auch in verschlüsselter Form übergeben werden.

In diesem Endstadium ist das undokumentierte Programm *total* unleserlich und kann nur in Verbindung mit der Sicherheitseinheit, für die es hergestellt wurde, verwendet werden.

Zum besseren Verständnis soll die Kontrollanweisung der zweiten While-Schleife (siehe prime1) näher betrachtet werden. Im Programm prime1 sieht man, daß je nach Ergebnis des Vergleichs entweder die Anweisung `sieve:= sieve - [j]` oder die Auswertung der Bedingung `sieve:= []` ausgeführt werden muß. Im Programm entspricht diese Entscheidung der Entscheidung in Sektion 8, nach der entweder (j < = n) Sektion 1 oder (j > n) Sektion 6 angesprungen wird. Sektion 8 wird immer nach Sektion 2 (j:= next - Anweisung) erreicht, indem dort point den Wert 3 erhält. Im Programm prime 3 wird der Vergleich in der Sicherheitseinheit (unit) vorgenommen, der in der vorangegengenen Sektion 2 der Wert von j übergeben worden war *(unit(1,next,0)* speichert in Sektion 2 next ab und gibt 3 an point zurück, damit dann Sektion 8 erreicht werden kann). Je nach dem Ergebnis des Vergleiches wird 3 (Sektion 1) oder 1 (Sektion 6) zurückgegeben.

Im Programm prime4 schließlich werden die Werte, die die Sicherheitseinheit zurückgibt, mit Hilfe eines **„stream-cipher"-Systems** berechnet. Als Decodierschlüssel dient die Zahl 149 (binär 10010101), die in jeder Sektion nach links oder rechts rotiert ist. In Sektion 8 ist dieser Shift-Wert 0, d. h. 000. . .010010101 wird als Schlüssel verwendet. Als codierte Instruktion wird 151 (und nicht mehr 2 wie in prime3) übergeben. Die Sicherheitseinheit (unit) berechnet die Instruktion aus (151 XOR (momentaner Decodierschlüssel = 149)), was 2 ergibt. Somit wird wieder die Vergleichsanweisung ausgeführt, als Ergebnis erhält man wie vorher den Wert 1 oder 3. Der Schlüssel wird allerdings dann noch um 2 rotiert, sodaß die Folgesektion (6 bzw. 1) als Decodierschlüssel die Zahl 596 (=149*4) verwenden.

```
PROGRAM prime1 (output);

CONST n = 70;          (*Die Primzahlen werden bis zu diesem n
                        gesucht*)

TYPE range = 2..n;

VAR sieve,
    primes : SET OF range;
    next   : range;
    j      : INTEGER;

BEGIN
(*Initialisierung*)
     sieve  := [2..n];
     primes := [];
     next   := 2;
     REPEAT (*Finde nächste Primzahl*)
            WHILE NOT (next IN sieve)
               DO next := succ(next);
          primes := primes + [next];
          WRITELN (next : 4);
          j:= next;
          WHILE j<= n DO
               sieve := sieve - [j];
               j:=j+next
          END
     UNTIL sieve = []
END.
```

```
PROGRAM prime2 (output);

LABEL 1,2,3,4,5,6,7,8,9,10;

CONST n = 70;          (*Die Primzahlen werden bis zu diesem n
                        gesucht*)

TYPE range = 2..n;
```

```
VAR point  : 1..5
    sieve,
    primes : SET OF range;
    next   : range;
    j      : INTEGER;

BEGIN
     point:=4;
     CASE point OF 1: GOTO 1; 2: GOTO 9; 3: GOTO 6;
                   4: GOTO 5; 5: GOTO 5 END;
1:   sieve:= sieve - [j];
     j:=j+next;
     point:=3;
     CASE point OF 1: GOTO 4; 2: GOTO 9; 3: GOTO 8;
                   4: GOTO 7; 5: GOTO 2 END;
2:   primes:=primes + [next];
     WRITELN (next:4);
     j:=next;
     point:=3;
     CASE point OF 1: GOTO 4; 2: GOTO 8; 3: GOTO 8;
                   4: GOTO 1; 5: GOTO 10 END;
4:   IF next IN sieve THEN point:= 1
                      ELSE point:= 4;
     CASE point OF 1: GOTO 2; 2: GOTO 7; 3: GOTO 8;
                   4: GOTO 9; 5: GOTO 6 END;
5:   sieve := [2..n];
     primes := [];
     next := 2;
     point:= 2;
     CASE point OF 1: GOTO 10; 2: GOTO 4; 3: GOTO 2;
                   4: GOTO 5;  5: GOTO 1 END;
6:   IF sieve = [] THEN point := 3
                   ELSE point := 4;
     CASE point OF 1: GOTO 10; 2: GOTO 2; 3: GOTO 7;
                   4: GOTO 4;  5: GOTO 8 END;
7:   point := 5;
     CASE point OF 1: GOTO 6; 2: GOTO 9; 3: GOTO 5;
                   4: GOTO 1; 5: GOTO 10 END;
8:   IF j<=n THEN point:=3
             ELSE point:=1;
     CASE point OF 1: GOTO 6; 2: GOTO 5; 3: GOTO 1;
                   4: GOTO 4; 5: GOTO 9 END;
9:   next:= succ(next);
     point:= 5;
     CASE point OF 1: GOTO 2; 2: GOTO 8; 3: GOTO 9;
                   4: GOTO 7; 5: GOTO 4 END;
10:
END.
```

```
PROGRAM prime3 (output);
LABEL 1,2,4,5,6,7,8,9,10;
```

```
CONST n = 70;        (*Die Primzahlen werden bis zu diesem n
                     gesucht*)

TYPE range = 2..n;
     result = 1..5;

VAR point  : result;
    sieve,
    primes : SET OF range;
    next   : range;
    j      : INTEGER;
    (* in Pascal gibt es keine statischen lokalen Variablen. Die
     folgende Variable wird wie eine derartige Variable behandelt,
     da sie nur in der Funktion "UNIT" verwendet wird.*)
    store  : INTEGER;

(*===== Diese Funktion simuliert die Sicherheitseinheit ====*)

Function unit (inst, value, shift : INTEGER) : result;

(* Hier interpretiert die Sicherheitseinheit die Anweisung "inst" und
wendet diese Funktion auf "value" an. "shift" wird hier nicht
verwendet. Mögliche Instruktionen sind: den Wert zu speichern; den
Wert mit einem früher gespeicherten Wert zu vergleichen; und einfache
Retournierung eines Wertes. *)

CONST     save    = 1;
          compare = 2;
          return  = 3;

BEGIN
    CASE inst OF
         save:      BEGIN store := value;
                          unit  := 3
                    END;
         compare:   IF store <= value THEN unit:=3
                                      ELSE unit:=1;
         return:    unit:= (value mod 5) + 1;
         4:         unit:= 5;
         5:         unit:= 3;
         6:         unit:= 1;
         7:         unit:= 4;
         8:         unit:= 2
     END
END;  (*von Funktion UNIT*)


(*=====================================================*)


BEGIN (*Hauptprogramm*)

    point := unit (3,8,0);
    CASE point OF 1: GOTO 1; 2: GOTO 9; 3: GOTO 6;
                  4: GOTO 5; 5: GOTO 5 END;

1:   sieve := sieve - [j];
     j := j + next;
     point := unit (1,j,0);
     CASE point OF 1: GOTO 4; 2: GOTO 9; 3: GOTO 8;
                   4: GOTO 7; 5: GOTO 2 END;
```

```
2:    primes := primes + [next];
      WRITELN (next:4);
      j := next;
      point := unit (1,next,0);
      CASE point OF 1: GOTO 4; 2: GOTO 8; 3: GOTO 8;
                    4: GOTO 1; 5: GOTO 10 END;

4:    IF next IN sieve THEN point := unit (6,next,0)
                        ELSE point := unit (7,n,0);
      CASE point OF 1: GOTO 2; 2: GOTO 7; 3: GOTO 8;
                    4: GOTO 9; 5: GOTO 6 END;

5:    sieve := [2..n];
      primes := [];
      next := 2;
      point := unit (8,next,0);
      CASE point OF 1: GOTO 10; 2: GOTO 4; 3: GOTO 2;
                    4: GOTO 5; 5: GOTO 1 END;

6:    IF sieve = [] THEN point := unit (5,j,0)
                    ELSE point := unit (3,3,0);
      CASE point OF 1: GOTO 10; 2: GOTO 2; 3: GOTO 7;
                    4: GOTO  4; 5: GOTO 8 END;

7:    point := unit (3,14,0);
      CASE point OF 1: GOTO 6; 2: GOTO 9; 3: GOTO 5;
                    4: GOTO 1; 5: GOTO 10 END;

8:    point := unit (2,n,0);
      CASE point OF 1: GOTO 6; 2: GOTO 5; 3: GOTO 1;
                    4: GOTO 4; 5: GOTO 9 END;

9:    next := succ (next);
      point := unit (4,next,0);
      CASE point OF 1: GOTO 2; 2: GOTO 8; 3: GOTO 9;
                    4: GOTO 7; 5: GOTO 4 END;

10:

END.
```

```
PROGRAM prime4 (output);

LABEL 1,2,3,4,5,6,7,8,9,10;

CONST n = 70;         (*Die Primzahlen werden bis zu diesem n
                        gesucht*)

TYPE range = 2..n;
     result = 1..5;

VAR point  : result;
    sieve,
    primes : SET OF range;
    next   : range;
    j      : INTEGER;
    store,
    cypher : INTEGER;

(*==========================================================*)
```

```
Function xor (a,b : INTEGER) : INTEGER; EXTERN;
(*xor  ist eine EXTERNE Funktion,  die das  Exclusiv-Oder
von a und b liefert*)
(*=========================================================*)
Function rotate (a,n : INTEGER):INTEGER; EXTERN;
(*rotate liefert den Wert von a zurück, nachdem dieser um n Stellen
rotiert wurde. Die Wortlänge ist 36 Bit, daher ist eine Rotation von 34
äquivalent zu einer Verschiebung (Shift) von -2*)
(*=========================================================*)
(*====Diese Funktion simuliert die Sicherheitseinheit ====*)
Function unit (inst, value, shift : INTEGER) : result;
(*Hier entschlüsselt die Sicherheitseinheit die Anweisung "inst",
interpretiert sie, und wendet diese Funktion auf "value" an. Der Wert
von "cypher" wird um "shift" Stellen verschoben (geshiftet). Mögliche
Instruktionen sind: den Wert zu speichern; den Wert mit einem früher
gespeicherten Wert zu vergleichen; und einfache Retournierung eines
Wertes.*)
CONST     save    = 1;
          compare = 2;
          return  = 3;
BEGIN
     IF inst = -1 THEN BEGIN
                        cypher := value;
                        unit   := 4
                        END
                   ELSE
                   BEGIN
                     CASE xor (inst, cypher) of
                          save: BEGIN store := value;
                                      unit := 3
                                END;
                          compare: IF store <= value THEN
                                                        unit:=3
                                                        ELSE
                                                        unit:=1;
                          return: unit := (value mod 5) +1;
                          4:      unit := 5;
                          5:      unit := 3;
                          6:      unit := 1;
                          7:      unit := 4;
                          8:      unit := 2
                      END
                   END;
                   cypher := rotate (cypher, shift)
END; (* von Funktion unit *)
(*=========================================================*)
BEGIN (* Hauptprogramm *)
     point := unit (-1,149,3); (* zum Initialisieren außer-
                                  ordentlicher Wert von -1*)
     CASE point OF 1: GOTO 1; 2: GOTO 9; 3: GOTO 6;
                   4: GOTO 5; 5: GOTO 5 END;
```

```
1:    sieve := sieve - [j];                 (* Shift Position = 2*)
      j := j + next;
      point := unit (597,j,34);
      CASE point OF 1: GOTO 4; 2: GOTO 9; 3: GOTO 8;
                    4: GOTO 7; 5: GOTO 2 END;
2:    primes := primes + [next];           (* Shift Position = 4*)
      WRITELN (next:4);
      j := next;
      point := unit (2385,next,32);
      CASE point OF 1: GOTO 4; 2: GOTO 8; 3: GOTO 8;
                    4: GOTO 1; 5: GOTO 10 END;
3:    point := unit (302,19,1),            (* Shift Position = 1*)
      CASE point OF 1: GOTO 1; 2: GOTO 7; 3: GOTO 8;
                    4: GOTO 2; 5: GOTO 6 END;
4:    IF next IN sieve THEN point := unit (300,next,3)
                       ELSE point := unit (301,n,2);
                                           (* Shift Position = 1*)
      CASE point OF 1: GOTO 2; 2: GOTO 7; 3: GOTO 8;
                    4: GOTO 9; 5: GOTO 6 END;
5:    sieve := [2..n];                     (* Shift Position = 3*)
      primes := [];
      next := 2;
      point := unit (1184,next,34);
      CASE point OF 1: GOTO 10; 2: GOTO 4; 3: GOTO 2;
                    4: GOTO 5; 5: GOTO 1 END;
6:    IF sieve = [] THEN point := unit (297,j,36)
                    ELSE point := unit (302,3,0);
                                           (* Shift Position = 1*)
      CASE point OF 1: GOTO 10; 2: GOTO 2; 3: GOTO 7;
                    4: GOTO  4; 5: GOTO 8 END;
7:    point := unit (297,14,2);            (* Shift Position = 1*)
      CASE point OF 1: GOTO 6; 2: GOTO 9; 3: GOTO 5;
                    4: GOTO 1; 5: GOTO 10 END;
8:    point := unit (151,n,2);             (* Shift Position = 0*)
      CASE point OF 1: GOTO 6; 2: GOTO 5; 3: GOTO 1;
                    4: GOTO 4; 5: GOTO 9 END;
9:    next := succ (next);                 (* Shift Position = 3*)
      point := unit (1196,next,34);
      CASE point OF 1: GOTO 2; 2: GOTO 8; 3: GOTO 9;
                    4: GOTO 7; 5: GOTO 4 END;
10:
END.
```

11.6 Software für Rechnerboards

In den Kapiteln 5, 7, 8 und 9 wurde gezeigt, wie eine Software durch oder in einer Hardware geschützt werden kann. Da in den letzten Jahren im Personalcomputerbereich der Markt an speziellen Boards rasant zugenommen hat, ist auch der Schutz von Software durch Zuordnung dieser an ein Board interessanter geworden.

Wenn auf einem Rechnerboard nur eine bestimmte Software ablauffähig ist und das Board nur inklusive Software am Markt angeboten wird, ist ein Software-Schutz meist nicht erforderlich. Nur wenn der Kostenanteil der Software weit über dem der Hardware liegt, wird ein „Nachbau“ der Hardware für einen Software-Dieb wirtschaftlich und damit ein sicherer Software-Schutz sinnvoll. Wenn für ein Board verschiedene Softwareprodukte bzw. die Software vom Board getrennt angeboten werden, ist ein wirkungsvoller Software-Schutz grundsätzlich empfehlenswert.

Zum Beispiel ist es heute bei Personalcomputern üblich, daß zur *Emulation von synchronen Terminals* (z. B. IBM 3278/79, BULL DKU 7105/7107) spezielle Schnittstellen-Boards verwendet werden, auf denen auch die Emulationssoftware abläuft. Die dabei verwendete Software ist nur auf diesen Boards ablauffähig und damit eine direkte Zuordnung der Software an die Hardware möglich. Der Software-Schutz am Board kann z. B. durch eine interne Boardnummer (siehe Kapitel 5.1.2) oder durch Verwendung eines speziellen Bausteins (Execute-only ROM etc., siehe Kapitel 5.1.2 oder Einchip-Mikrocomputer, siehe Kapitel 11.7) realisiert werden.

11.7 Einchip-Mikrocomputer

Als Beispiel für einen Einchip-Mikrocomputer wird der Motorola-Chip **MC68705P5** vorgestellt [Kompass]. Er ist ein *EPROM-Einchip-Mikrocomputer* mit einer 8-Bit Architektur, 112 Bytes RAM und 1804 Bytes User-EPROM. Der MC68705P5 ist pinkompatibel zum MC68705P3 mit einem Unterschied im *MOR-Register* (Mask-Option-Register), das im EPROM-Bereich liegt. Im „Ausgangszustand“ erlaubt der Prozessor ein Umschalten in den Non-User-Mode, bei dem die im EPROM gespeicherten Programme über Port A ausgelesen werden können.

Wenn ein spezielles Bit des MOR-Registers (Security Bit B3) gesetzt ist, können die im EPROM gespeicherten Programme nicht mehr ausgelesen werden. Eine interne Verriegelungsschaltung (Inhibit Latch) verhindert dann das Umschalten des Prozessors in den Non-User-Mode. Da das Security-Bit im EPROM-Bereich liegt, kann dieses Bit nur mehr zurückgesetzt werden, wenn das gesamte EPROM und damit auch die gespeicherten Programme über eine entsprechende Lichtquelle gelöscht werden. Nach dieser EPROM-Löschung ist es wieder möglich auf den NON-User-Mode umzuschalten.

Adresse	Inhalt
000–127	I/O Ports Timer and RAM (128 Bytes)
128–255	Page Zero User EPROM (128 Bytes)
256–1923	Main User EPROM (1668 Bytes)
1924	Mask Option Reg
1925–2039	Bootstrap ROM (115 Bytes)
2040–2041	Timer Interrupt
2042–2043	External Interrupt
2044–2045	SWI
2046–2047	RESET

Abb. 24. Speicherkonfiguration des MC 68705P5 (Quelle: Motorola Datenblatt)

11.8 Paßwortverschlüsselung

Die übliche Paßworttechnik verwendet eine verborgene Paßworttabelle, die sich in einer Datei befindet, die nur durch das Benutzungskontrollprogramm, aber nicht von einem Benutzer gelesen werden kann. Die Paßworttabelle assoziert jeden Benutzer mit einem Paßwort. Der Erfolg dieser Technik hängt von der **Geheimhaltung** der Paßworttabelle ab. Der Entwurf des Betriebssystems muß es ermöglichen, daß kein Benutzer, außer dem Systemverwalter, auf diese Datei zugreifen kann. Das bedeutet aber, daß bei Systemen (Software), die keinen Schutz gegen unautorisiertes Lesen von Dateien bieten, diese Paßworttechnik **nicht verwendet** werden kann.

Eine Änderung, die diesen Nachteil vermeidet, ist die Paßwortverschlüsselung. Dabei geht man davon aus, daß ein Eindringling die üblicherweise verwendete (rechner-interne) Paßworttabelle zur Assoziation eines Benutzers mit einem Paßwort kennt. Das vom Benutzer eingegebene Paßwort wird mit einer **Funktion H** verschlüsselt und dieses Ergebnis mit einer Eintragung in der Paßworttabelle verglichen. Auch die Funktion H kann dem Eindringling bekannt sein. Da jedoch eine sehr schwer zu invertierende Funktion benutzt wird, nützt ihm diese Kenntnis nichts. Er ist nicht in der Lage, aus dem Wissen des Paßwortes der Tabelle und der Funktion H auf das unverschlüsselte Paßwort zu schließen.

Wie bei den üblichen Paßwortsystemen gibt auch bei Verwendung der Paßwortverschlüsselung der Benutzer zuerst seinen Namen und dann ein Paßwort P ein. Das Kontrollprogramm berechnet den Wert einer Funktion H an der Stelle P und vergleicht dieses Ergebnis mit der zum Benutzernamen korrespondierenden Eintragung E. Wenn $E = H(P)$, wird der Benutzer als gültig akzeptiert, aus der Annahme heraus, daß nur er den Wert für P kennt der das tabellierte E ergibt. Da davon ausgegengen wird, daß ein Eindringling die Funktion H und die Paßworttabelle kennt, muß die Funktion H sehr schwer zu invertieren sein. Es wird nun in Anlehnung an A. Evans und W. Kantrowitz [aus Evans 74] eine Funktion vorgestellt, die für so ein System als passend erscheint. Bei dieser Funktion bestimmt das Paßwort P, welche Funktion F_P aus einer großen Familie von Funktionen ausgewählt wird. Daraus ergibt sich der tabellierte Wert in der Paßworttabelle $F_P(P)$. Die Berechnung von H erfolgt in J Zyklen (Schleifen), wobei jeder einen Wert der Paßworteingabe in einen neuen Wert (aus dem Definitionsbereich der Paßworteingabe) umrechnet. Der erste Zyklus startet mit dem Originalpaßwort P und jeder folgende startet mit dem berechneten Wert des vorhergehenden. Der letzte Zyklus erzeugt den Wert, der mit der Eintragung E verglichen wird. Jeder Zyklus wird durch verschiedene Werte parametrisiert, sodaß jeder Zyklus rechnerisch unterschiedlich ist. Die Funktion einer Schleife wird F_x genannt, wobei x der Parameter der Funktion ist. Der erste Zyklus wird durch P selbst parametrisiert und die Parameter für jeden folgenden werden durch die Anwendung der Funktion „NEXTx" aus dem Parameter des vorhergehenden berechnet. Jede Schleife besteht aus der aufeinanderfolgenden Anwendung von K Mischfunktionen f_k, wobei jede den momentanen Wert durch einen neuen ersetzt. Jede Mischfunktion wird m-mal wiederholt, wobei m eine Funktion von (dem momentanen) x und von P ist. Es ist von Vorteil wenn alle Berechnungen in der Darstellung von n-Bit Werten ausgeführt werden.

Für das Beispiel wird folgende Terminologie verwendet:

n ... Anzahl der Bits des Paßwortes und die verschiedenen davon abgeleiteten Werte
I ... Definitionsbereich aller n-Bit-Mengen
P ... Das eingegebene Paßwort aus der Menge der n-Bit-Worte
H ... Die Gesamtfunktion, die durch ein gegebenes P bestimmt ist
J ... Die Anzahl der Zyklen
F_x... Die Funktion einer einzelnen Schleife, parametrisiert durch x
x ... Parameter
K ... Die Anzahl der verschiedenen Mischfunktionen f_k
q_k... Funktionen, die Werte aus IxI auf ganzzahlige Werte abbilden. Diese werden auf P und den momentanen Wert von x angewendet, um die Anzahl der Iterationen der momentan verwendeten Funktion f_k zu bestimmen.
f_k... Die Mischfunktion. Jede Funktion f_k mischt einen Wert aus I und liefert einen neuen Wert daraus. Die Menge der zurückgelieferten Werte jeder Funktion f_k enthält alle möglichen Werte aus I.
V ... Der Wert, der gemischt wird. Jede Anwendung von f_k ersetzt V durch einen neuen Wert.
m ... Die Anzahl der Anwendungen von f_k.
k ... Ein Zähler von 1 bis K, um die Mischfunktionen zu numerieren.
NEXTx ... Eine Funktion, die aus einem Wert des Parameters x den nächsten Wert liefert.

Es soll nun erklärt werden, warum es für einen Eindringling sehr schwer ist, dieses System zu knacken. Nehmen wir an, daß die Tabelleneintragung E ist, daß die letzte benützte Funktion (die letzte f_k) g ist, daß der Wert, auf welchen g ursprünglich angewendet wurde, Q ist und daß g m-mal ausgeführt wurde ($E = g^m(Q)$). Es wird angenommen, daß der Eindringling E kennt und alles über g weiß, auch die inverse Funktion g^{-1}. Aber das hilft ihm nicht viel, solange er m nicht kennt. Weiters hängt m vom Originalpaßwort ab und bietet keinen sichtbaren Zusammenhang weder zu Q noch zu E. Daher ist die wiederholte Anwendung von g^{-1} auf E und das Beobachten der aufeinanderfolgenden Ergebnisse keine Hilfe. Er kann nicht erkennen, wenn er Q erreicht. Es gibt keine verfügbaren Stützen bei der Rückwärtsverfolgung von E auf das originale Paßwort P.

Der mathematische Beweis, daß es sich hier um ein wirklich sehr schwer zu invertierendes System handelt, wird nicht durchgeführt. Aus dem Aufbau dieses Systems mit Verweis auf [Feistel 73], [Feistel 70] und [Shannon 49] kann jedoch darauf gebaut werden, daß es sich

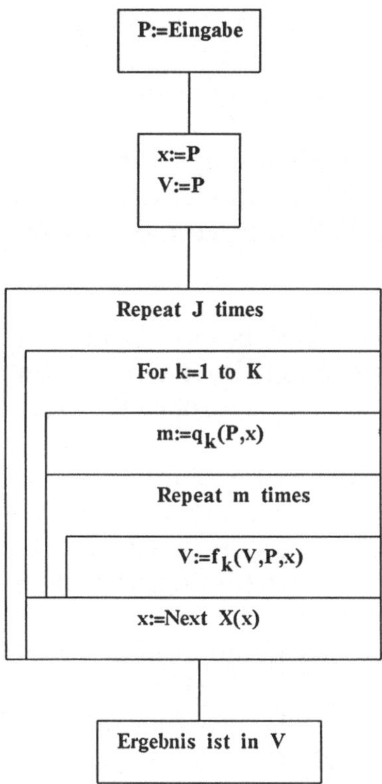

Abb. 25. Paßwortverschlüsselung, komplette Transformation (Quelle: CACM, Vol. 17, No. 8, pp. 439)

hier um ein sehr schwer zu invertierendes System handelt. Eine Voraussetzung ist, daß wenigstens ein paar der gewählten Mischfunktionen f_k nichtlineare Funktionen sind, d. h. daß jedes Bit der Ausgabe eine nichtlineare Funktion der Bits der Eingabe darstellt. Ein wichtiger Schritt des Systems ist also die Auswahl der Mischfunktionen f_k. Das sind Funktionen, bei denen jedes Bit der Ausgabe von jedem Bit der Eingabe abhängt. In [Shannon 49] wird gezeigt, daß der Aufbau von Mischfunktionen für die Verschlüsselung sehr wichtig sind. Daher ist es ein wichtiges Entwurfskriterium von H, daß sie eine gute Mischfunktion darstellt. Eine Möglichkeit, wie dieser Effekt erzielt werden kann, ist die Verwendung jedes Bits von P in wenigstens einer der Funktionen zur Berechnung von m.

Unter der Berücksichtigung, daß der Definitionsbereich I aus n-Bit-Worten besteht, wird $A=(a_1,a_2,...,a_n)$ auf $B=(b_1,b_2,...,b_n)$ abgebildet.

Möglichkeiten der Funktion f_k:

1. Jede Art von *Permutation* von A

2. Mischung einer n-Bit Menge. Eine n-Bit Menge Q wird von P und/oder x abgeleitet und anschließend die Binärsumme der korrespondierenden Bits von A und Q ohne Übertrag gebildet.

3. Addition von Bytes, d. h. eine Konstante (eventuell aus P berechnet) wird zu jedem Byte von A ohne Übertrag summiert. Für jedes Byte wird eine andere Konstante verwendet.

4. Versammlung. Mit Hilfe einiger „passenden" Maschinenanweisungen, die in Abhängigkeit von P und/oder x aus einem „*pool*" ausgewählt werden, wird ein Wert Q berechnet. B ergibt sich dann aus der Binärsumme von A und Q.

Bei H soll es sich um eine eindeutige Abbildung handeln. Sonst kann es passieren, daß bei verschiedenen Paßwörtern C und D die Abbildung H(C) gleich H(D) ist. Das würde die Arbeit eines Eindringlings, der alle möglichen Paßwörter durchprobieren will, erleichtern. Die Schwierigkeit, die bei dem hier vorgestellten System auftritt, ist die Frage, ob durch verschiedene Paßwörter P und Q nicht $F_P(P)$ gleich $F_Q(Q)$ ist. Das konnte für dieses System nicht geklärt werden, wird aber auch als nicht relevant betrachtet.

Da sich kein Benutzer als Paßwort eine lange Bitfolge merken will, muß es zusätzlich ein Programm geben, das eine Zeichenkette in eine bestimmte Bitfolge umsetzt. Der Entwurf eines solchen Programmes ist jedoch unproblematisch.

Es darf auch nicht vergessen werden, daß eine Möglichkeit vorgesehen werden muß, um die Eintragung in der Paßworttabelle in Sonderfällen zu ändern. So ein Fall tritt ein, wenn ein Benutzer sein Paßwort vergißt, da es ja aus der Eintragung in der Paßworttabelle nicht rekonstruiert werden kann.

Anhang

1. Chipkarte

Die Chipkarte (oder auch Smart-Card, chip-in-card, carte memoire genannt) ist eine Plastikkarte mit der Größe einer herkömmlichen Scheckkarte (85.6mm x 54mm x 0.76mm). In die Plastikkarte eingebettet ist ein Mikroprozessor, ein Speicher und eine Systemschnittstelle. Im Gegensatz zu allen anderen bekannten Kartenmedien, wie Magnetstreifenkarte, Laserkarte etc., die passive Datenträger sind, ist die Chipkarte ein aktives Medium.

Der Schutz der Kartendaten vor Verfälschung und unberechtigten Lesen und Schreiben wird bei der Chipkarte von der Karte selbst durchgeführt und ist nach dem heutigen Stand der Technik bei Einchipkarten (siehe unten) praktisch „absolut" sicher. Weiters ermöglicht die Chipkarte eine verschlüsselte Kommunikation nach außen.

Die Konzeption der Chipkarte ermöglicht einen vielfältigen Einsatz. Sie ist verwendbar als Debitkarte (Telefonautomat, Fahrkartenautomat, Spielautomat etc.), als Kreditkarte, als Bildschirmtextkarte (elektronisches Telefonbuch, Home-banking, Teleshopping, Bezahlung gebührenpflichtiger Dienste etc.), für das Kabel- und Satellitenfernsehen (Zugriffskontrolle, Bezahlung gebührenpflichtiger Dienste etc.), als Zutrittskontrolle (zu Tresoren, Räumen, Gebäuden etc.),

Abb. 26. Vorderansicht einer Chipkarte

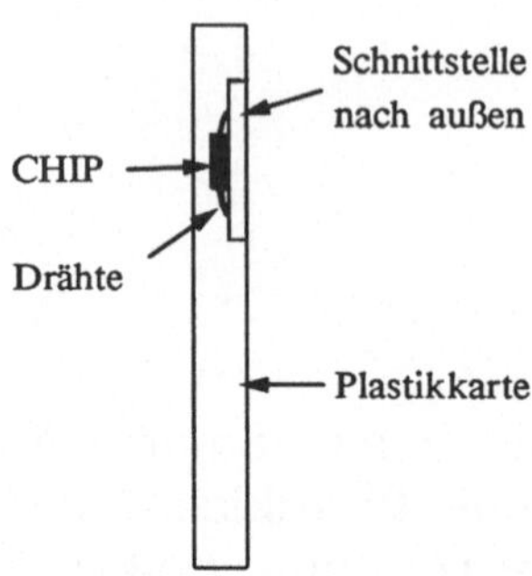

Abb. 27. Schnitt durch eine Chipkarte

zur Gleitzeiterfassung, zur Benutzungsberechtigung (von Terminals, Rechnern, Software, Steuerungen, Geräten, Fahrzeugen etc.), zur Datenverschlüsselung, als Zugriffskontrolle zu Datenbanken, zur Identifikation des Benutzers (in Netzwerken, Rechnern etc.) und als tragbare Datenbank (Ausweis, Gesundheitspaß, Studienbuch, Garantiekarte, Abonnentenkarte, Mitgliedskarte etc.). Üblicherweise wird ein und dieselbe Chipkarte für mehrere Anwendungen eingesetzt.

Die Chipkarte besitzt verschiedene Sicherheitsmechanismen:

- Jedes Datenwort kann vor Veränderung während der gesamten Lebensdauer der Karte geschützt werden.
- Der Speicher ist in verschiedene Sicherheitsbereiche (vertraulicher, geheimer, freier etc.) unterteilt.
- Der Zugriff zu Speicherbereichen kann von verschiedenen PIN-Codes abhängig sein.
- Die Kommunikation nach außen (zwischen Chipkarte und externen Geräten) kann in verschlüsselter Form erfolgen.
- Interne Rechenfunktionen der Karte sind „fest programmiert“ und daher nicht manipulierbar.
- Die Chipkarte enthält ein Selbstsperrsystem (n-mal falsch eingegebener Code, Überziehung der Gültigkeit (Zeit, Anzahl der Benutzungen), Unter- oder Obergrenzen (Kredit, vorausbezahlter Wert etc.).
- Transaktionen können chronologisch gespeichert werden (nachträglich nicht veränderbar).

- Eine Totallöschung der löschbaren Speicherbereiche von außen (z. B. EPROM) führt zu einer Selbstzerstörung der Karte, da der Mikroprozessor ständig Prüfbits überprüft, die bei der Kartenerzeugung von außen nicht auslesbar gesetzt werden. Bei einer Totallöschung werden diese Bits mitgelöscht.

Elemente der Chipkarte

Die Chipkarte besteht mindestens aus:

- Der Plastikkarte mit der Kartenaufschrift (zusätzlich sind Fotos, Magnetstreifen für Übergangslösungen etc. möglich)
- einen Mikroprozessor
- einem Speicher
- einer Systemschnittstelle (Schnittstelle nach außen)

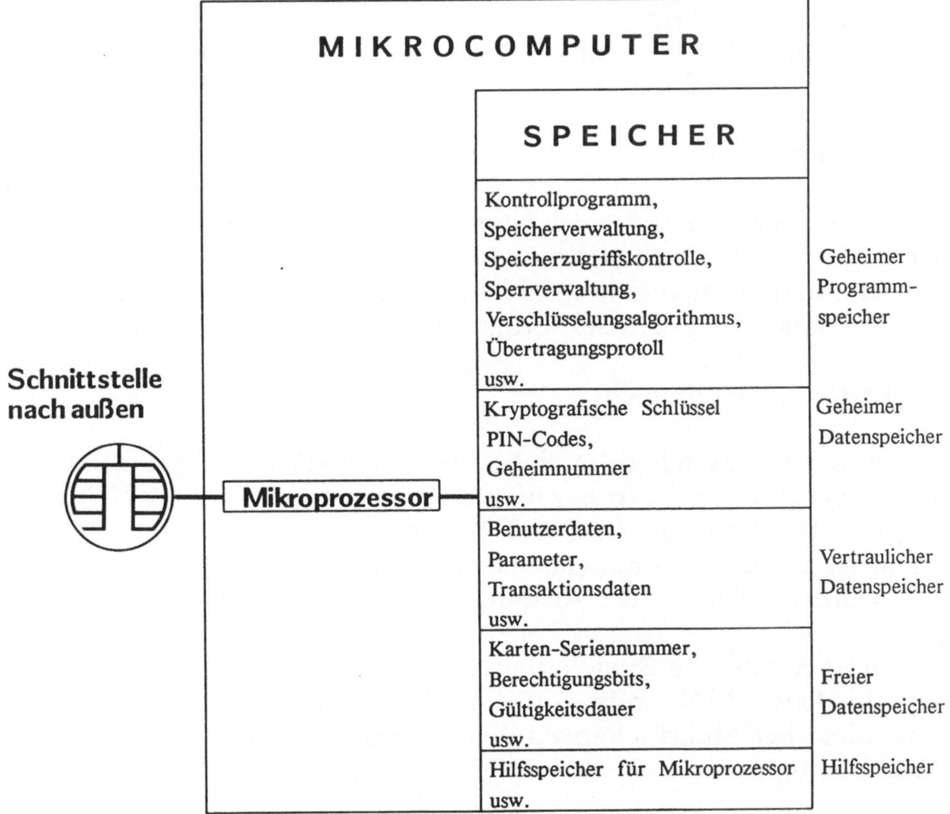

Abb. 28. Architektur einer Chipkarte

Mikroprozessor

Er kontrolliert und verwaltet die Speicherzugriffe, steuert und überprüft die Kommunikation mit dem Kartenleser, verschlüsselt und entschlüsselt Daten etc. Eine wichtige Aufgabe des Mikroprozessors ist die Kontrolle von Zugriffsrechten auf den Speicher. Er sichert die Rechtmäßigkeit der vorgenommenen Abläufe und Transaktionen, indem er die Befugnis des Karteninhabers feststellt und Daten und Programme, die für Abläufe oder Transaktionen benötigt werden, gegen willkürliche oder unbeabsichtigte Veränderungen schützt.

Speicher (siehe Abb. 28)

Der gesamte Speicherbereich wird, abhängig von den Anforderungen der Anwendung, in mindestens drei Bereiche unterteilt:

- geheimer Bereich
- vertraulicher Bereich
- freier Zugriffsbereich

Geheimer Bereich:

Auf den geheimen Bereich kann nur der Mikroprozessor zugreifen. Über die Systemschnittstelle ist **kein Zugriff** möglich. Der geheime Bereich enthält (anwendungsabhängig) unter anderem: PIN-Codes, kryptographische Schlüssel, Programme des Mikroprozessors etc.

Vertraulicher Bereich:

In den vertraulichen Bereich werden alle vertraulichen Daten geschrieben. *Ein Zugriff ist nur über einen Zugriffsschlüssel (PIN-Code) möglich.* Der vertrauliche Bereich enthält je nach Anwendung: die Identität des Karteninhabers, verschiedene Parameter und vor allem den Datenbereich für die Anwendungen (Transaktionsbereich).

Der vertrauliche Speicherbereich kann in weitere Bereiche mit verschiedenen PIN-Codes zur Zugriffskontrolle unterteilt werden. Vor allem bei Mehrfachanwendungen der Karte ist diese Unterteilung wichtig.

Freier Zugriffsbereich:

Die Daten in diesem Bereich sind frei zugänglich. In diesen Bereich schreibt der Mikroprozessor auch alle Fehler, die durch falsche Zugriffsschlüsselangaben entstehen. Nach einer vorgegebenen Anzahl von Fehlern (z. B. drei aufeinanderfolgende falsche PIN-Code-Eingaben) sperrt der Mikroprozessor die Karte, indem kein Zugriff mehr auf die Karte möglich ist.

Systemschnittstelle:

Die Systemschnittstelle (Schnittstelle nach außen zum Kartenleser) enthält acht Kontakte. Von diesen werden sechs belegt.

Bei den heute üblichen Chipkarten handelt es sich um Einchipkarten. Bei diesen ist der Mikroprozessor und Speicher in einem einzigen Chip integriert (siehe Abb. 27 und 28). Diese Lösung garantiert eine maximale Sicherheit bei geringsten Kosten.

Sicherheit der Chipkarte (Einchipkarte)

Die Chipkarte garantiert eine praktisch „absolute" Sicherheit aufgrund folgender Eigenschaften:

- Ein Zugriff zum Speicher ist nur über den Mikroprozessor möglich.
- Es ist nicht möglich, gesperrte Daten zu ändern.
- Der geheime Bereich kann von außen nicht gelesen werden (nur der Mikroprozessor hat einen Zugriff auf diesen Bereich).
- Es besteht keine Möglichkeit, die Programme des Mikroprozessors nachträglich zu ändern.
- Ohne Eingabe eines richtigen PIN-Codes ist kein Zugriff auf den vertraulichen Speicherbereich möglich.
- Der Inhalt einer Chipkarte kann nicht dupliziert werden.
- Die Karte sperrt sich selbst nach vorgegebenen Kriterien, wie n-maliger Zugriffsversuch auf vertrauliche Bereiche durch falsche PIN-Codes, Überschreitung der maximal erlaubten Zugriffe etc.

- Eine Simulation einer Chipkarte ist „praktisch“ nicht möglich, da der Informationsaustausch zwischen der Chipkarte und dem externen Gerät (evtentuell wieder eine Chipkarte) in einer unvorhersehbaren und nicht reproduzierbaren Form gestaltet werden kann. Dabei werden Verschlüsselungsverfahren in Verbindung mit Zufallszahlen verwendet.

- Ein Auslesen von geheimen Kartendaten durch Ausschaltung des Mikroprozessors ist nur durch eine Analyse des Chips denkbar. Theoretisch ist dies heute mit einem enormen technischen und finanziellen Aufwand möglich. Dazu sind Personen mit einem hohen technischen Wissen und ein Elektronenmikroskop (Wert mindestens zwei Millionen DM) erforderlich. Diese Technik erlaubt aber nur ein ROM optisch zu untersuchen. Ein EPROM bzw. EEPROM kann optisch **nicht** analysiert werden. Bei der Abtastung des Ladungspotentials durch einen Elektronenstrahl wird dieses verändert und damit sind die Kartendaten auch durch diese Technik nach dem heutigen Stand der Technik praktisch **nicht auslesbar**.

Einen sehr wichtigen Aspekt der Chipkarte stellt die internationale Normung der Karte und Kartenanwendung dar. Die ISO (International Standard Organization) hat bisher einen „draft-ISO-standard“ für die physikalischen Eigenschaften der Karte (siehe [ISO, part 1]) und für die Lage und Größe der Kontakte (Schnittstelle nach außen, siehe [ISO, part 2]) verabschiedet. Für die elektrischen Signale und die unterste Ebene des Datenübertragungs-Protokolls wurde ein „ISO-proposal“ veröffentlicht [ISO, part 3].

Bei den derzeit am Markt befindlichen Chipkarten handelt es sich meist um Ein-Chipkarten (siehe oben). Neben diesen gibt es noch Mehr-Chipkarten und Terminal-Karten. Die Mehr-Chipkarten enthalten mindestens zwei Chips, meist den Mikroprozessor in einem Chip und den Speicher in den anderen. Die Mehr-Chipkarten können daher einen wesentlich größeren Speicherumfang aufweisen als Ein-Chipkarten, sind aber in der Sicherheit, Haltbarkeit und den Produktionskosten den Ein-Chipkarten unterlegen. Terminal-Karten enthalten zusätzlich zu den Ein- und Mehr-Chipkarten noch:

- eine Tastatur (vor allem zur PIN-Code-Eingabe)
- einen Bildschirm
- eine Batterie (z. B. Solar-Batterie).

Sie können auch ohne Kartenleser benützt werden, sind aber teurer und derzeit am Markt noch nicht verfügbar. Ein ähnliches Produkt ist die AIDA-Box [Zimmerli]. Diese Box wurde beim Betriebswirtschaftlichen Institut der Deutschen Kreditgenossenschaften speziell für Homebanking entwickelt und entspricht nicht den Chipkarten-Normen.

Literatur: [Babin 84, Piller 86 und 85, ISO/TC97/SC17, Zimmerli 84].

2. Aufbau einer Standarddiskette

Eine Diskette ist eine runde Scheibe aus dünnem Plastik, die mit einer magnetischen Schicht überzogen und in einer Schutzhülle eingebaut ist. Die Plastikscheibe dreht sich mit einer konstanten Geschwindigkeit innerhalb dieser Hülle (üblicherweise 360 U/min). Disketten werden in verschiedenen Größen mit unterschiedlicher Speicherkapazität hergestellt. Drei Standardgrößen sind im Einsatz: Die 8-Zoll, die 5-1/4-Zoll und die 3-1/2-Zoll Diskette. „Singleside“-Disketten können, wie ihr Name schon sagt, Informationen nur auf einer Seite aufzeichnen, hingegen können „doubleside“-Disketten dies auf beiden Seiten. Zusätzlich können Disketten auch in „single-density“- oder „double-density“-Disketten eingeteilt werden. „Double-density“-Disketten verwenden ein modifiziertes Aufzeichnungsverfahren und können so doppelt so viel Information auf dem gleichen Diskettenbereich aufzeichnen wie „single-density“-Disketten.

Ein Magnetkopf schreibt, wenn er mit der Diskette in Kontakt steht, Informationen auf die Oberfläche der Diskette und liest von dort auch wieder. Der Magnetkopf kann sich in festen Schritten von der äußeren Kante in Richtung Mittelpunkt und umgekehrt bewegen. Wenn der Magnetkopf sich in einer festen Position befindet, kann er Informationen lesen oder schreiben, die auf einem Kreis auf der Diskette stehen, da sich die Diskette unter ihm dreht. Diese Methode unterteilt die Diskettenoberfläche in eine bestimmte Anzahl von Zylindern. Ein solcher Zylinder wird Spur (Track) genannt.

Wenn der Kopf über einem gegebenen Zylinder positioniert ist, kann er auf beiden Seiten der Diskette Information schreiben oder lesen. Die gewünschte Seite wird beim Zugriff durch die Kopfaddresse (0 oder 1) ausgewählt (natürlich nur bei „double-

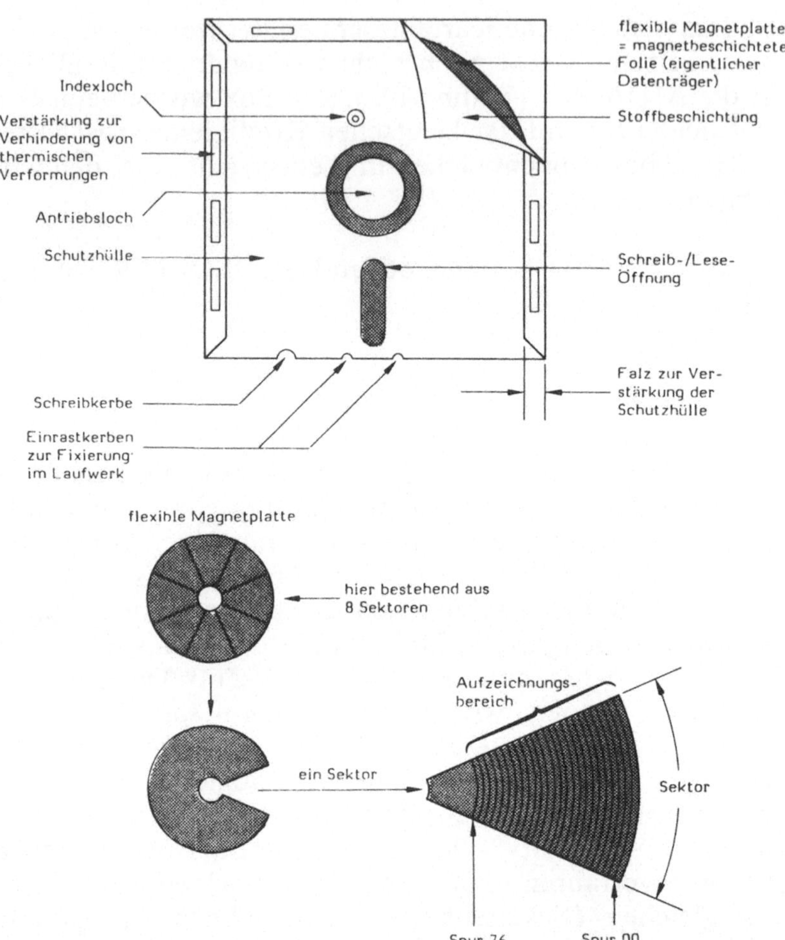

Abb. 29. Funktionsdarstellung einer Diskette (Quelle: Prof. Hansen, Wirtschaftsinformatik I)

side"-Disketten). Die Kombination der Spur und der Seite spezifiziert nun eine bestimmte einzelne Spur auf der Diskette. Der physikalische Anfang der Spur wird durch ein kleines Loch, das in der Nähe des Mittelpunktes liegt, gekennzeichnet (physikalische Indexmarke). Dieses Loch wird optisch bei jeder Umdrehung der Diskette abgetastet. Jede Spur ist in eine Anzahl von Sektoren unterteilt. Sektoren sind üblicherweise 128, 256, 512, oder 1024 Bytes lang. Die Einteilung in Sektoren ist durch eine „Hard-Sektorierung" oder „Soft-Sektorierung" möglich. Bei der „Hard-Sektorierung" ist jede Spur in maximal 32 Sektoren unterteilt. Der Beginn eines Sektors wird durch Sektorenlöcher, die in die Diskette gelocht sind, markiert. Bei der „Soft-Sektorierung" kann durch die Software die Sektorengröße angegeben werden. Bei dieser Technik wird jeder Datensektor durch eine vorhergehende, auf die Diskette geschriebene Sektoridentifizierung gekennzeichnet.

Diskettenformat

Bevor auf neue Disketten Daten gespeichert werden können, müssen diese mit einem bestimmten Format beschrieben werden. Beim Formatieren der Diskette werden auf die Diskette die notwendigen Informationen geschrieben, die dann dem „Disketten-Controller" erlauben, Daten darauf zu lesen und zu schreiben. Da das Formatieren eine Spur neu beschreibt, geht die bis dahin dort gespeicherte Information verloren. Die Formatierung ist üblicherweise nur bei der erstmaligen Verwendung einer Diskette erforderlich.

Der Aufbau der Spuren

Der Anfang jeder Spur (Track) einer Diskette besteht aus den folgenden Feldern (siehe Abbildung):

- Lücke vor der Index Adreßmarke (Pre Index Gap): Sie wird nur beim Formatieren geschrieben.
- Index Adreßmarke: Sie besteht aus einem bestimmten Code, der den Beginn der Datenspur angibt. Beim Formatieren wird für jede Spur eine Index Adreßmarke geschrieben.
- Lücke nach der Index Adreßmarke (Post Index Gap): Sie wird während der Schreib-Leseoperationen zur Synchronisation der Datentrennlogik mit den Daten, die vom darauffolgenden ID(Identifikation)-Feld des ersten Sektors (siehe Abbildung) eingelesen werden müssen, verwendet und nur beim Formatieren geschrieben.
- Schlußlücke: Sie wird während des Formatierens geschrieben und erstreckt sich vom letzten physikalischen Datenfeld bis zur physikalischen Indexmarke (siehe oben). Die Länge dieser Lücke hängt von der Anzahl der Bytes pro Sektor, der Länge der programmwählbaren Lücken und der Antriebsgeschwindigkeit ab.

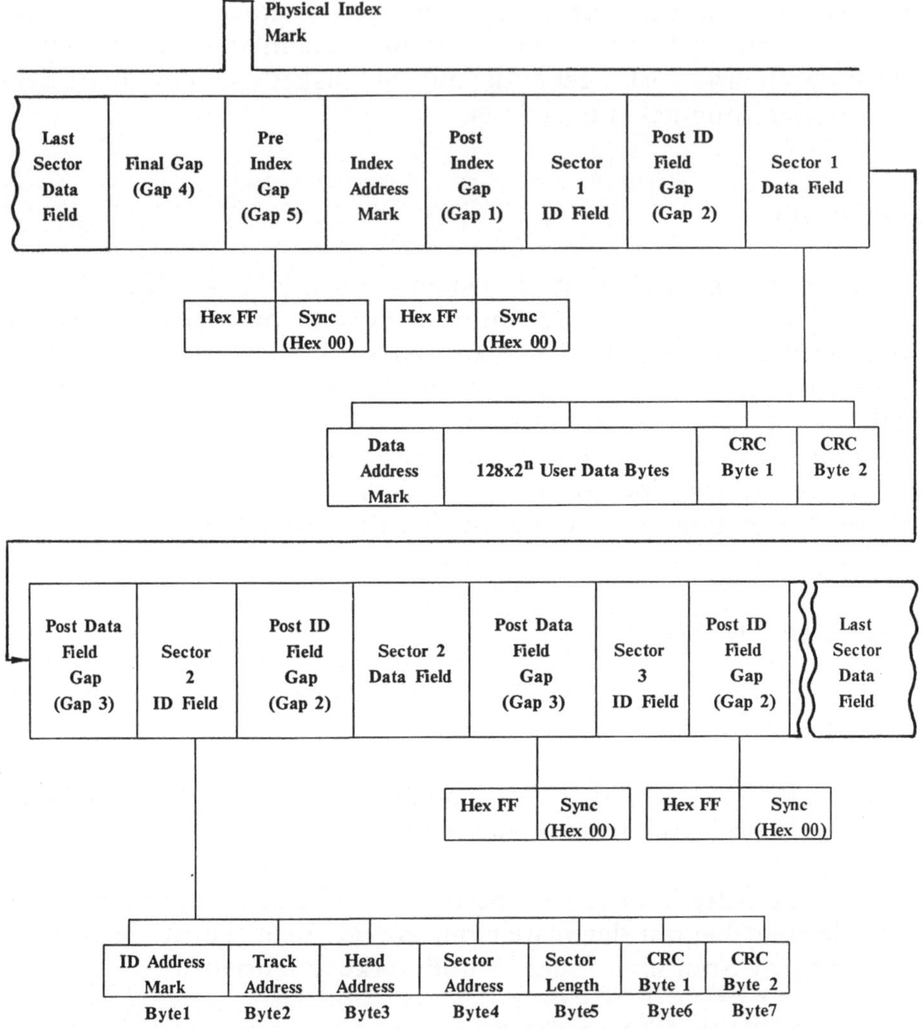

Abb. 30. Aufbau einer Disketten-Spur (Quelle: SBC 204 Manual)

„Soft-sektorierte" Disketten teilen jede Spur in eine Anzahl von Datensektoren. Typische Sektorgrößen sind 128, 256, 512 oder 1024 Datenbytes. Die Sektorgröße wird angegeben, wenn die Spur durch den „Disketten-Controller" formatiert wird.

Jeder Sektor innerhalb einer Spur besteht in der Regel aus den folgenden vier Feldern (siehe Abbildung):

1. Sektor ID(Identifikation)-Feld: Dieses Feld besteht aus 7 Bytes und wird nur beschrieben, wenn die Spur formatiert wird. Das Sektor ID-Feld ermöglicht es dem Controller, den Sektor

zu identifizieren, wenn er gelesen oder beschrieben werden soll. Das erste Byte des Feldes ist die ID-Adreßmark, ein spezieller Code, der den Beginn des ID-Feldes angibt. Das zweite, dritte und vierte Byte geben Zylinder, Kopf und Sektoradresse an. Das fünfte Byte ist der Sektorlängen-Code. Die letzten beiden Bytes sind das 16 Bit CRC-Zeichen des ID Feldes. Das CRC-Zeichen wird vom Controller aus den ersten 5 Bytes während des Formatierens berechnet und eingetragen.

2. Lücke nach dem ID-Feld (Post ID Field Gap): Diese wird bei der Formatierung der Diskette initialisiert. Während einer Schreiboperation wird der Schreibmechanismus durch diese Lücke gestartet, und die folgenden Bytes werden bei jedem Update des Sektors neu beschrieben. Während der Leseoperationen dienen diese Bytes der Synchronisierung der Leselogik mit dem folgenden Datenfeld.
3. Datenfeld (Data field): Die Länge (Anzahl der Datenbytes) des Datenfeldes wird durch die Software beim Formatieren der Spur bestimmt. Das erste Byte des Datenfeldes ist die Daten-Adreßmarke, ein spezieller Code, der den Beginn des Datenfeldes anzeigt. Wenn ein Sektor gelöscht werden muß (z. B. bei einem Diskettenfehler), wird eine gelöschte Daten-Adreßmarke an die Stelle der Daten-Adreßmarke geschrieben. Die letzten beiden Bytes stellen wieder das CRC-Zeichen dar.
4. Lücke nach dem Datenfeld (Post Data Gap): Diese wird geschrieben, wenn die Spur formatiert wird, und trennt das vorhergehende Datenfeld vom nächsten ID-Feld auf der Spur. Nach dem letzten physikalischen Sektor entfällt diese Lücke. Während eines Sektor-Updates wird der Schreibmechanismus in dieser Lücke ausgeschaltet. Die aktuelle Größe dieser Lücke wird durch die maximale Anzahl von Datenbits, die in einer Spur aufgezeichnet werden können, die Anzahl der Sektoren pro Spur und die totale Sektorgröße (Daten plus Zusatzinformation) bestimmt. Die Lückengröße muß so gewählt werden, daß sie groß genug ist, um die Diskontinuierlichkeit, die auftritt, wenn der Schreibstrom eingeschaltet wird, auszugleichen und um ein Synchronisationsfeld für das kommende ID-Feld (des nächsten Sektors) aufnehmen zu können. Auf der anderen Seite muß sie aber so klein sein, daß die Gesamtanzahl der Datenbits, die auf der Spur gebraucht wird (Sektoren plus Lücken), kleiner ist als die Gesamtanzahl der Datenbits, die auf der Spur aufgezeichnet werden kann. Die Lückengröße muß für alle Schreib-, Lese- und Formatieroperationen angegeben werden.

3. Aufbau einer AppleII-Diskette

Bevor eine neue Diskette verwendet werden kann, muß sie formatiert werden. Das INIT Kommando wird für diesen Zweck verwendet.

Wenn eine Diskette initialisiert wird, schreibt das Diskettenbetriebssystem (DOS Disk Operating System) 35 konzentrische Spuren (tracks). Jede Spur wird in 16 Sektoren unterteilt (DOS Version 3.2 schreibt nur 13 Sektoren). Jeder Sektor enthält eine Adreß- und eine Datenmarke (address mark, data mark). Diese beginnen mit einem einheitlichen Bitmuster. Die Adreßmarke zeigt dem Diskettenbetriebssystem, welche(r) Spur/Sektor gerade gelesen wird. Sie enthält die Informationen über „Volume“, Spur, Sektor und Kontrollsumme (checksum). Die Datenmarke enthält die aktuellen Daten. Sie zeigt dem Diskettenbetriebssystem, wo die Daten beginnen und enden und enthält eine Kontrollsumme zur Verifizierung der Daten [Hardcore].

Das Diskettenbetriebssystem gibt dem Benutzer die Möglichkeit die Daten auf der Diskette zu verändern. In diesem Programm sind alle Kommandos zur Kontrolle der Diskettenstation (z. B. CATALOG, INIT, LOAD . . .) und außerdem eine Reihe von Fehlermeldungen, die die Diskette betreffen, enthalten. Die Disketten-Kontroller-Karte (disk controller card) enthält ein kurzes Programm, das, wenn man das Betriebssystem hochfährt (boot), veranlaßt, daß Spur (0) Sektor (0) in den Speicher eingelesen wird. Das Programm auf Spur 0, Sektor 0 enthält die Anweisungen, die notwendig sind um von Spur 0 die Sektoren 1 bis 9 einzulesen. Das Programm auf den Sektoren 1 bis 9 liest weitere Information von den Spuren 0 bis 2 ein. Wenn dieser Vorgang abgeschlossen ist, befindet sich das gesamte Betriebssystem im Speicher. An diesem Punkt angelangt startet das Betriebssystem das „HELLO“ Programm. Das Programm, das bei der Initialisierung verwendet wird, wird üblicherweise als Hello oder Begrüßungsprogramm bezeichnet. Damit das Diskettenbetriebssystem das „Hello“ Programm findet, geht es zur Volume-Inhaltstafel (VTOC – Volume Table of Contents) und zum Katalog (Inhaltsverzeichnis, Directory), die auf Spur 17 plaziert sind. Diese beiden werden vom Diskettenbetriebssystem immer dann verwendet, wenn auf der Diskette gelesen oder geschrieben wird. Der VTOC-Vektor oder „Bitmappe“ (bit-map) zeigt an, welche Sektoren belegt und welche frei sind. Das zweite und dritte Byte vom VTOC zeigen auf den Beginn des Katalogs (Inhaltsverzeichnisses).

Der Katalog beginnt bei Sektor 15 und reicht bis Sektor 1. Das zweite und dritte Byte jedes Katalog-Sektors zeigen zum nächsten verfügbaren Sektor. Wenn diese Bytes Null sind, gibt es keine weiteren Sektoren. Der Katalog enthält eine Liste aller Dateien einer Diskette. Jede Eintragung enthält einen Zeiger zur Spur/Sektor-Liste, einen Datei-Status-Code (locked/unlocked), einen File-Typ-Code (ein Zeichen), den Datei-Namen (30 Zeichen) und die Dateigröße. Die Spur/Sektor-Liste ist eine Liste von Spur/Sektor Paaren, die gebraucht werden um dieses Programm zu speichern.

Das Diskettenbetriebssystem liest den VTOC-Vektor, der zum Katalog zeigt. Dann findet das Diskettenbetriebssystem den Programmnamen im Katalog und die Stelle, an der die Spur/Sektor-Liste ist. Das Diskettenbetriebssystem ladet dann alle Spur/Sektor Paare in die passenden Speicherplazierungen.

Zum Verständnis der Veränderungen bei der Software-Schutzmethode mit Hilfe von geänderten Adreß- und Datenmarken, wird nun das normale Datenmuster einer 16-Sektor Diskette dargestellt.

Das Diskettenbetriebssystem formatiert eine Spur, indem es zuerst ein spezielles Byte schreibt, das „sync byte" genannt wird. Dieses Byte (normalerweise F) erlaubt der Disk-II Hardware sich mit den Daten auf der Diskette zu synchronisieren. Dann schreibt das Diskettenbetriebssystem ein Adreßfeld, einige „sync bytes" und das Datenfeld. Zu diesem Zeitpunkt ist das Datenfeld mit Nullen belegt. Das Formatieren jeder Spur setzt mit dem Schreiben von 16 Sets von Adreß- und Datenfeldern fort. Diese Sets von Adreß- und Datenfeldern bilden die Sektoren.

Nachfolgend ist ein normales Adreßfeld eines DOS 3.3 dargestellt:

```
D5AA96FFFEAABBAEAAFBEFDEAAEB
```

Dies kann folgendermaßen zerlegt werden:

```
Start der Adresse .............. D5 AA 96
Volume Nummer .................. FF FE
Spur ........................... AA AB
Sektor ......................... AE AA
Checksum ....................... FB EF
Ende der Adresse ............... DE AA EB
```

Die „Volume", Spur, Sektor und Checksum werden in einem 4+4 kodierten Format dargestellt. Das bedeutet, daß 4 Bits in jedem

Byte aktuelle Daten sind. Das erste Byte wird nach links rotiert und dann logisch mit dem zweiten Byte UND verknüpft um die Daten wiederzuerlangen.

Das Datenfeld besteht aus:

```
Start der Daten ................ D5 AA AD
Verschlüsselten Daten .......... (341 Bytes)
Checksum ....................... (1 Byte)
Ende der Daten ................. DE AA EB
```

Das Datenfeld ist in einem 2+6 Format verschlüsselt. Sechs Bits eines jeden Bytes sind gültige Daten.

Die Grundstruktur von 3.2 DOS ist ähnlich der vom 3.3 DOS mit folgenden Ausnahmen:

1. Wenn die Diskette initialisiert wird, schreibt 3.2 DOS keinen leeren Datensektor. Stattdessen schreibt es genug $FF's um den Platz, den ein Datensektor beansprucht, zu füllen. Eine Spur/einen Sektor zu lesen, die/der noch nie beschrieben wurde, erzeugt deshalb immer einen I/O Fehler.

2. Die Daten sind in einem 3+5 Format verschlüsselt, was 410 Bytes erfordert, um 256 Bytes zu verschlüsseln. Dies ist der einzige Grund, weshalb es bei dieser Version des Diskettenbetriebssystems nur 13 Sektoren gibt.

4. Telesoftware in BTX-Systemen

Die Grundidee von BTX war die Schaffung eines billigen Informatiossystems mit Abfragedialog. Die Ergebnisse der Entwicklung in den verschiedenen Ländern unterscheiden sich aber stark. Gemeinsam ist allen Systemen aber die Übertragungsart. Per Telefonleitung werden die Daten mit Modems von einem Zentralrechner aus übertragen. Der Zentralrechner ist mit mehreren externen Rechnern über Datex-P (Paketvermittelte Datenfernübertragung der Post) verbunden.

Als Vorteil gegenüber Teletext ist nicht nur die Möglichkeit der Interaktion mit dem Zentralrechner, sondern auch das theoretisch unbegrenzte Informationsangebot anzusehen. Besonders für Telesoftware-Übertragungen ist diese Tatsache von immenser Bedeutung, da ein Telesoftware-Dienst mit dem Programmangebot steht und fällt.

Als Mutterland des BTX gilt England. Dort wurde dieser Dienst bereits 1979 unter dem Namen *PRESTL* gestartet. Ähnliche Entwicklungen fanden in Frankreich mit dem Namen *TELETEL* statt. Beide Systeme sind aber auf sehr einfache Endgeräte ausgelegt und erlauben nur die Übertragung von Textseiten, sowie einer relativ groben Blockgrafik. Diese beiden Normen bilden die Basis für eine einheitliche europäische Norm, die *CEPT-Norm.* Allerdings gehen die Möglichkeiten der CEPT-Norm weit über diese Basis hinaus. So wurde auch die kanadische TELIDON-Vektorgrafik, eine Faksimilegrafik sowie ein Telesoftware-Modul als Optionen vereinbart.

Zur Zeit haben alle europäischen BTX-Systeme ein gemeinsames Problem, die Übertragungsgeschwindigkeit. Auf Grund veralteter mechanischer Wählämter ist üblicherweise die Baudrate auf 1200 bit/s zum Endgerät hin und auf 75 bit/s zum Zentralrechner beschränkt.

In den meisten Staaten ist bis jetzt nur der Basisstandard von BTX verwirklicht. In Österreich zum Beispiel läuft bereits ein Mo-

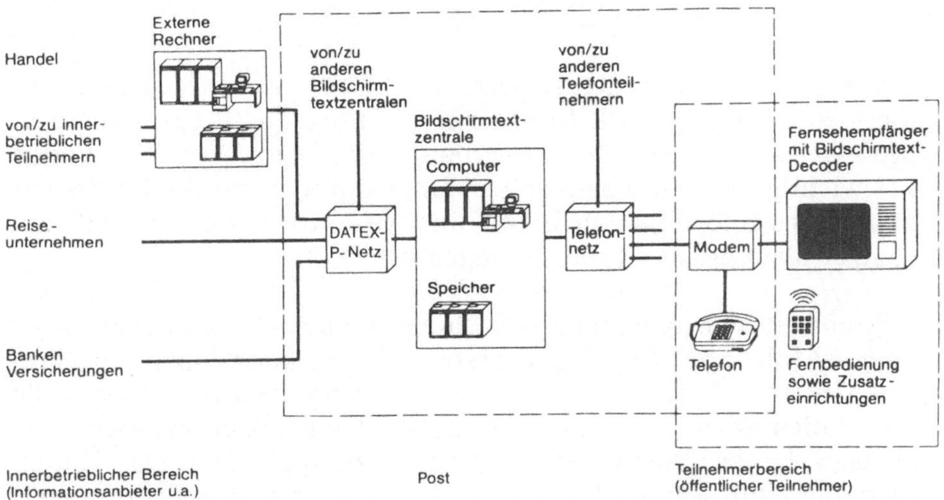

Abb. 31. Bildschirmtextsystem (Quelle: Prof. Hansen, Wirtschaftsinformatik I)

dul für Vektorgrafik und für Telesoftware. Hier wurden diese beiden Möglichkeiten aber bereits vor Einführung der CEPT-Norm in der Praxis erprobt.

Wichtig für die Telesoftware-Anwendung ist auch die Möglichkeit, Seiten mit Gebühren zu versehen. Die so vermerkte Gebühr wird beim Aufruf der Seiten dem Konto des Anbieters gutgeschrieben und auf die Rechnung des Benutzers gesetzt.
Bei Teleprogrammen empfiehlt es sich, die Gebühr auf den letzten Seiten unterzubringen, da so die Wahrscheinlichkeit geringer ist, bei erfolglosen Ladeversuchen infolge von Übertragungsproblemen doppelt bezahlen zu müssen. Es muß nämlich das oberste Interesse der Anbieter sein, ihre Kunden nicht zu verärgern.

Spezielle Anforderungen an Telesoftware

Wie bereits erwähnt ist BTX mit seiner Übertragungsrate von 1200 Baud ein langsames Medium. Das kann schon bei Textseiten zum Unmut der Benutzer führen. Für Telesoftware geeignete Programme müssen daher spezielle Voraussetzungen erfüllt werden.

Die wichtigste Voraussetzung für ein erfolgreiches Teleprogramm ist ein vernünftiges Verhältnis zwischen durchschnittlicher Nutzungsdauer und Ladedauer. Ein Programm, das nur kurz benutzt wird (Umrechnungsprogramme, Suchprogramme) sollten nicht länger als zwei BTX-Seiten sein.

Zur Überbrückung der Ladezeit sollte vor Beginn des Ladevorganges eine Textseite mit Informationen über das Programm übertragen werden, die der Benutzer dann lesen kann. Vor dem Laden ist es wichtig, daß ein genauer Leistungsumfang und die Größe des Programmes mitgeteilt wird. So kann verhindert werden, daß der Benutzer allzu große Enttäuschungen erlebt.

Eine weitere Möglichkeit das Laden benutzerfreundlicher zu gestalten ist folgende: Durch geeignete Software kann man einen Programmteil bereits starten während der später benötigte Rest noch nachgeladen wird. So kann zum Beispiel ein erster Programmteil nur dazu dienen Daten abzufragen und zu speichern. Das Hauptprogramm kann während diesem Vorgang nachgeladen werden und verarbeitet dann die gespeicherten Daten.

Ein besonders schweres Problem bei der Telesoftware-Erstellung ist es, einen vernünftigen Kompromiß zwischen Benutzerfreundlichkeit, wie z. B. Menüführung, und Länge des Programmes zu finden. Da bei Telesoftware-Anwendern oft mit Anfängern zu rechnen ist, wird es manchmal notwendig sein, verschiedene Programmversionen anzubieten. Der Laie muß dann das längere, dafür aber besser dokumentierte Programm wählen, während ein geübter Benutzer die Ladezeit auf Kosten des Komforts verkürzen kann.

Ein besonders wichtiger Punkt bei der Erstellung von Telesoftware ist die rigorose Überprüfung der Programme auf alle möglichen Eingabefehler, und bei EDV-Neulingen ist mit allen Eingabefehlern zu rechnen. Die Software muß also so „robust" als möglich ausgelegt werden. Ein totaler Programmabsturz ist besonders unangenehm, wenn das Programm dann langwierig wieder nachgeladen werden muß.

Gute Teleprogramme bedürfen auch einer Optimierung der Verbindungszeit. Die Telefonverbindung zur BTX-Zentrale kostet Geld und belegt Ports im Zentralrechner. Wenn ein Teleprogramm aktiviert wird, das längere Zeit keine Information von der Zentrale benötigt, sollte es die Verbindung unterbrechen oder den Benutzer zumindest diese Möglichkeit vorschlagen. Werden neue Informationen benötigt, kann das Programm die Verbindung selbsttätig wieder herstellen.

Durch die Vertriebsart von Telesoftware ergibt sich die Gefahr, daß Programme auf lokale Speichermedien kopiert werden, um sich die Seitengebühr bei späterer Verwendung zu ersparen. Entsprechende Schutzvorrichtungen müssen also mit ins Programm eingebaut werden (siehe Kapitel 10).

5. Telesoftware im Teletextbereich

Teletext ist das älteste der neuen Bildschirmmedien. In Großbritannien wurden die meisten Erfahrungen mit diesem System gemacht. Es läuft dort unter dem Namen *CEEFAX*.

Die Informationsübertragung bei Teletext erfolgt in den Austastlücken des normalen Fernsehbildes. Dort können bis zu 16 Zeilen des Videosignals zur Übertragung digitaler Daten verwendet werden. Jede Zeile enthält am Anfang ein Synchronisierbyte, dann folgen Adreßbytes und Datenbytes. Jedes Datenbyte entspricht einem Zeichen am Bildschirm. Die Position der Datenbytes innerhalb einer Videozeile entspricht der Stellung des Zeichens am Schirm. Ein Teletextdecoder im Fernsehgerät erkennt die Datenbytes und stellt das entsprechende Zeichen aus einem ROM dar. Die Adressierung der verschiedenen Teletextseiten erfolgt in Form von sogenannten „Magazinen". Jedes Magazin hat bis zu hundert Seiten, jede Seite besteht aus 24 Zeilen zu 40 Zeichen.

Mit Hilfe der oben beschriebenen Adreßbytes kann ein weiterer Ausbau erfolgen, indem ein und dieselbe Seite pro Sendezyklus einen anderen Inhalt erhält. Die Unterscheidung erfolgt dann über die Adreßbytes. Eine häufige Anwendung dieser Möglichkeit ist die Übertragung der Uhrzeit innerhalb einer Seite.

Die Seiten jedes Magazins werden zyklisch übertragen. Zur Zeit können auf einem Fernsehkanal acht Magazine unabhängig voneinander übertragen werden. Die Zykluszeit bei hundert Seiten beträgt dann 25 Sekunden. Die durchschnittliche Zugriffszeit auf eine Seite ist die halbe Zykluszeit des Magazins.

Die neuesten Teletextempfänger arbeiten mit einem speziell für diese Anwendung entwickeltem Chip, bekannt als *Computer Controlled Teletext (CCT)*. Mit Hilfe dieses Bausteins kann auch Telesoftware empfangen werden. Der CCT-Chip kann bis zu vier Seiten gleichzeitig bearbeiten und speichern. Er empfängt nicht nur die üblichen 24 Teletextzeilen, sondern den gesamten Bereich von 0 bis 31. Davon sind für die Telesoftware die Zeilen 0 bis 23 als Nutzzeilen, sowie die Zeile 27 als Steuerzeile interessant. Der Seitenzugriff ist auch bereits für Telesoftware ausgelegt und erlaubt es, 256 verschiedene Seiten zu adressieren (nicht nur 100 wie bei Textseiten). Der CCT-Chip kann auch im Breitbandkabel-System eingesetzt werden, wobei dann ein voller Kanal ausschließlich für Teletextübertragung zur Verfügung steht. Nur der Videoprozessor muß dann ersetzt werden.

In Großbritannien arbeitet man seit 1977 am Einsatz von Telesoftware im Teletextdienst. Man unterscheidet dort zwei verschiedene Typen von Telesoftware-Decodern. Der eine ist wie ein gewöhnlicher Teletextdecoder im Fernsehgerät eingebaut und übernimmt nur gewisse Unterstützungsfunktionen zur Teletextdarstellung. Versucht wurde die komprimierte Übertragung von Teletextseiten sowie die Darstellung von hochauflösender Grafik. Die eigentlichen Telesoftware-Decoder bestehen aus einem eigenen Empfänger mit Datendecoder, einem Pufferspeicher sowie einem Interface zum Anschluß eines Rechners. Das Übertragungsprotokoll der CEEFAX-Telesoftware orientiert sich an dem Siebenschichtenmodell OSI (Open System Interconnection).

Telesoftware auf Breitbandkabelsystemen

Teletext und damit Telesoftware kann auch über Kabelfernsehen übertragen werden. Vorraussetzung ist nur, daß die Satelliten und Richtfunkempfänger eine genügende Bandbreite aufweisen.

Wesentlich interessanter ist aber die Übertragung der Telesoftware vom Empfänger zu den Endgeräten via Breitbandkabelsystem. In diesem Fall kann ein kompletter Fernsehkanal für Teletext und Telesoftware verwendet werden. Dadurch kann die Übertragungsgeschwindigkeit auf 800 Seiten pro Sekunde gesteigert werden.

1983 wurde bereits ein entsprechender Versuch in den USA unternommen. Reserviert man weiters einen Rückkanal, so kann das Endgerät mit dem Empfänger einen interaktiven Dienst aufnehmen. Dann ist es auch möglich Bildschirmtextdateien über das Netz abzurufen und so eine Verbindung zwischen den beiden wichtigsten Telesoftware-Medien herzustellen. Im Versuchsstadium hat man vier verschiedene *Layer* vereinbart.

- Layer 0: ausschließlich Teletextseiten mit der Information im horizontalen Blanking.
- Layer 1: ein voller Fernsehkanal für Teletext und Bildschirmtext.
- Layer 2: Rückkanal.
- Layer 3: Benutzer- und Systemtelesoftware.

Nur der Layer 0 kann von üblichen Teletextempfängern verarbeitet werden. Der oben erwähnte Versuch ist erfolgreich verlaufen. Es konnten alle geplanten Dienste durchgeführt werden. Eine weitere Entwicklung scheitert vorläufig aber noch an dem Mangel von entsprechend verzweigten Kabelsystemen, die den Anforderungen der Software-Übertragung genügen.

6. Kryptologie

Dieses Kapitel gibt einen kurzen Überblick über die Kryptologie. Für Detailinformationen wird auf die umfangreiche Literatur zu diesem Thema verwiesen. Die Kryptologie ist die Wissenschaft von der Geheimhaltung von Informationen durch gezielte Veränderung (Transformation). Sie umfaßt die Kryptographie und Kryptoanalyse. Die Kryptographie ist ein Sammelbegriff für Methoden, Nachrichten so zu verändern, daß sie nur für autorisierte Personen verständlich sind, für alle anderen aber sinnlos scheinen. Die Kryptoanalyse befaßt sich mit Methoden zur Entschlüsselung von Nachrichten. Die Kryptologie ist ein Oberbegriff für Kryptographie und Kryptoanalyse [Schaumüller 81].

Ein kryptographisches System (oder auch Kryptosystem genannt) besteht aus einem Verschlüsselungsalgorithmus, für den ein Verschlüsselungsschlüssel benötigt wird, und aus einem entsprechenden Entschlüsselungsalgorithmus mit Entschlüsselungsschlüssel (siehe Abb. 32).

In der Abb. 33 sind einige Kryptosysteme angegeben, wobei zwischen klassischen Systemen und Kryptosysteme mit öffentlichen Schlüsseln unterschieden wird [Ryska 80].

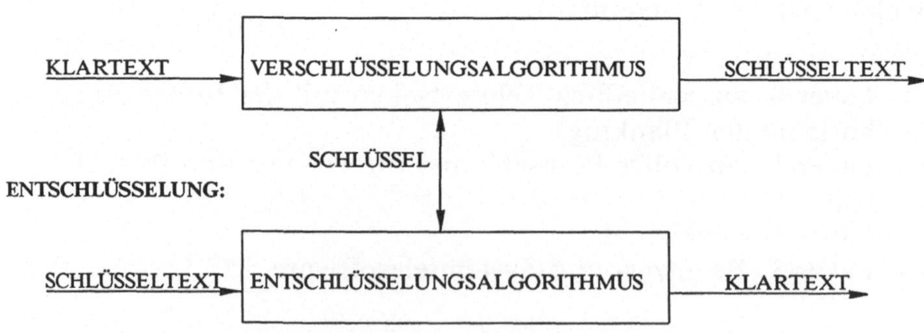

Abb. 32. Ver-, Entschlüsselung

Klassische Kryptosysteme

Bei diesen Systemen wird mit dem gleichen Schlüssel verschlüsselt und entschlüsselt. Der Verschlüsselungsalgorithmus ist eine invertierbare Funktion (z. B. Addition, XOR, etc.), sodaß die Inversion als Entschlüsselungsalgorithmus verwendet werden kann. Ein wesentliches Problem bei klassischen Systemen ist die Schlüsselverteilung. Die Schlüssel müssen über *sichere* Wege zum Empfänger (eventuell auch Sender) gebracht werden. Ein leicht verständliches Kryptosystem ist das Verfahren nach Vernam („streamcipher"-System, siehe Abbildung „kontinuierliche Verschlüsselung"). Hier erfolgt eine XOR-Verknüpfung des Schlüssels mit dem Klartext.

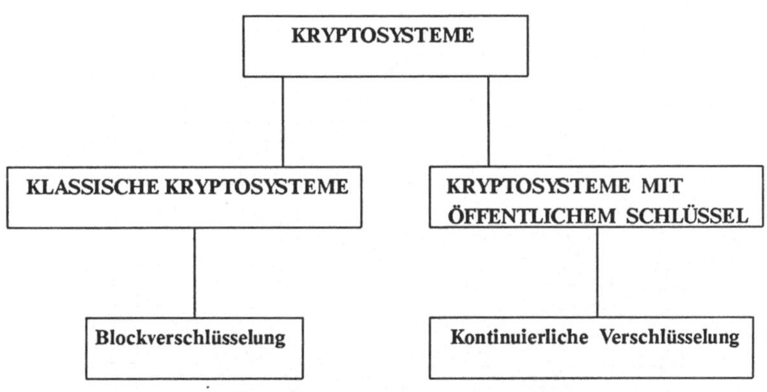

Abb. 33.

Beispiel:

Der Schlüssel wird erzeugt indem ein Zufallszahlen-Generator gleichverteilte Zahlen erzeugt. Die gesamte Zufallszahlenfolge (Bitfolge) stellt den Schlüssel dar (siehe Abbildung oben). Der Schlüssel wird zur Entschlüsselung des Schlüsseltextes (z. B. als Lochstreifen, Floppy-Disk, Magnetband, Laser-Karte) zum Empfänger transportiert (one-time-keys). Statt einer Zufallszahlenfolge kann auch eine von einem Pseudozufallszahlengenerator erzeugte Folge mit möglichst großer Periodenlänge verwendet werden. Dadurch erübrigt sich der Transport des Schlüssels wenn sowohl Sender und Empfänger den gleichen Pseudozufallszahlengenerator besitzen.

Neben der Vernam'schen Verschlüsselung hat von den klassischen Verfahren vor allem der DES-Algorithmus große Bedeutung erlangt. Der DES (Data Encryption Standard, siehe [NBS 77]) wurde 1977 in den USA genormt. Er besteht aus Permutationen und nichtlinearen Substitutionen, die schlüsselgesteuert in einer Iterations-Schleife 16 Mal durchlaufen werden [Morris 77]. Beim Software-Schutzsystem Soft*Seal (siehe Kapitel 11.1) wurde der in Österreich von Frau Dr. Schaumüller entwickelte C80-Algorithmus

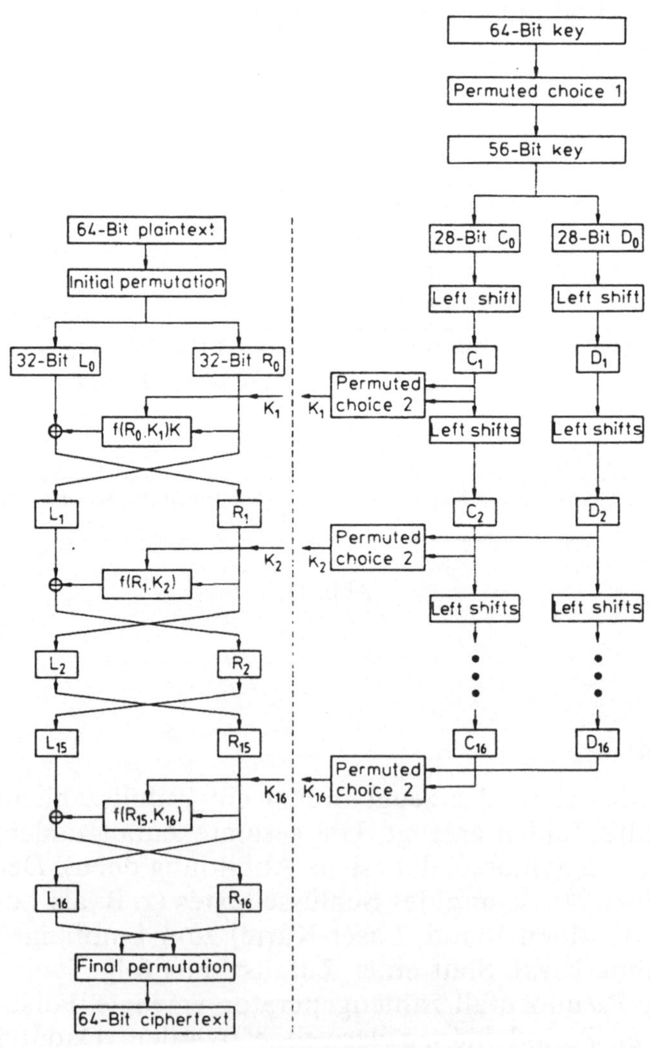

Abb. 34. Verschlüsselung mit DES-Algorithmus (Quelle: Informatik Spektrum, Bd. 5, H. 2, 1982)

[Schaumüller 81] verwendet, der eine Verbesserung des DES-Algorithmus darstellt. Er wird in Soft*Seal in folgender Form verwendet:

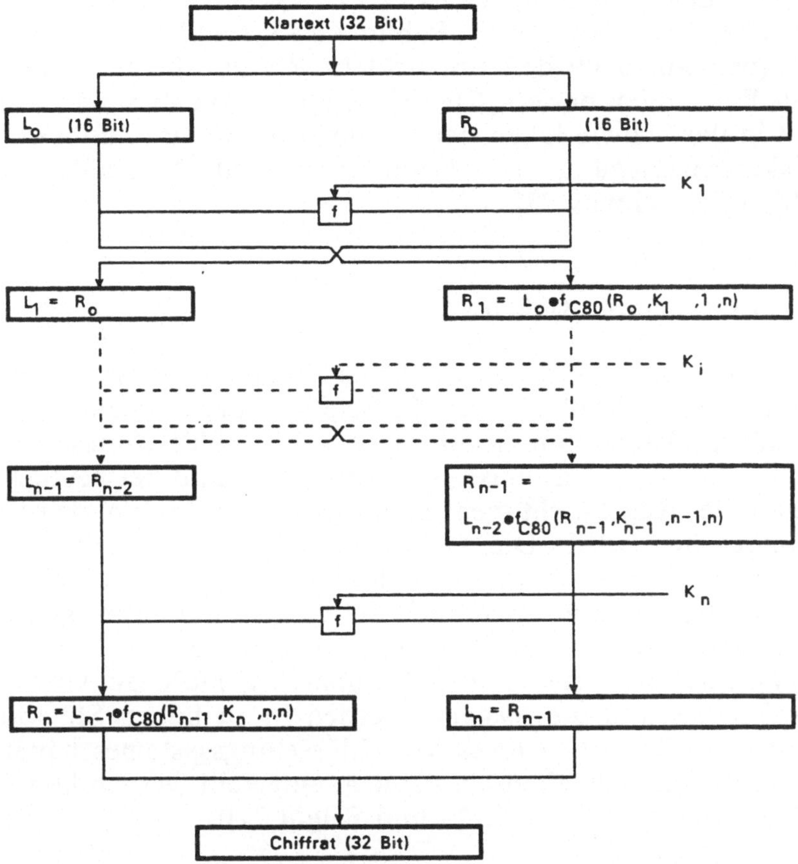

Abb. 35. C 80-Algorithmus (Quelle: Dr. I. Schaumüller)

Der heute in Chipkarten eingesetzte Telepass-Algorithmus weist ebenfalls Ähnlichkeiten mit dem DES-Algorithmus auf. Einen völlig neuen Ansatz bilden die Kryptosysteme mit öffentlichen Schlüsseln, die auf Konzepten von Diffie und Hellmann [Diffie 79]) basieren.

Systeme mit öffentlichen Schlüsseln (Public-Key-Systeme)

Bei diesen Systemen wird – im Gegensatz zu klassischen Systemen – für die Verschlüsselung ein anderer Schlüssel verwendet als für die Entschlüsselung. Da mit dem Verschlüsselungs-Schlüssel die verschlüsselte Information nicht entschlüsselt werden kann, ist dieser Schlüssel nicht schutzbedürftig; er kann veröffentlicht werden. Nur der Entschlüsselungsschlüssel muß geheim gehalten werden [Lempel 79]. Das bekannteste „Public-Key-System" ist das RSA-Verfahren (benannt nach den Entwicklern Rivest, Shamir, Adleman), das auf Primzahlen basiert [Rivest 78]. Die Stärke dieses Verfahrens besteht in der Schwierigkeit der Rekonstruktion einer unbekannten Primfaktorenzerlegung $r = p * q$ mit p und q als Primzahlen [Rabin 76, Miller 75, Solovay 77].

Faktoren von Verschlüsselungssystemen

Der wichtigste Faktor eines Verschlüsselungssystems ist die Sicherheit, die ein Maß für den Entschlüsselungsaufwand von verschlüsselten Daten ohne Kenntnis des Entschlüsselungsschlüssels darstellt. Das Ver/Entschlüsselungsverfahren muß bei heutigen Systemen in der Regel nicht mehr herausgefunden werden, da es meist bekanntgegeben wird. Die Geheimhaltung des Ver/Entschlüsselungsverfahrens würde zwar die Sicherheit des Systems erhöhen und sie war in der Vergangenheit auch üblich, sie ist aber praktisch nur sehr schwer durchführbar. Bei der Entwicklung von Verschlüsselungssystemen sind für eine Geheimhaltung meist zu viele Menschen beteiligt und die Systeme werden in zu hohen Stückzahlen verkauft. Die Sicherheit eines Verschlüsselungssystemes hängt von den Angriffsmöglichkeiten ab, die u. a. eingeteilt werden können in (vgl. [Schaumüller 81, Diffie 79 und Bright 77]):

- Brute-Force-Methoden (Ausprobieren aller Möglichkeiten).
- Statistische Methoden (Ausnützung der statistischen Struktur der Daten (Buchstaben-, Bigrammverteilung etc.)).
- Start-Cut-Methoden (Herausfinden einer Funktion, die es ermöglicht, aus allen bekannten Werten den gesuchten Schlüssel zu bestimmen).

Beim Software-Schutz sind die Angriffsmöglichkeiten in erster Linie von der Schutzmethode abhängig. Z.B. wird man bei der Paßwortverschlüsselung mit der Chipkarte (siehe Kapitel 7.2.2) sowie bei Soft*Seal (siehe 11.1) durch die ständig wechselnden Schlüssel mit der Brute-Force-Methode und statistischen Methode keine Erfolgschance haben.

Dagegen sind diese beiden Methoden bei der „Softwareverschlüsselung“ (siehe Kapitel 9) anwendbar. Die Chancen für eine erfolgreiche „illegale“ Entschlüsselung der Software in absehbarer und wirtschaftlich vertretbarer Zeit – auch bei Verwendung einer Großanlage – ist aber bei entsprechend angelegten Schutzsystemen praktisch null.

Implementierbarkeit

Die Implementierbarkeit eines Verschlüsselungssystems ist bei Paßwortschutzsystemen in der Regel kein Problem, da hier nur kleine Datenmengen (außer evtl. bei biometrischen Daten) verschlüsselt werden. Außerdem können kurzlebige Schlüssel (ständig wechselnde Schlüssel) verwendet werden und damit auch bei einfacheren Verfahren bzw. kürzeren Schlüsseln die erforderliche Sicherheit erreicht werden. Spezielle Hardware-Implementierungen (z. B. DES-Chip) sind daher hier nicht erforderlich. Beim Softwareschutz durch Softwareverschlüsselung ist die Situation anders. Hier sind Forderungen nach Sicherheit des Verschlüsselungssystems durch die „langlebigen Schlüssel“ wesentlich höher, bei einigen Schutzsystemen (z. B. Entschlüsselung im Prozessor, siehe Kapitel 9.3.2) ist auch die Entschlüsselung zeitkritisch; damit werden Hardware-Implementierungen erforderlich.

Verarbeitungsgeschwindigkeit

Eine hohe Verarbeitungsgeschwindigkeit ist bei Verschlüsselungssystemen vorteilhaft. Hardware-Implementationen werden immer schneller und kostengünstiger und damit auch bei Software-Schutzsystemen, insbesondere bei der Software-Verschlüsselung, interessanter.

Datenexpansion

Es gibt Verschlüsselungsverfahren, wo die verschlüsselten Daten wesentlich länger sind als die Klartextdaten. Dieser Effekt ist bei Software-Schutzsystemen unerwünscht, aber kein Ausschließungsgrund für das Verfahren. Nur bei verschlüsselter Telesoftware ist durch die Zunahme der Übertragungszeit und damit der Kosten dieser Effekt ein bedeutender Nachteil.

Schlüsselverteilung

Die Schlüsselverteilung (das ist die Übergabe von Schlüsseln an autorisierte Personen und gleichzeitige Verhinderung der Übergabe an nicht autorisierte Personen) ist eines der größten Probleme eines jeden Verschlüsselungssystems. Es existiert daher eine umfangreiche Literatur über dieses Thema. Die Probleme der Schlüsselverteilung lassen sich durch den Einsatz von Public-Key-Systemen sowie der Chipkarte wesentlich verringern.

Literaturverzeichnis

Babin G., Software-Schutz mit Chipkarte, Diplomarbeit, TU-Wien, 1984.

Bauer F.L., Kryptologie – Verfahren und Maximen, Informatik-Spektrum, Band 5, Heft 2, 1982, 74-81.

Beth Th., Kryptologie als Instrument des Datenschutzes, Informatik-Spektrum, Band 5, Heft 2, 1982, 82-96.

Bright, H.S., Cryptoanalytic attack and defense: chiphertext-only, known-plaintext, chosen-plaintext, Cryptologia 1, No 4, October 1977, 366 – 370.

Chip, Biometrie: Zutrittskontrolle, Magazin CHIP, Nr. 5, Mai 1986.

COM, Kratzer gegen Panzerknacker, COM Magazin für Computeranwender, Nr. 2, 1985.

Computerwoche, Intel-Chip verhindert illegalen Software-Zugriff, Computerwoche, 22. Februar 1985, Seite 10.

Diffie W., Hellman M. E., Privacy and authentication: an indroduction to cryptography, Proceedings of the IEEE, Vol. 67, No. 3, March 1979, 397 – 427.

Dittrich R., Elektronische Datenverarbeitung und Urheberrecht, ÖBl 1970/1, 1 – 14.

Dittrich R., Urheberrechtsschutz für Computerprogramme? RdW 1983/2.

Evans Jr. A., Kantrowitz W., und *Weiss E.*, A User Authentication Scheme Not Requiring Secrecy In The Computer, Communications of the ACM, Vol. 17, No. 8, 1974, 437 – 442.

Feistel Horst, Cryptographic coding for data-bank privacy. Research Report RC-2827, IBM, 1970.

Feistel Horst, Cryptography and computer privacy, Scientific American 228, May 1973, 15 – 23.

Furrer F.J., Fehlerkorrigierende Block-Codierung für die Datenübertragung, Birkhäuser, Basel 1981.

von Gamm, Urheberrechtsgesetz, 1986, § 2 Rdz. 6.

Hardcore Computist, Tacoma, WA 98411, U.S.A.

Haskett, Pass-Algorithms: A User Validation Scheme Based on Knowledge of Secret Algorithms, Communications of the ACM, Volume 27, No. 8, August 1984, 777 – 781.

Hershey J.E., Implementation of MITRE public key cryptographic system, Electr. Letter 16, November 1980, 930 – 931.

Hodik, Der Schutz von Software im österreichischen Recht, Orac, Wien 1984.

Interface Age, Computing for business arresting, Computer Crime, Vol. 9, Issue 2, 1980, 70 – 75.

ISO/TC97/SC17, Identification cards; Integrated circuit(s) card with contacts, part 1: Physical characteristics, ISO DIS 8716/1, 1985.

ISO/TC97/SC17, Identification cards; Integrated circuit(s) card with contacts, part 2: Dimensions and location of the contacts, ISO DIS 7816/2, 1985.

ISO/TC97/SC17, Identification cards; Integrated circuit(s) card with contacts, part 3: Electronic signals and exchange protocols, ISO DP 7816/3, 1985.

Jaburek W., Software – Geistiges Eigentum, Bericht B13 der Institute für Informationsverarbeitung (IIG), TU-Graz, 1983.

Jaburek W., und *Schmölzer G.*, Computer-Kriminalität, Orac, Wien 1985.

Jensen K., *Wirth N.*, Pascal Manual and Report, Springer-Verlag, New York 1978.

Kindermann M., Der Rechtsschutz von Computersoftware, Elektronische Rechenanlagen, 25. Jahrgang, Heft 4, 1983, 161 – 169.

Kolle G., Der Rechtsschutz der Computersoftware in der Bundesrepublik Deutschland, GRUR, 1982, 443 – 461.

Kompass, Programm- und Datenschutz mit dem Einchip-Mikrocomputer MC68705P5, Kompass Motorola Nr. 6, November 1982, 2 – 3.

Lempel A., Cryptology in transition., Comput. Surv.4 , No. 11, Dec. 1979, 285 – 303.

Madnick S.E., Computer Security, Academic Press, New York 1979.

Maude T., *Maude D.*, Hardware Protection Against Software Piracy, Communications of the ACM, Vol. 27, No. 9, Sept. 1984, 950 – 959.

Meissner P., Evaluation of Techniques for Verifying Personal Identity, Proceedings ACM-NBS Fifteenth Annual Technical Symposium, Gaitherburg, June 1976, 119 – 127 (NTIS PB-255 200).

Merkle R.C., Secure communications over insecure channels, Communication of the ACM, Vol. 21, No. 4, April 1978, 294 – 299.

Micro Computerwelt, Sicherheitsschloß für Programme, Micro Computerwelt 9, 1984, 37.

Miller G.L., Riemanns hypothesis and tests for primality, Proceedings 7th Annual ACM Symp. Theory of Computing, Albuquerque, New Mexico, May 1975, 234 – 239.

Monitor, PC Software-Markt in Europa, Monitor extra, Wien 1985, 8 – 10.

Morgan C., How can we stop software piracy. Byte, Vol. 6, No. 5, May 1981,

Morris R., Sloane N., Assessment of the National Bureau of Standards proposed federal Data Encryption Standard, Cryptologia 1, No. 3, July 1977, 281 – 291.

Morris R., Thompson K., Password security: A case history, CS-TR-71, Bell Labs, Murray Hill, 1978.

Mühlen, von zur, Computer-Kriminalität: Gefahren und Abwehrmaßnahmen, Luchterhand, Neuwied – Berlin, 1972.

NBS, Data Encyption Standard (DES), National Bureau of Standards, FIPS-PUB-46, 1977.

Nordemann-Vinck, Urheberrecht, 4. Aufl., 1979, § 2 Bem. 6.

Parker, Crime by Computer, Scribner's, New York, 1976.

Peterson W.W. und *Weldon E.J.*, Error correcting codes, 2nd ed., MIT Press, Cambridge, Massachusetts 1972.

Piller E., Smart-cards for network services, Proc. 10th world computer congress, Information Processing 86, North-Holland Publ., Amsterdam 1986, 963 – 968.

Piller E., Möglichkeiten des Einsatzes der Chipkarte zur Erhöhung der Sicherheit im Bildschirmtext-System, Informatik Fachberichte 108, Springer Verlag, Berlin-Heidelberg-New-York-Tokyo 1985.

Rabin M.O., Probabilistic algorithms, in Algorithms and complexity, Traub J.F., Academic Press, New York 1976.

Riska V., Schutz von Software, Software und Recht, Orac, Wien 1986.

Rivest R., Shamir A., Adleman L., A method for obtaining digital signatures and public-key cryptosystems, Communications of the ACM, Vol. 21, No. 2, 1978,1 20 – 126.

Rossi T., An intelligent data base system using the 8272, Intel application AP-116, March 1981.

Ryska N., Herda S., Kryptographische Verfahren in der Datenverarbeitung, Informatik Fachberichte, Nr. 24, 1980.

Shannon Claude E., Communication theory of secrecy systems, Bell System Technical J., No. 28, 1949, 656 – 715.

Schaumüller I., Piller E., A method of software protection based on the use of smart-cards and cryptographic techniques, Lecture Notes in Computer Science, No. 209, Springer Verlag, Berlin-Heidelberg-New York-Tokyo, 1985, 446 – 454.

Schaumüller I., Zur Analyse des Data Encryption Standard und Synthese verwandter Chiffriersysteme, Dissertation, Universität Linz, 1981.

Solovay R., Strassen V., A fast Monte-Carlo test for primalty, SIAM J. Computing 6, March 1977, 84 – 85.

Swonger C., Access Control by Fingerprint Identification, IEEE International Convention, Boston, Massachusetts, May 1976.

de Visme G.H., Binary Sequences, English University Press, London 1971.

WIPO, Model Provisions on the Protection of Computer Software World Intellectual Property Organization, WIPO Publ. No. 814 , Genf 1978.

Walke B., Software-Aspekte sicherer Datenkommunikation, Elektronische Rechenanlagen, 25. Jahrgang, Heft 4, 1983, 170 – 177.

Wittmer, Der Schutz von Computersoftware – Urheberrecht oder Sonderrecht?, Schriften zum Medienrecht, Nr. 6, Bern 1981, S. 26 ff.

Wood H. W., The Use of Passwords for Controlling Access to Remote Computer systems and Services, AFIPS Conference Proc., NCC, Vol. 46, 1977, pp. 27 – 33.

Wood H. M., The Use of Passwords for Controlled Access to Computer Resources, National Bureau of Standards, May 1977, NBS SP 500-9.

Zahrnt C., Rechtsschutz an Programmen und an Programmunterlagen, Informatik-Spektrum, Band 8, Springer, 1985, 250 – 259.

Zahrnt C., Nachtrag zu „Rechtsschutz an Programmen und Programmunterlagen„- Informatik-Spektrum, Band 9, Heft 1, 1986.

Zimmerli E. Liebl K., Computermißbrauch Computersicherheit, Fälle-Abwehr-Aufdeckung, Peter Hohl Verlag 1984.